AutoCAD 2011
Projetos em 2D

1ª edição: 2010
reimpressão: 2011
reimpressão: 2012

Dados Internacionais de Catalogação na Publicação (CIP)
(Câmara Brasileira do Livro, SP, Brasil)

Katori, Rosa
    AutoCAD 2011 : projetos em 2D / Rosa Katori. – São Paulo : Editora Senac São Paulo, 2010. – (Nova Série Informática)

    ISBN 978-85-7359-991-6

    1. AutoCAD (Arquivo de computador) 2. Computação gráfica 3. 2D (Computação gráfica) I. Título. II. Série.

10-07589   CDD-006.68

Índice para catálogo sistemático:

1. AutoCAD 2010 : Computação gráfica : Programas : Processamento de dados   006.68

1ª edição: 2010; reimpressão: 2011

AutoCAD 2011
Projetos em 2D

Rosa Katori

ADMINISTRAÇÃO REGIONAL DO SENAC NO ESTADO DE SÃO PAULO
Presidente do Conselho Regional: Abram Szajman
Diretor do Departamento Regional: Luiz Francisco de A. Salgado
Superintendente Universitário e de Desenvolvimento: Luiz Carlos Dourado

EDITORA SENAC SÃO PAULO

Conselho Editorial: Luiz Francisco de A. Salgado
　　　　　　　　　 Luiz Carlos Dourado
　　　　　　　　　 Darcio Sayad Maia
　　　　　　　　　 Lucila Mara Sbrana Sciotti
　　　　　　　　　 Jeane Passos Santana

Gerente/Publisher: Jeane Passos Santana (jpassos@sp.senac.br)
Coordenação Editorial: Márcia Cavalheiro Rodrigues de Almeida (mcavalhe@sp.senac.br)
　　　　　　　　　　　 Thaís Carvalho Lisboa (thais.clisboa@sp.senac.br)
Comercial: Rubens Gonçalves Folha (rfolha@sp.senac.br)
Administrativo: Luis Americo Tousi Botelho (luis.tbotelho@sp.senac.br)

Edição de Texto: Léia Maria Fontes Guimarães
Preparação de Texto: Ju Berton
Revisão de Texto: Jussara Rodrigues Gomes, Ivone P. B. Groenitz, Maristela Nóbrega
Projeto Gráfico, Capa e Editoração Eletrônica: Fabiana Fernandes
Ilustrações: Gabriella Carmocini – Studio 33
Impressão e Acabamento: Cromosete Gráfica e Editora Ltda.

Nenhuma parte desta publicação poderá ser reproduzida, guardada pelo sistema "retrieval" ou transmitida de qualquer modo ou por qualquer outro meio, seja este eletrônico, mecânico, de fotocópia, de gravação, ou outros, sem prévia autorização, por escrito, da Editora Senac São Paulo.

Todos os direitos desta edição reservados à
Editora Senac São Paulo
Rua Rui Barbosa, 377 – 1º andar – Bela Vista – CEP 01326-010
Caixa Postal 1120 – CEP 01032-970 – São Paulo – SP
Tel. (11) 2187-4450 – Fax (11) 2187-4486
E-mail: editora@sp.senac.br
Home page: http://www.editorasenacsp.com.br

© Rosa Katori, 2010

Sumário

Apresentação	I
O que é a Nova Série Informática	III
Introdução	9
O AutoCAD	11
Objetivos do livro	11
Apresentando o material	11
1 Conhecendo a tela do AutoCAD 2011	**17**
Explorando a tela do AutoCAD	19
Atividade 1 – Conhecendo a tela do Autocad	29
2 Trabalhando com arquivos e visualizando desenhos	**31**
Trabalhando com arquivos	33
Atividade 1 – Abrindo e visualizando o desenho	43
Teste – Trabalhando com arquivos e visualizando desenhos	44
3 Criando linhas	**45**
Trabalhando com linhas	47
Atividade 1 – Desenhando com linhas	48
Trabalhando com coordenadas	48
Atividade 2 – Desenhando com coordenadas	50
Atividade 3 – Desenhando com coordenadas *Polares Relativas*	51
Trabalhando com as ferramentas *Dynamic Input* e *Polar Tracking*	51
Atividade 4 – Desenhando com as ferramentas *Dynamic Input* e *Polar Tracking*	54
Trabalhando com a ferramenta *Ortho*	55
Atividade 5 – Desenhando com a ferramenta *Ortho*	55
Trabalhando com as ferramentas de precisão *Osnap*	56
Atividade 6 – Desenhando com a ferramenta *Osnap*	60
Trabalhando com o modo *Object Snap Tracking*	60
Atividade 7 – Desenhando com a ferramenta *Otrack*	61
Executando o Projeto Casa	62

Atividade 8 – Desenhando a janela — 62
Atividade 9 – Desenhando as paredes externas — 62
Teste – Criando linhas — 62

4 Criando objetos — 65
Comandos para criação de objetos — 67
Atividade 1 – Desenhando círculos — 69
Atividade 2 – Desenhando arcos — 74
Atividade 3 – Desenhando retângulos — 75
Atividade 4 – Desenhando polígonos — 78
Atividade 5 – Desenhando elipses — 80
Atividade 6 – Desenhando polylines — 84
Atividade 7 – Desenhando splines — 85
Atividade 8 – Desenhando donuts — 87
Executando o Projeto Casa — 89
Atividade 9 – Desenhando a porta e a louça — 89
Teste – Criando objetos — 90

5 Modificando objetos — 93
Selecionando objetos — 95
Atividade 1 – Selecionando e apagando objetos — 100
Atividade 2 – Movendo e copiando objetos — 102
Atividade 3 – Rotacionando objetos — 104
Atividade 4 – Alterando o tamanho dos objetos — 105
Atividade 5 – Esticando e espelhando objetos — 107
Atividade 6 – Trabalhando com grips — 111
Teste – Modificando objetos — 111

6 Editando objetos — 113
Comandos de edição de objetos — 115
Atividade 1 – Cortando objetos — 117
Atividade 2 – Estendendo objetos — 119
Atividade 3 – Editando objetos — 121
Atividade 4 – Criando cantos arredondados nos objetos — 128
Atividade 5 – Criando chanfro nos objetos — 130
Atividade 6 – Trabalhando com os comandos *Array* — 135
Atividade 7 – Convertendo objetos em polyline — 140
Atividade 8 – Alinhando objetos — 143

	Executando o Projeto Casa	145
	Atividade 9 – Desenhando as paredes internas e as aberturas de portas e janelas do Projeto Casa	145
	Teste – Modificando objetos	146
7	**Trabalhando com layers**	**149**
	Layers	151
	Atividade 1 – Trabalhando com layers	159
	Comandos auxiliares para trabalhar com layers	159
	Atividade 2 – Filtrando os layers	171
	Propriedades dos objetos	171
	Atividade 3 – Trabalhando com *Quick Select*	178
	Executando o Projeto Casa	178
	Atividade 4 – Executando o Projeto Casa	178
	Teste – Trabalhando com layers	178
8	**Comandos úteis**	**181**
	Comandos úteis para a criação de desenhos	183
	Atividade 1 – Configurando a unidade de medida no AutoCAD	188
	Atividade 2 – Trabalhando com a ferramenta *ADC*	190
	Trabalhando com a área de transferência do Windows (Clipboard)	191
	Obtendo informações dos objetos no desenho	195
	Atividade 3 – Calculando a área de um objeto	198
	Dividindo objetos	200
	Atividade 4 – Trabalhando com o comando *Measure*	203
	Trabalhando com a calculadora	204
	Teste – Comandos úteis	207
9	**Trabalhando com texto**	**209**
	Criando texto	211
	Atividade 1 – Alterando o estilo do texto	212
	Atividade 2 – Inserindo texto	218
	Executando o Projeto Casa	218
	Atividade 3 – Criando o carimbo para folha A2	218
	Teste – Trabalhando com texto	218
10	**Trabalhando com blocos**	**221**
	Comandos para trabalhar com blocos	223
	Atividade 1 – Trabalhando com blocos	229

	Executando o Projeto Casa	229
	Atividade 2 – Inserindo blocos no Projeto Casa	229
	Teste – Trabalhando com blocos	230
11	**Trabalhando com hachuras**	**231**
	Comandos para trabalhar com hachuras	233
	Atividade 1 – Inserindo hachuras	235
	Executando o Projeto Casa	236
	Atividade 2 – Inserindo hachuras no Projeto Casa	236
	Teste – Trabalhando com hachuras	236
12	**Trabalhando com cotas**	**237**
	Comandos para criar e editar cotas	239
	Atividade 1 – Inserindo cotas lineares e alinhadas	249
	Atividade 2 – Inserindo cotas	253
	Atividade 3 – Inserindo cota angular	255
	Atividade 4 – Inserindo cota contínua	256
	Atividade 5 – Inserindo cota baseline	258
	Atividade 6 – Criando cotas ordenadas com o comando *Quick Dimension*	261
	Trabalhando com leaders	270
	Atividade 7 – Ajustando multileaders no desenho	281
	Teste – Trabalhando com cotas	281
13	**Trabalhando com layouts**	**283**
	Conhecendo o layout e seus comandos	285
	Atividade 1 – Alterando o ambiente do desenho	295
	Atividade 2 – Imprimindo o desenho	299
	Executando o Projeto Casa	300
	Atividade 3 – Preparando o Projeto Casa para impressão	300
	Teste – Trabalhando com layouts	300
Sobre a autora		**303**
Índice geral		**305**

Apresentação

O que é a Nova Série Informática

A Nova Série Informática foi desenvolvida para que você aprenda informática sozinho, sem o acompanhamento de um professor! Com esta série, você vai estudar alguns dos softwares mais utilizados no mercado de trabalho, sem dificuldade.

Para usar o material da Nova Série Informática, você precisa ter em mãos o livro, um equipamento que atenda às configurações necessárias e o software a ser estudado.

Neste volume, você encontrará informações básicas para a operação do AutoCAD 2011. Ele foi estruturado a partir de atividades que lhe permitem estudar o software passo a passo. Assim, você deverá ler com atenção e seguir corretamente todas as instruções. Se encontrar algum problema durante uma atividade, volte ao início e recomece; isso irá ajudá-lo a esclarecer dúvidas e superar dificuldades.

Equipamento necessário

Para você estudar com este material e operar o AutoCAD 2011, é importante que seu computador tenha as configurações mínimas a seguir.

Requisitos do sistema (conforme as informações da Autodesk)

Para AutoCAD 2011 32 bits

- Microsoft® Windows® 7 Enterprise, Ultimate, Professional ou Home Premium; Microsoft® Windows® Vista Enterprise, Business, Ultimate ou Home Premium (SP1 ou mais recente); ou Microsoft® Windows® XP Professional ou Home Edition (SP2 ou mais recente).
- Para Windows® Vista ou Windows® 7: Processador Intel® Pentium® 4 ou AMD Athlon® dual-core® de 3,0 GHz ou superior com tecnologia SSE2; para Windows® XP: Processador Intel® Pentium® 4 ou AMD Athlon® dual-core® de 1,6 GHz ou superior com tecnologia SSE2.
- 2 GB de RAM.
- 1,8 GB de espaço livre em disco para a instalação.
- Monitor True Color com resolução de 1024 × 768 pixels.
- Microsoft® Internet Explorer® 7.0 ou mais recente.
- Instale com um DVD ou download.

Para AutoCAD 2011 64 bits

- Microsoft® Windows® 7 Enterprise, Ultimate, Professional ou Home Premium; Microsoft® Windows® Vista Enterprise, Business

Apresentação

ou Ultimate (SP1 ou mais recente); ou Microsoft® Windows® XP Professional (SP2 ou mais recente).

- AMD Athlon® 64 com tecnologia SSE2 ou processador AMD Opteron® com tecnologia SSE2, processador Intel® Xeon® com suporte para Intel® EM64T e tecnologia SSE2 ou Intel® Pentium® 4 com suporte para Intel® EM64T e tecnologia SSE2.
- 2 GB de RAM.
- 2 GB de espaço livre em disco para a instalação.
- Monitor True Color com resolução de 1024 × 768 pixels.
- Microsoft® Internet Explorer® 7.0 ou mais recente.
- Instale com um DVD ou por download.

Requisitos adicionais para modelagem em 3D (todas as configurações)

- Processador Intel® Pentium® 4 ou AMD Athlon® com 3 GHz ou superior; ou processador Intel® ou AMD dual-core com 2 GHz ou superior.
- 2 GB ou mais de RAM.
- 2 GB de espaço em disco além do espaço livre necessário para a instalação.
- Monitor True Color com resolução de 1280 × 1024 pixels; placa de vídeo com 128 MB ou superior; Pixel Shader 3.0 ou superior; placa gráfica classe Workstation com suporte para Microsoft® Direct3D®.

Introdução

OBJETIVO

- Obter informações sobre o software e conhecer as convenções do livro.

O AutoCAD

Desde seu lançamento em 1982 pela Autodesk, o AutoCAD é um dos softwares mais vendidos e utilizados no mundo, tornando-se líder absoluto na área de CAD (desenhos assistidos por computador). Esse software é utilizado principalmente na elaboração de desenhos técnicos em 2D (duas dimensões) ou na criação de modelos em 3D (tridimensionais) por profissionais de engenharia, arquitetura, design ou de qualquer outra área que exija projetos com precisão técnica.

Objetivos do livro

Ao terminar de ler e estudar este livro, você estará apto a:

- navegar pela interface, abrir e fechar arquivos, visualizar e ajustar o modo de apresentação dos objetos na tela;
- criar objetos básicos com as ferramentas auxiliares, trabalhando com sistemas de coordenadas e desenhando com precisão;
- selecionar, modificar e ajustar as propriedades dos objetos;
- organizar, alterar, controlar e obter informações sobre as propriedades dos objetos;
- modificar os objetos alterando seu tamanho, sua forma e orientação geométrica;
- criar e editar anotações;
- criar, inserir e editar cotas no desenho;
- criar efeitos visuais por meio de hachuras;
- trabalhar com blocos;
- configurar plotter/impressora e tamanho da folha para imprimir/plotar um desenho;
- criar um layout para impressão/plotagem do desenho, com carimbo, em uma folha (tamanho do padrão ABNT), determinando várias escalas e detalhes;
- criar o Projeto Casa com as ferramentas estudadas.

Apresentando o material

Este livro serve de material de apoio para seu estudo, apresentando os comandos de criação, edição, visualização e impressão de desenhos bidimensionais. Os comandos são explicados de maneira simples e clara, servindo como treinamento para iniciantes e referência de trabalho a usuários experientes.

Cada capítulo apresenta uma ou mais atividades que descrevem os comandos e trazem exercícios de fixação com procedimentos passo a passo e ilustrações para auxiliar na execução do trabalho.

Os arquivos de apoio estão em nossa página de download na internet:

http://www.editorasenacsp.com.br/informatica/autocad2011/atividades.zip

Nesse endereço eletrônico, há duas pastas disponíveis: *Desenho*, onde estão os objetos das atividades; e *Ajuda*, onde estão os arquivos em formato PDF com imagens e explicações que contêm o passo a passo para a execução dos exercícios.

Para utilizar esses arquivos, é necessário ter no computador os seguintes programas:

- AutoCAD 2011;
- Adobe Acrobat Reader.

Convenções adotadas

O AutoCAD apresenta os comandos em menus, barras de ferramentas e abas (que serão indicadas, conforme a Autodesk, como ribbons). A identificação e o acesso aos comandos são apresentados de acordo com o exemplo:

Nome do comando	Line
Menu	Draw/Line
Barra de ferramentas	Draw
Ribbon	Home/Painel Draw/Line
	line
	l

Acesso pelo menu:

Acesso pela barra de ferramentas:

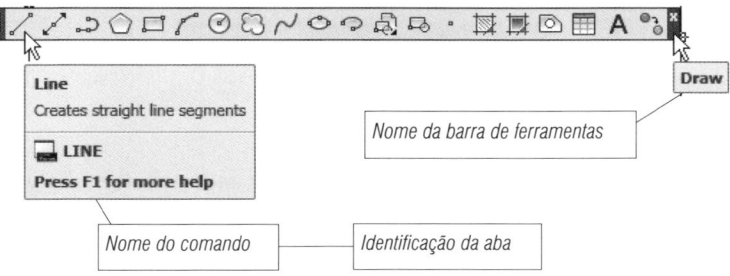

Acesso pela ribbon:

Ribbon	Aba Home/Painel Draw/Line
	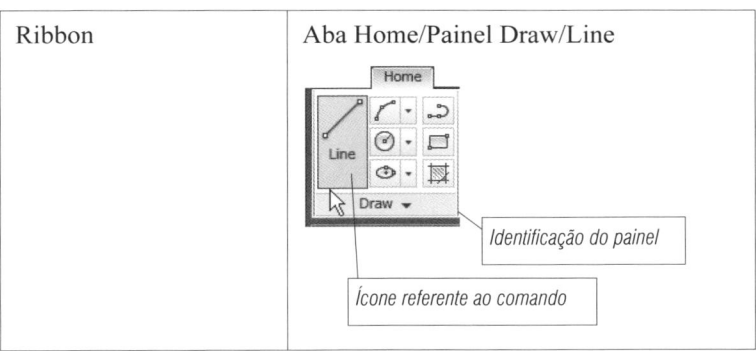

Acesso pelo teclado:

	line
	l

Os nomes dos comandos do AutoCAD não foram traduzidos, e estão grafados em itálico ao longo do texto. Por exemplo: *Line, Draw, Circle*.

Para facilitar a compreensão, as mensagens do prompt (mensagens de solicitação de dados do AutoCAD apresentadas na linha de comando ou na entrada de dados dinâmica [*Dynamic Input*]) estão reproduzidas no texto.

Introdução

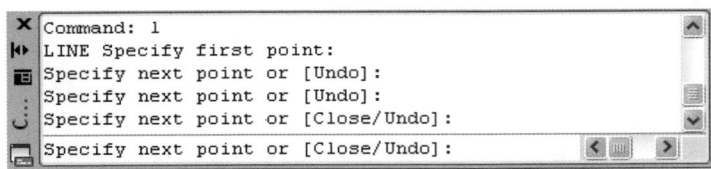

Exemplo da linha de comando (Command Line) que se visualiza na tela do AutoCAD.

Exemplo da entrada de dados dinâmica (Dynamic Input) apresentada sempre próxima ao cursor.

A entrada do usuário, isto é, o que se deve digitar ou determinar, está grafada em negrito para facilitar a identificação. Após inserir os dados, pressione a tecla *Enter*, representada pelo sinal ↵.

Veja o exemplo:

@17<60 ↵

Os procedimentos para executar o comando estão representados da forma a seguir.

Na linha de comando, será exibida a sequência:

Mensagens na linha de comando ou pela *Dynamic Input*	Procedimentos para a execução do comando	Exemplo
Command: Line	Ative o comando.	
Specify first point	Especifique o ponto inicial da linha.	
Specify next point	Digite **2** ↵	

As opções dos comandos apresentadas na linha de comando ou no menu de atalho são representadas como mostram os exemplos a seguir.

• Opções *Undo* e *Close* como estão representadas neste livro:

Opção	Descrição
Undo	Desfaz o último segmento de linha criado.
Close	Fecha o objeto.

- Opções *Undo* e *Close* do comando *Line* na linha de comando:

```
Command: l
LINE Specify first point:
Specify next point or [Undo]:
Specify next point or [Undo]:
Specify next point or [Close/Undo]:
Specify next point or [Close/Undo]:
```

- Opções *Close* e *Undo* no menu de atalho da ferramenta *Dynamic Input*.

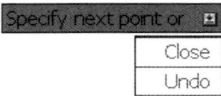

Para executar os exercícios, são indicadas as opções que devem estar ativadas, como no exemplo.

É recomendável ativar as seguintes opções na barra de status:

Polar	
Otrack	
Osnap - Endpoint	Endpoint
Osnap - Center	Center

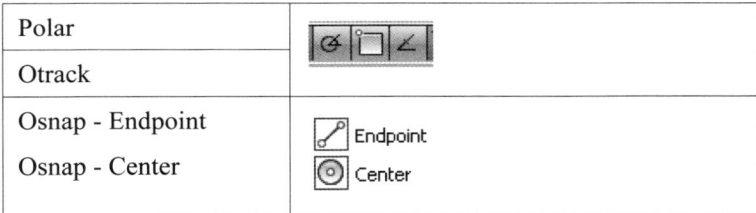

O símbolo significa observação ou dica sobre o comando que auxilia na produtividade.

Para alguns comandos, o AutoCAD ativa uma caixa de diálogo com marcadores que apresentam várias opções de execução.

Introdução

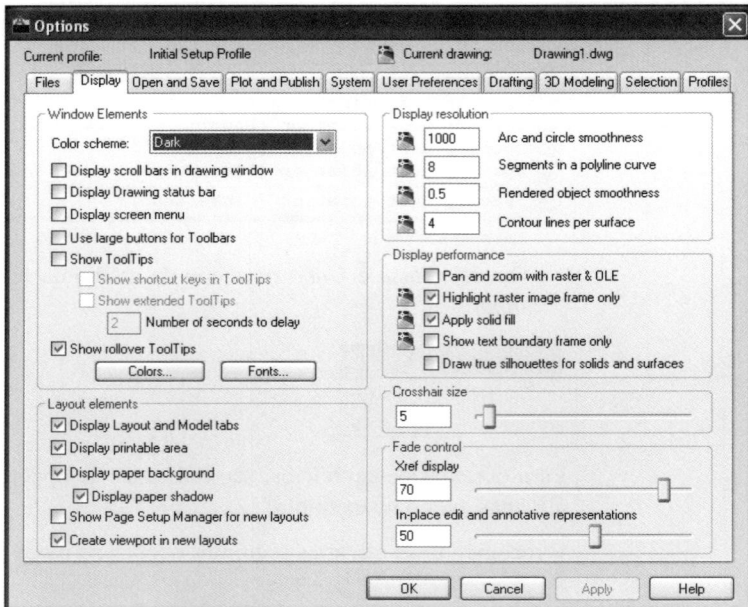

Exemplo do comando Options *com o marcador* Display *ativado.*

Após ativar as opções, clique em *OK* para fechar a caixa.

A unidade de medida usada neste livro é a decimal.

1
Conhecendo a tela do AutoCAD 2011

OBJETIVO
- Ambientar-se com a tela do AutoCAD 2011

Explorando a tela do AutoCAD

Iniciando o programa

Clique no botão *Iniciar*, na barra de tarefas do Windows, e selecione o menu *Todos os programas/Autodesk/AutoCAD 2011*.

Outro modo de iniciar o AutoCAD é clicar duas vezes no ícone correspondente localizado na área de trabalho.

Iniciando a sessão do AutoCAD 2011

Ao iniciar pela primeira vez a sessão, o AutoCAD apresenta a janela *Initial Setup*, que lhe permite determinar o ambiente de trabalho: *Architecture* (arquitetura), *Civil Engineering* (engenharia civil), *Electrical Engineering* (engenharia elétrica), *Manufacturing* (engenharia mecânica), entre outros. Por meio dessa escolha, você organiza o ambiente de trabalho, conhecido como workspace, o arquivo template e ainda opta por um formato de medida, entre outras preferências.

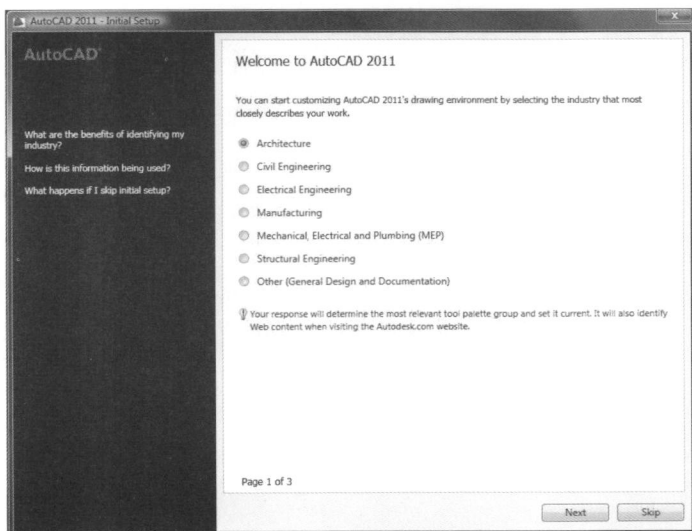

Clique em *Skip* e, na janela de aviso *Initial Setup – Changes Not Saved*, escolha o item *Discard changes and close Initial Setup*.

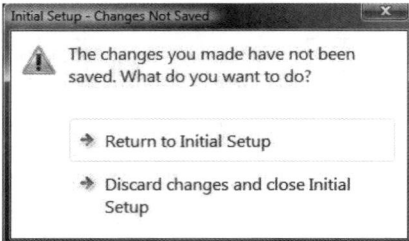

 A janela *Initial Setup* é discutida no livro *AutoCAD 2011: modelando em 3D e recursos adicionais* (Editora Senac São Paulo).

Ambiente de trabalho para a criação de objetos em 2D

Por meio da janela do AutoCAD, você acessa de modo fácil e prático os comandos para a criação de desenhos em 2D ou 3D. Esses ambientes são configurados no workspace.

O modo padrão de criação de desenhos em 2D é o ambiente de trabalho *Workspace AutoCAD Classic*, que apresenta barras de ferramentas como as *Tool Palettes*.

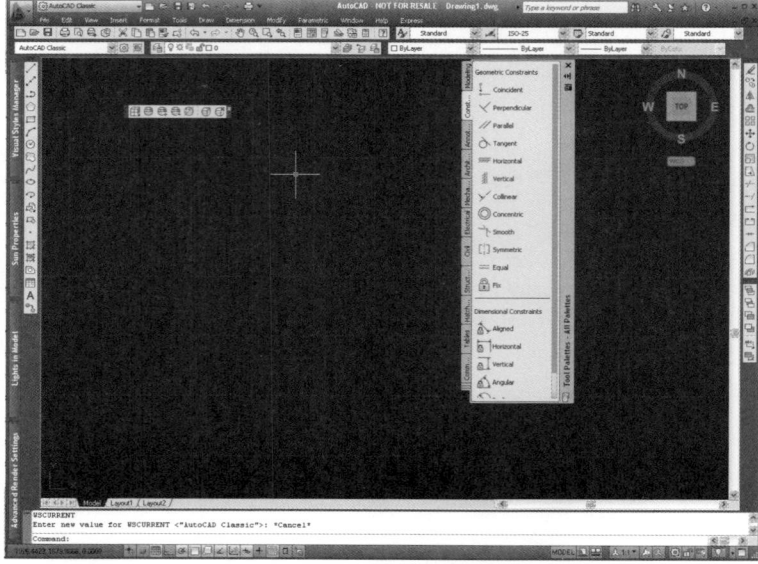

Tela do AutoCAD no ambiente Workspace AutoCAD Classic.

Outro ambiente de trabalho para a criação de objetos em 2D é o *Workspace 2D Drafting & Annotation*, que apresenta, entre outros, o menu *Application*, a barra de ferramentas *Quick Access*, as ferramentas *Workspace* e *InfoCenter*, e a barra de status.

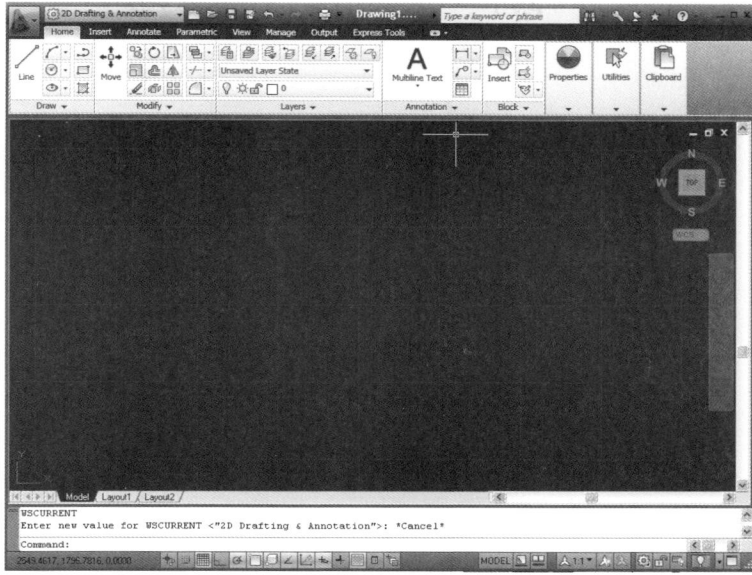

Tela do AutoCAD no ambiente Workspace 2D Drafting & Annotation.

Ativando o workspace

Para determinar um workspace, ative a ferramenta *Workspace Switching*, no canto esquerdo superior da tela, e escolha o ambiente de trabalho desejado.

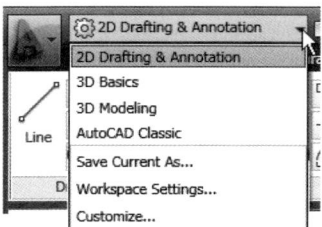

Outro modo de ativar o workspace é por meio da barra de status que está localizada no canto direito inferior da tela.

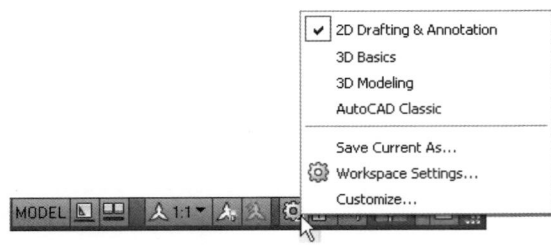

- O workspace é um ambiente de trabalho que exibe as barras de ferramentas, os menus e outros elementos de interface necessários para a criação de desenhos em 2D ou 3D.

  Workspace para a criação de desenhos em 2D:

  - *2D Drafting & Annotation;*
  - *AutoCAD Classic.*

  Workspace para o ambiente 3D:

  - *3D Modeling.*

- Os workspaces são apresentados no livro *AutoCAD 2011: modelando em 3D e recursos adicionais.*

- Ao se abrir pela primeira vez o AutoCAD no ambiente *AutoCAD Classic*, são exibidas a ferramenta *Tool Palettes* e a barra de ferramentas *Smooth Mesh*. Clique em ✕ para fechar a ferramenta. Essas ferramentas serão estudadas no livro *AutoCAD 2011: modelando em 3D e recursos adicionais.*

Barra de ferramentas Smooth Mesh

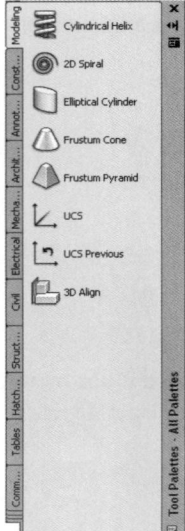

Ferramenta Tool Palettes

A tela do AutoCAD

A tela do AutoCAD no ambiente *Workspace 2D Drafting & Annotation* ou no *AutoCAD Classic* apresenta várias áreas importantes em comum.

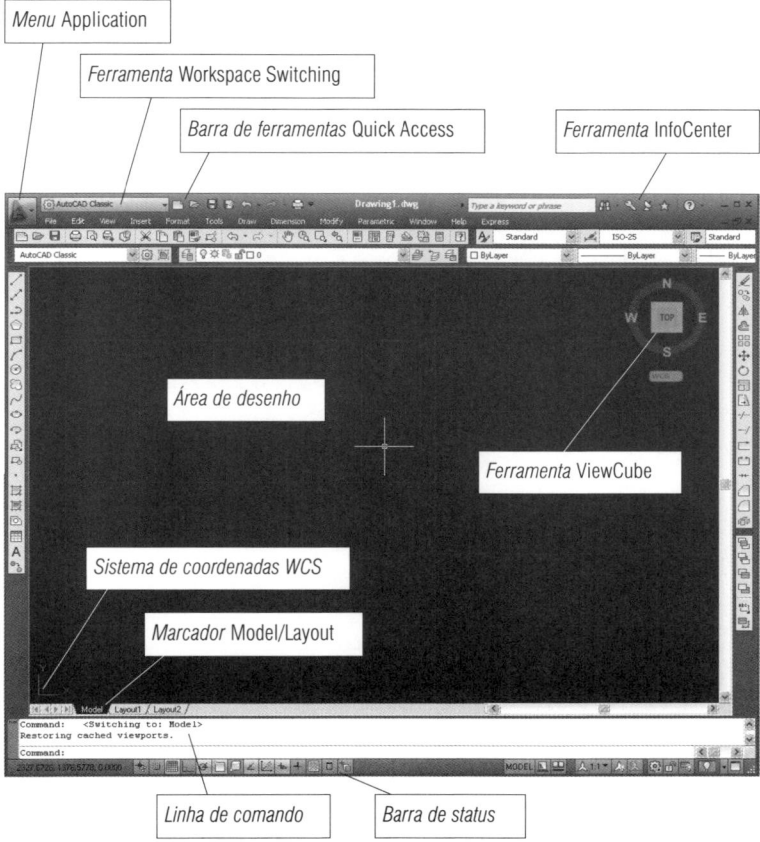

Tela do AutoCAD no ambiente Workspace Autocad Classic.

Menu Application

O menu *Application* apresenta os comandos *New*, *Open*, *Save*, entre outros; alguns comandos apresentam submenus.

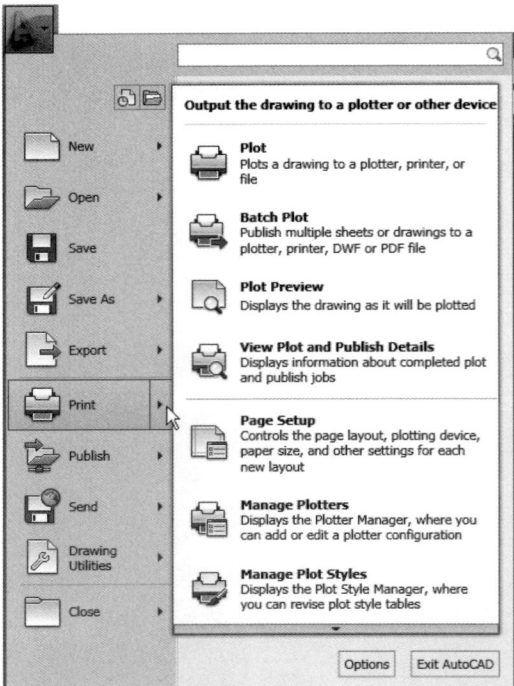

Submenu do comando Print.

Área de desenho

Por padrão, o desenho é executado no ambiente *Model* (ambiente em que se criam os modelos) e identificado pelo sistema de coordenadas WCS (World Coordinate System).

Sistema de coordenadas WCS

Indica a direção dos eixos X e Y do sistema de coordenadas WCS – padrão do AutoCAD.

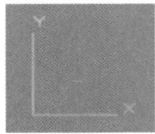

Ferramenta Workspaces

Determina os ambientes workspaces de trabalho.

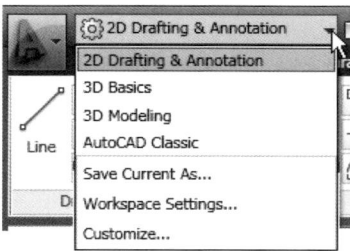

Linha de comando

É responsável pela comunicação entre o usuário e o AutoCAD.

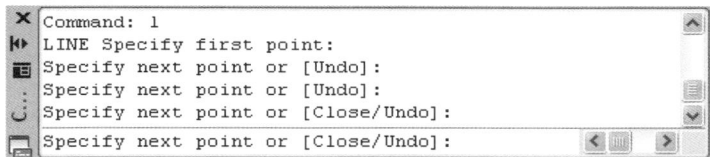

> Pressionando-se as teclas *CTRL* + 9, é possível fazer a linha de comando aparecer ou sumir. O mesmo pode ser feito pelo menu *Tools/Command Line*.
>
>

Barra de status

Mostra os valores em coordenadas da posição do cursor, além de exibir as ferramentas de precisão, annotation, workspace, impressão, visualização de layouts, visualização de desenhos e visualização de objetos.

Ferramenta InfoCenter

Essa ferramenta lhe permite procurar ajuda. Se você digitar uma ou mais palavras e pressionar *Enter* ou clicar no ícone da lupa, a ferramenta *InfoCenter* apresentará uma lista com as informações obtidas.

26 – AUTOCAD 2011

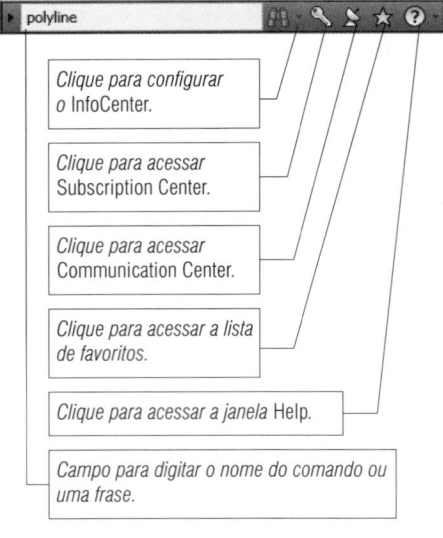
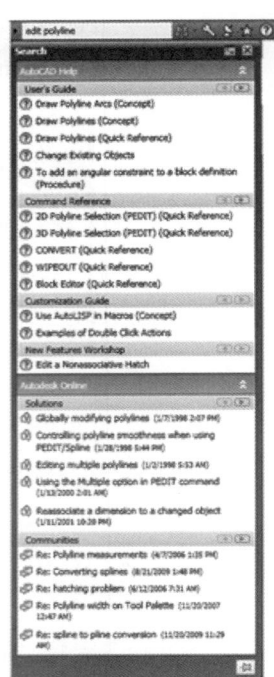

A opção *Search Settings* configura quais documentos serão utilizados na pesquisa da ferramenta *InfoCenter*. Na caixa de diálogo *InfoCenter Settings*, você deverá clicar em *Search Locations* e selecionar os documentos necessários. Para finalizar, clicará em *OK*.

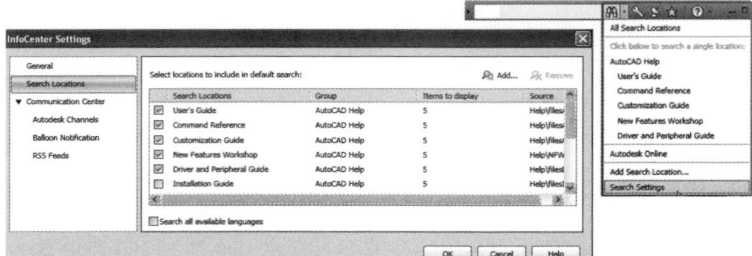

Barra de ferramentas Quick Access

Essa barra de ferramentas apresenta os comandos que são utilizados com mais frequência, tais como os comandos *New*, *Open*, *Save*, *Save As*, *Undo*, *Redo* e *Print*.

Ferramenta ViewCube

Ferramenta interativa que auxilia na visualização de modelos em 3D.

A caixa de diálogo *Options* (*Tools/Options* – marcador *Display*) exibe a opção *Display Layout and Models tabs* que, uma vez acionada, controla a apresentação do marcador *Model/Layout*.

A opção *Display ViewCube* controla a apresentação do ViewCube.

- A ferramenta *ViewCube* será apresentada no livro *AutoCAD 2011: modelando em 3D e recursos adicionais*.

- A caixa de diálogo *Options* (*Tools/Options*/marcador *3D Modeling*) exibe em *Display ViewCube or UCS Icon* a opção *In 2D model space* que, uma vez acionada, controla a apresentação da ferramenta *ViewCube* no ambiente *Model* em estilo de visualização *2D Wireframe* (*View/Visual Styles/2D Wireframe*).

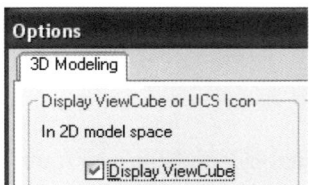

- Neste livro, a ferramenta *ViewCube* não será exibida na tela.

Marcador Model/Layout

Esse marcador acessa o ambiente *Model* ou *Layout*, onde o desenho é preparado para a impressão/plotagem e são inseridos anotações, cotas e carimbos.

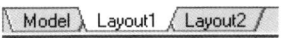

- O ambiente *Model* é representado por um espaço ilimitado e o ambiente *Layout* por uma área igual ao tamanho padrão de uma folha para desenho.

- A caixa de diálogo *Options* (*Tools/Options* – marcador *Display*) exibe a opção *Display Layout and Model tabs* que, uma vez acionada, controla a apresentação do marcador *Model/Layout*.

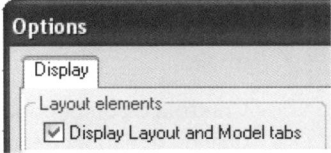

Variáveis do AutoCAD

O AutoCAD possui variáveis que controlam a forma de trabalhar. Para alterar uma variável, digite o nome na linha de comando e determine o valor que controla o comportamento, como no exemplo:

Mensagens na linha de comando ou pela Dynamic Input	Procedimentos para a execução do comando
Command: Dimassoc ↵	Digite a variável e pressione *Enter*.
Enter new value for Dimassoc <2>	Digite o valor que controla o comportamento.

As principais variáveis dos comandos discutidos serão apresentadas neste livro.

Mouse

O mouse é fundamental para trabalhar no AutoCAD, pois possibilita o acesso a várias opções:

Seleciona objetos, especifica pontos e aciona opções no menu.

Ativa os comandos de visualização.

Aciona o menu de atalho ou, dependendo da configuração, equivale à tecla Enter.

A opção *Right Click Customization*, na caixa de diálogo *Options (Tools/Options* – marcador *User Preference)* configura as ações do botão direito do mouse.

As opções de *Right Click Customization* são:

Opção	Descrição
Turn on Time Sensitive Right Click	Controla a velocidade do clique do botão direito.
Default Mode	Controla o comportamento do botão direito quando nenhum comando é acionado.

(cont.)

Edit Mode	Controla o comportamento do botão direito quando os objetos são selecionados por grips.
Command Mode	Controla o comportamento do botão direito durante a execução de um comando.

Menu shortcut (menu de atalho)

O menu shortcut ou menu de atalho é ativado quando você clica com o botão direito do mouse (dependendo da configuração). Isso facilita o acesso aos comandos.

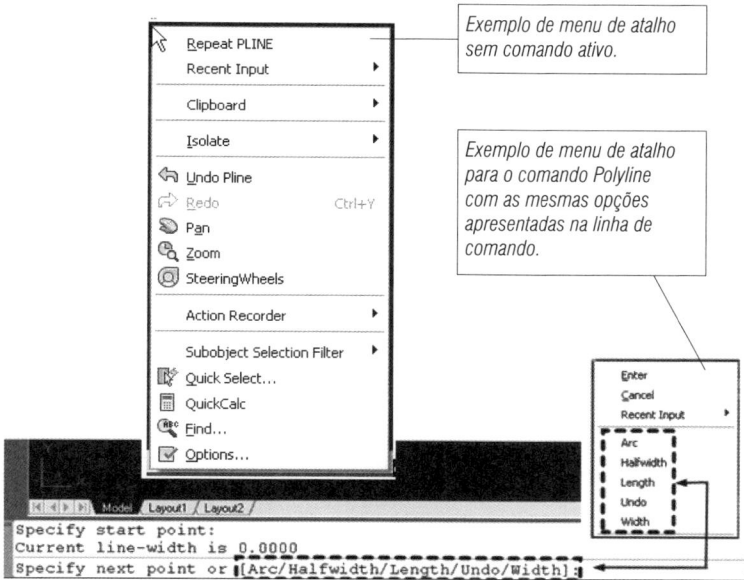

Atividade 1 – Conhecendo a tela do Autocad

Objetivo: • Conhecer a tela do AutoCAD.

Tarefa: • Ver a apresentação.

Esta atividade apresenta os elementos da tela do AutoCAD 2011.

Arquivo para acompanhar a atividade:

 Ajuda: conhecendo a tela do AutoCAD.pdf

Anotações

2
Trabalhando com arquivos e visualizando desenhos

OBJETIVOS
- Manipular arquivos
- Visualizar desenhos

Trabalhando com arquivos

Neste capítulo, você vai conhecer os comandos para trabalhar com arquivos no AutoCAD e os comandos de visualização de desenhos.

Comando *New*

O comando *New* inicia um novo desenho.

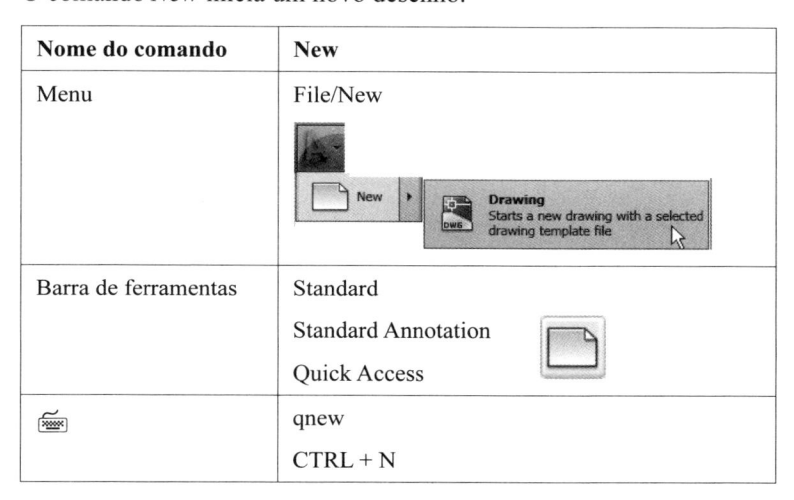

Nome do comando	New
Menu	File/New
Barra de ferramentas	Standard Standard Annotation Quick Access
⌨	qnew CTRL + N

Para iniciar um desenho, você pode selecionar um arquivo template.

Templates são arquivos de desenho no formato dwt que contêm dados, como: layers, legenda para a folha, estilos de texto, estilos de dimensão e as configurações necessárias para o novo desenho.

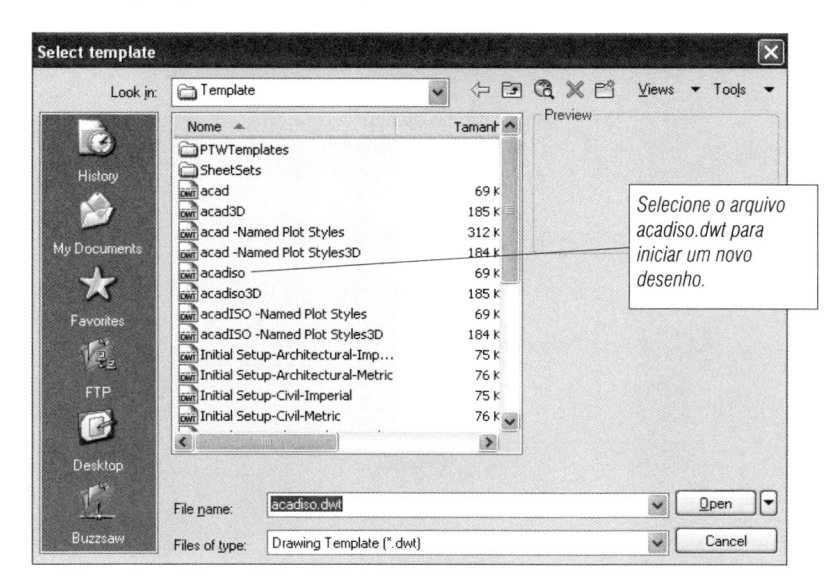

Selecione o arquivo acadiso.dwt para iniciar um novo desenho.

Outro modo de iniciar um novo desenho é através da caixa de diálogo *Create New Drawing*.

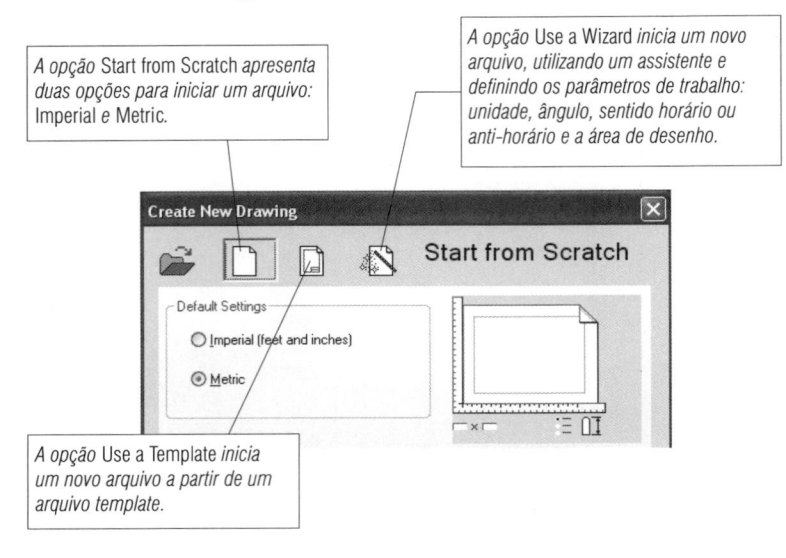

A opção Start from Scratch *apresenta duas opções para iniciar um arquivo: Imperial e Metric.*

A opção Use a Wizard *inicia um novo arquivo, utilizando um assistente e definindo os parâmetros de trabalho: unidade, ângulo, sentido horário ou anti-horário e a área de desenho.*

A opção Use a Template *inicia um novo arquivo a partir de um arquivo template.*

- O arquivo template *acadiso.dwt* é indicado para desenhos no sistema métrico (Metric) e o arquivo template *acad.dwt* é indicado para desenhos no sistema inglês (Imperial).
- O formato de unidade *Imperial* determina as unidades no formato fracionário.

    46 1/2, 42 5/16 ,0

- O formato de unidades *Metric* determina as unidades no formato decimal.

    55.7044, 25.8283, 0.0000

- A variável Startup = 1 ativa a apresentação da caixa de diálogo *Create New Drawing*.

Comando *Open*

O comando *Open* abre um arquivo de desenho.

Nome do comando	Open
Menu	File/Open

(cont.)

Barra de ferramentas	Standard
	Standard Annotation
	Quick Access
(teclado)	open
	CTRL + O

- O comando *Open* apresenta opções para abrir o arquivo.

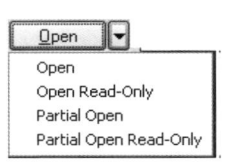

  Open
  Open Read-Only
  Partial Open
  Partial Open Read-Only

- Para selecionar e abrir vários arquivos de uma única vez, utilize a tecla *CTRL* ou *Shift*.

- Caso o arquivo seja aberto mais de uma vez, será indicado *Read Only* na área superior da tela. Essa indicação não permite que as alterações efetuadas no desenho sejam salvas.

  AutoCAD - circulo elipse arco.dwg:2 - Read Only

- A variável Taskbar = 1 apresenta, na barra de tarefas, todos os arquivos de AutoCAD abertos na sessão corrente.

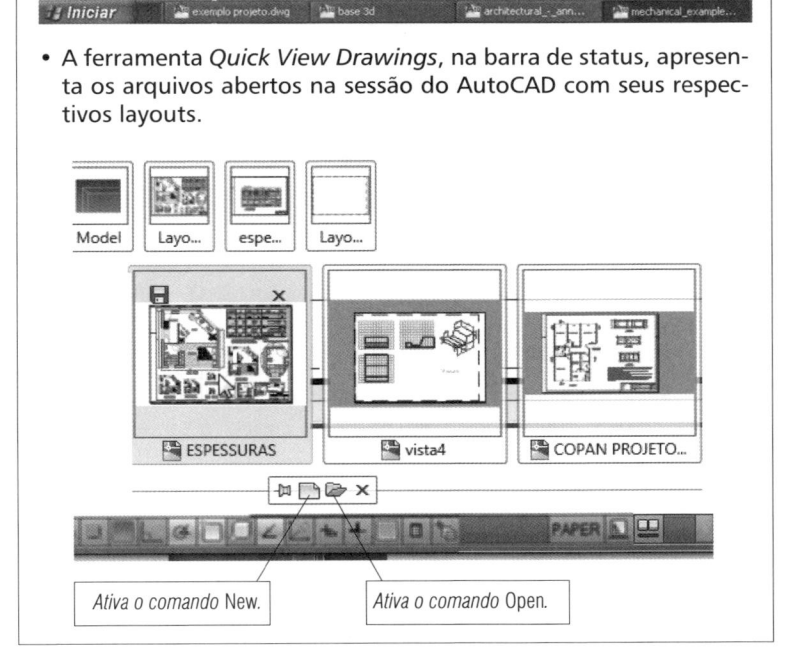

- A ferramenta *Quick View Drawings*, na barra de status, apresenta os arquivos abertos na sessão do AutoCAD com seus respectivos layouts.

  Ativa o comando New.   *Ativa o comando* Open.

Trabalhando com arquivos e visualizando desenhos

Comando *Save*

O comando *Save* salva um arquivo após as alterações.

Caso o arquivo ainda não tenha sido salvo, a caixa de diálogo *Save As* será ativada.

Nome do comando	Save
Menu	File/Save
Barra de ferramentas	Standard Standard Annotation Quick Access
⌨	save CTRL + S

- É aconselhável criar um diretório (pasta) específico para guardar os desenhos.
- A opção *Automatic save* em *File Safety Precautions* da guia *Open and Save* na caixa de diálogo *Options* (*Tools/Options*) controla o intervalo de tempo para salvar os arquivos automaticamente.

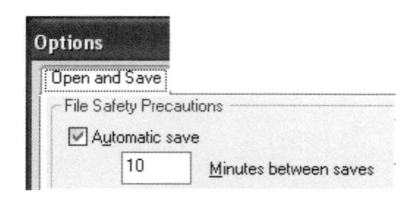

Comando *Save As*

O comando *Save As* salva um desenho que já tenha sido salvo anteriormente com outro nome ou com o mesmo nome, porém em outro local.

A diferença em relação ao comando *Save* é que o comando *Save As* pergunta o nome do desenho antes de salvá-lo.

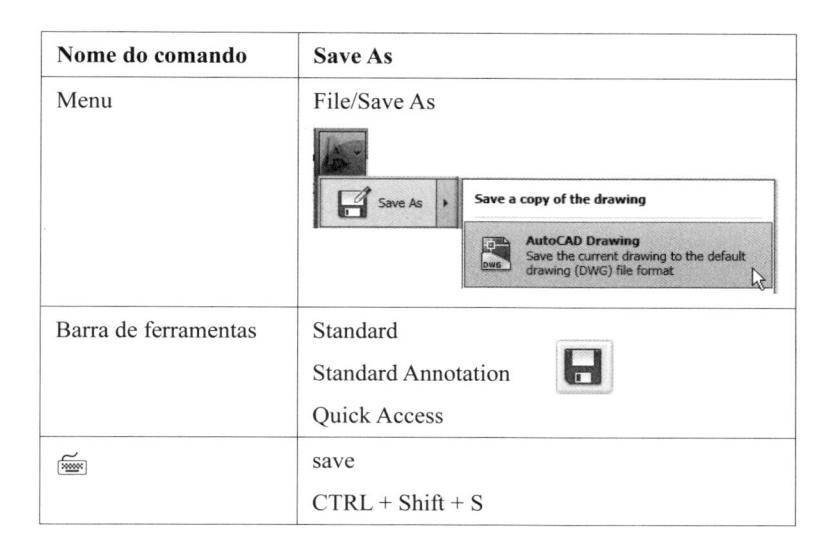

Nome do comando	Save As
Menu	File/Save As
Barra de ferramentas	Standard Standard Annotation Quick Access
⌨	save CTRL + Shift + S

Comando *Close*

O comando *Close* fecha um arquivo sem sair da sessão de AutoCAD.

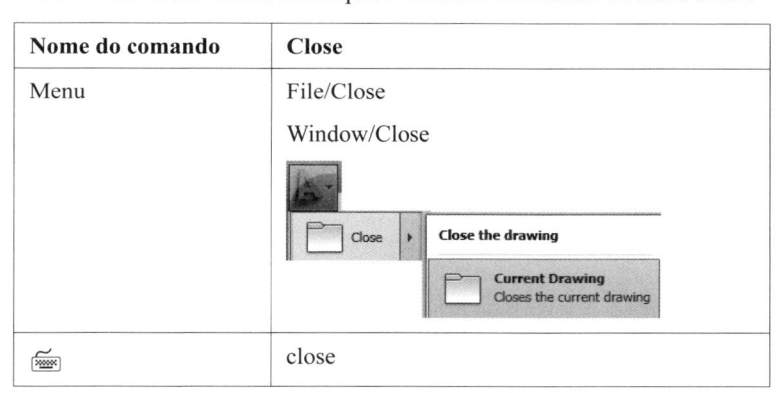

Nome do comando	Close
Menu	File/Close Window/Close
⌨	close

Para fechar vários arquivos de uma única vez, utilize o comando *Close All* (*Window/Close All*).

Comando *Quit*

O comando *Quit* fecha o AutoCAD.

Nome do comando	Quit
Menu	File/Exit AutoCAD
⌨	quit CTRL + Q

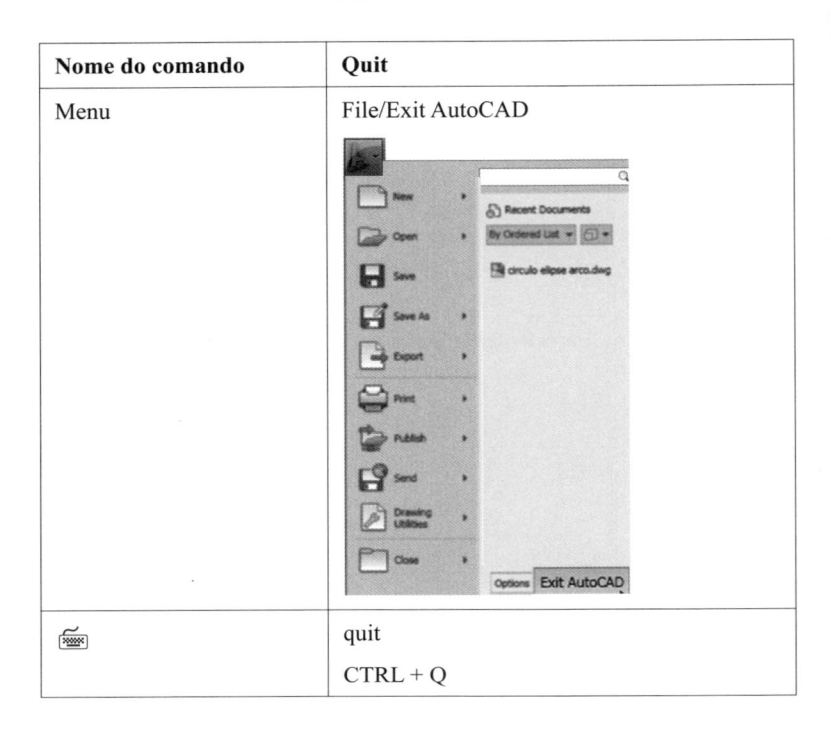

Visualizando o desenho

Os comandos de visualização são utilizados para auxiliar na visualização do desenho; alguns comandos são conhecidos como comandos transparentes porque podem ser executados simultaneamente com outros comandos.

Comando Pan

O comando *Pan* move o desenho na tela em tempo real sem alterar a posição em relação às coordenadas.

Nome do comando	Pan
Menu	View/Pan/Realtime
Barra de ferramentas	Standard
Ribbon	View
⌨	pan p

Ao se ativar o comando, o cursor assume a aparência de uma mão (👋).

Pressione o botão esquerdo do mouse e deslize o cursor para uma determinada direção. Observe que o objeto será deslocado, acompanhando o movimento do cursor.

Para sair do comando, pressione a tecla *ESC* ou a tecla *Enter*.

> - O comando *Pan* também pode ser ativado pressionando-se a roda do mouse.
> - As barras de rolagem permitem que se "arraste" a visualização do desenho na direção vertical ou horizontal. A opção *Display scroll bars in drawing window*, na caixa de diálogo *Options* (*Tools/Options* – aba *Display*), ativa a apresentação das barras de rolagem.

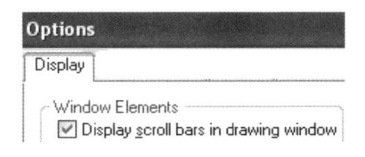

Comando *Zoom Realtime*

Esse comando aumenta ou diminui a visualização do desenho com o auxílio do mouse.

Nome do comando	Zoom Realtime
Menu	View/Zoom/Realtime
Barra de ferramentas	Standard
Ribbon	View — Pan, Orbit, Realtime, Navigate
	zoom Digite **z** ↵ para ativar a opção.

Ao se ativar o comando *Zoom Realtime*, o cursor do mouse assume a aparência de uma lupa com o sinal ± (🔍±).

Pressione o botão esquerdo do mouse e arraste o cursor para cima para ver o desenho se aproximando. Em seguida, arraste o cursor para baixo para ver o desenho se afastando.

Para sair do comando, pressione a tecla *ESC* ou *Enter*.

> - Pressionando o botão direito do mouse durante a execução do comando *Pan* ou *Realtime*, você ativa o menu de atalho com alguns comandos para visualização.
>
>   Exit
>   ✓ Pan
>   Zoom
>   3D Orbit
>   Zoom Window
>   Zoom Original
>   Zoom Extents
>
> - A variável Zoomfactor controla a velocidade do comando.

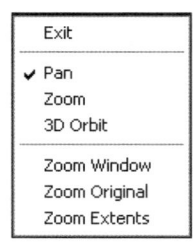

Comandos *Zoom*

No AutoCAD, todos os objetos são desenhados na escala real (1:1), porém algumas vezes é necessário visualizar algum detalhe do desenho ou o desenho ampliado.

Veja a seguir os comandos para visualização mais utilizados.

Comando Zoom Window

O comando *Zoom Window* apresenta um detalhe ampliado do desenho.

Nome do comando	Zoom Window
Menu	View/Pan/Realtime
Barra de ferramentas	Zoom
Ribbon	View / Pan / Orbit / Window / Navigate
⌨	zoom Digite **z** e clique em dois pontos na diagonal para definir a janela.

O detalhe será visualizado em uma janela, definida por dois pontos (P1 e P2), ao redor da região destacada. Veja o exemplo a seguir.

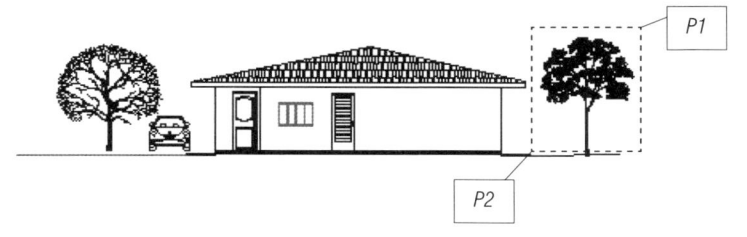

Antes de Zoom Window.

Depois de Zoom Window.

Comando Zoom Extents

O comando *Zoom Extents* apresenta toda a extensão do desenho, permitindo visualizar tudo que está na área gráfica.

Nome do comando	Zoom Extents
Menu	View/Zoom/Extents
Barra de ferramentas	Zoom
Ribbon	View / Pan / Orbit / Extents / Navigate
⌨	zoom Digite **z** ↵ e depois, **e**.

Comando Zoom Previous

O comando *Zoom Previous* retorna ao zoom anterior, ou seja, apresenta a vista anterior à atual.

Nome do comando	Zoom Previus
Menu	View/Zoom/Previous
Barra de ferramentas	Zoom
Ribbon	View / Pan / Orbit / Previous / Navigate
⌨	zoom Digite **z** ↵ e depois, **p**.

> Outro modo de acessar as opções do comando *Zoom*, é ativar o menu de atalho durante a execução do comando.
>
> All
> Center
> Dynamic
> Extents
> Previous
> Scale
> Window
> Object

Comandos Regen All e Regen

O comando *Regen All* regenera todos os objetos geométricos no desenho em todas as viewports.

O comando *Regen* regenera todos os objetos geométricos na tela.

Nome do comando	Regen ou Regen All
Menu	View/Regen View/Regen All
⌨	regen regenall

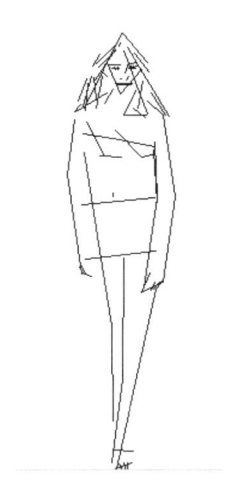

Antes do comando Regen. 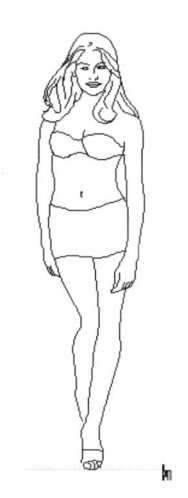 *Depois do comando* Regen.

Atividade 1 – Abrindo e visualizando o desenho

Objetivo: • Visualizar desenhos.

Tarefa: • Visualizar um desenho com o auxílio dos comandos de visualização.

Esta atividade apresenta os passos para abrir o desenho e visualizá-lo com o comando *Zoom*.

Arquivos para acompanhar a atividade:

Desenho: Predio.dwg

Ajuda: **visualizando o desenho.pdf**

Teste – Trabalhando com arquivos e visualizando desenhos

1. A caixa de diálogo *Create New Drawing* inicia um novo desenho.

    a) Falso

    b) Verdadeiro

2. O comando *Close* fecha um arquivo sem sair da sessão de AutoCAD.

    a) Falso

    b) Verdadeiro

3. Comandos transparentes não podem ser executados simultaneamente com outros comandos.

    a) Falso

    b) Verdadeiro

4. Comando que apresenta toda a extensão do desenho, permitindo visualizar tudo que está na área gráfica:

    a) *Zoom Extents*

    b) *Pan*

5. O comando *Regen All* desenha novamente todos os objetos geométricos apresentados na tela.

    a) Falso

    b) Verdadeiro

6. O comando *Zoom* altera o tamanho (dimensão) do objeto.

    a) Falso

    b) Verdadeiro

Questão	Resposta
1	b
2	b
3	a
4	a
5	a
6	a

3
Criando linhas

OBJETIVOS

- Trabalhar com linhas
- Trabalhar com coordenadas
- Trabalhar com as ferramentas *Dynamic Input* e *Polar Tracking*
- Trabalhar com a ferramenta *Ortho*
- Trabalhar com as ferramentas de precisão *Osnap*
- Trabalhar com a ferramenta *Object Snap Tracking*

Trabalhando com linhas

Comando *Line*

O comando *Line* cria uma única linha ou vários segmentos de linhas.

Cada segmento é considerado um único objeto e pode ser editado separadamente.

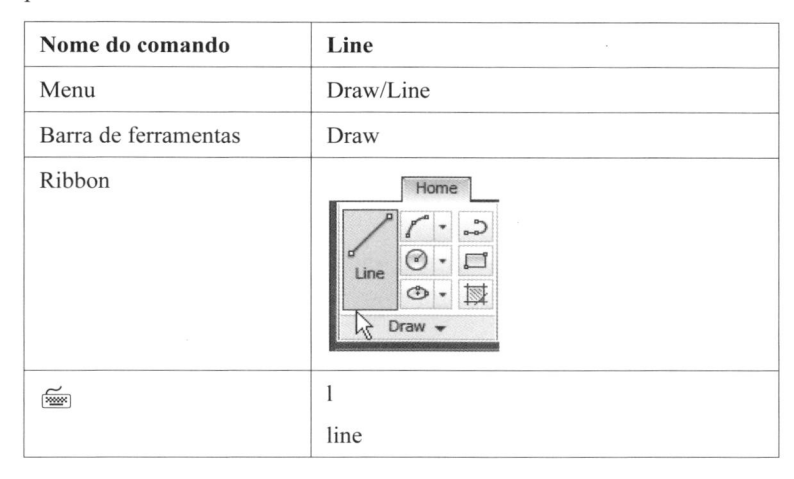

Nome do comando	Line
Menu	Draw/Line
Barra de ferramentas	Draw
Ribbon	
⌨	l line

Na linha de comando, será exibida a sequência:

Mensagens na linha de comando ou pela *Dynamic Input*	Procedimentos para a execução do comando	Exemplo
Command: Line	Ative o comando.	
Specify first point	Especifique, com o botão esquerdo do mouse, um ponto inicial da linha (P1).	
Specify next point	Direcione o mouse, especifique o próximo ponto ou digite um valor para o comprimento da linha e pressione ↵. Finalize o comando pressionando a tecla *ESC*.	P1, P2, P3

As opções do comando *Line* são:

Opção	Descrição
Undo	Desfaz o último segmento de linha criado.
Close	Fecha o objeto.

- Não confunda a opção *Undo* do comando *Line* com o comando *Undo*.
- Se pressionar a tecla *Enter* quando for solicitado o ponto inicial (*Specify first point*), você determinará que o ponto inicial será o mesmo que o ponto final do último segmento de linha criado.

Atividade 1 – Desenhando com linhas

Objetivo: • Desenhar com linhas.

Tarefa: • Desenhar um elemento geométrico com o comando *Line*.

Esta atividade apresenta os passos para desenhar uma figura com o comando *Line*.

Arquivos para acompanhar a atividade:

Desenho: linhas.dwg

Ajuda: desenhando com linhas.pdf

Trabalhando com coordenadas

A seguir, você vai conhecer o sistema de coordenadas e desenhar com as coordenadas *Cartesianas Absolutas*, coordenadas *Cartesianas Relativas* e coordenadas *Polares Relativas*.

Sistemas de coordenadas

Os desenhos no AutoCAD são direcionados por meio de um plano cartesiano tridimensional com eixos X, Y e Z.

No ambiente 2D, os valores determinados para as coordenadas são X, Y.

O sistema de coordenadas padrão do AutoCAD é o WCS (World Coordinate System) ou Sistema de Coordenadas Global.

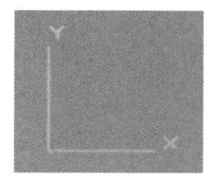

- A vírgula separa os pontos de coordenadas (X,Y). Exemplo: o AutoCAD interpretará as coordenadas 3,4 como X = 3 e Y = 4 (a coordenada X é o primeiro valor e a coordenada Y, o segundo).
- O ponto separa as casas decimais. Exemplo: o AutoCAD interpretará os valores 10.5,11.2 como X = 10.5 e Y = 11.2.

Coordenadas *Cartesianas Absolutas*

As coordenadas *Cartesianas Absolutas* são representadas no modo X,Y e têm como base a origem do sistema de coordenadas, ou zero absoluto, localizada no canto inferior esquerdo da tela.

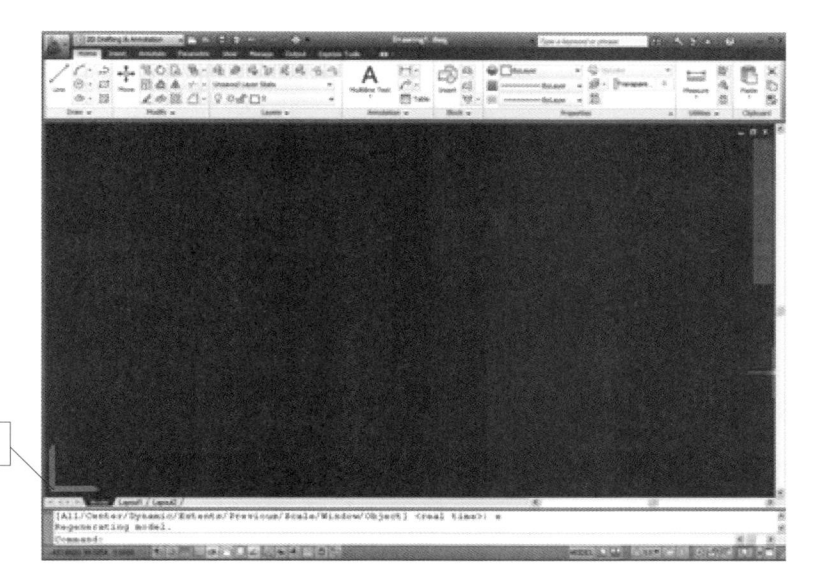

Origem

Coordenadas *Cartesianas Relativas*

As coordenadas *Cartesianas Relativas* especificam uma distância em relação ao último ponto. Para informar ao AutoCAD que a coordenada é relativa, utilize o símbolo @ antes dos valores das coordenadas:

@X,Y

Criando linhas

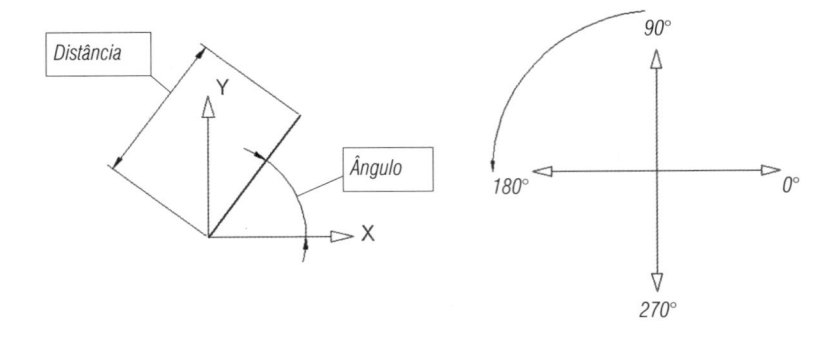

Atividade 2 – Desenhando com coordenadas

Objetivo: • Trabalhar com coordenadas.

Tarefa: • Desenhar um elemento geométrico com o comando *Line*.

Esta atividade apresenta os passos para desenhar uma figura com valores determinados por coordenadas *Cartesianas Absolutas* e por coordenadas *Cartesianas Relativas*.

Arquivos para acompanhar a atividade:

Desenho: coordenadas.dwg

Ajuda: coordenadas.pdf

Coordenadas *Polares*

As coordenadas *Polares* especificam o comprimento (distância) e o ângulo em relação ao eixo X.

Distância < Ângulo

Por padrão, os ângulos aumentam no sentido anti-horário.

Coordenadas *Polares Relativas*

Para informar ao AutoCAD que a coordenada é polar relativa, utilize o símbolo @ antes dos valores das coordenadas.

@Distância < Ângulo

Atividade 3 – Desenhando com coordenadas *Polares Relativas*

Objetivo: • Trabalhar com coordenadas.

Tarefa: • Desenhar um elemento geométrico com o comando *Line*.

Esta atividade apresenta os passos para desenhar uma figura com valores determinados por coordenadas *Polares Relativas*.

Arquivos para acompanhar a atividade:

📁 Desenho: polares relativas.dwg

    Ajuda: coordenadas.pdf

Trabalhando com as ferramentas *Dynamic Input* e *Polar Tracking*

Ferramenta *Dynamic Input*

Com a ferramenta *Dynamic Input*, ou entrada de dados dinâmica, os valores são digitados próximos ao cursor do mouse em vez de serem inseridos na linha de comando.

A opção *Dynamic Input*, na barra de status, ativa essa ferramenta.

Quando a *Dynamic Input* está ativada, várias informações são apresentadas:

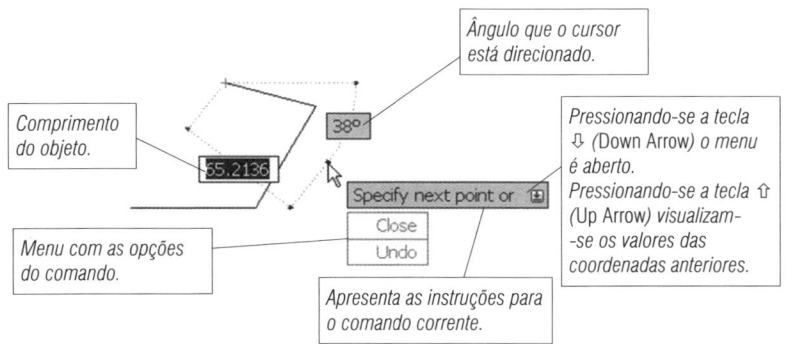

- Ângulo que o cursor está direcionado.
- Comprimento do objeto.
- Menu com as opções do comando.
- Apresenta as instruções para o comando corrente.
- Pressionando-se a tecla ⇩ *(Down Arrow)* o menu é aberto. Pressionando-se a tecla ⇧ *(Up Arrow)* visualizam-se os valores das coordenadas anteriores.

Digitando valores para as coordenadas 2D com a Dynamic Input

Digitar valores para as coordenadas 2D com a *Dynamic Input* é o mesmo que inserir os valores na linha de comando (formato X,Y).

Após digitar o primeiro valor, que corresponde à coordenada X, pressione a tecla *Tab* ou uma vírgula (,) e digite o valor para a coordenada Y no campo seguinte.

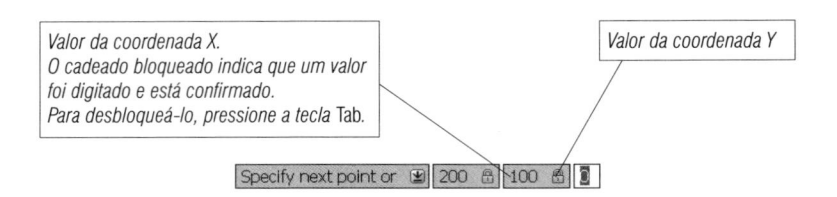

Valor da coordenada X.
O cadeado bloqueado indica que um valor foi digitado e está confirmado.
Para desbloqueá-lo, pressione a tecla Tab.

Valor da coordenada Y

O modo padrão das coordenadas para *Dynamic Input* é o de coordenadas *Relativas* (não há necessidade de digitar @).

Para inserir valores determinados por coordenadas *Absolutas*, digite # antes do valor da coordenada X.

Exemplo: #10,5

Configurando Dynamic Input

O marcador *Dynamic Input*, na caixa de diálogo *Drafting Settings*, controla a funcionalidade da ferramenta.

Nome do comando	Drafting Settings
Menu	Tools /Drafting Settings
⌨	Clique com o botão direito do mouse sobre o botão *DYN*, na barra de status, e selecione a opção *Settings*.

Clique na guia *Dynamic Input* e veja as opções que ela apresenta.

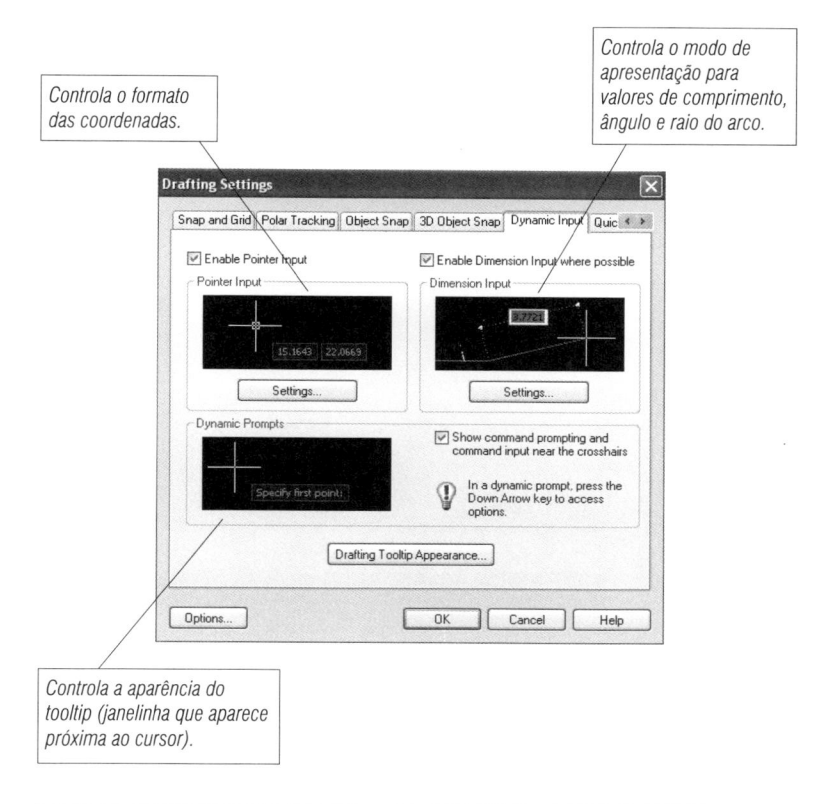

Controla o formato das coordenadas.

Controla o modo de apresentação para valores de comprimento, ângulo e raio do arco.

Controla a aparência do tooltip (janelinha que aparece próxima ao cursor).

> Para inserir o valor da coordenada Z, digite , (vírgula) depois do valor da coordenada Y.

Ferramenta *Polar Tracking*

A ferramenta *Polar Tracking*, com a ajuda de um tooltip e de uma linha--guia auxiliar, cria ou edita um objeto na direção de um ângulo diferente dos ângulos ortogonais.

A opção *Polar Tracking*, na barra de status, ativa essa ferramenta.

Configurando Polar Tracking

A configuração dessa ferramenta é feita pelo menu shortcut, que se ativa clicando com o botão direito do mouse sobre a opção *Polar Tracking*.

A opção *Settings* apresenta a caixa de diálogo *Drafting Settings*, com várias opções para configurar a ferramenta.

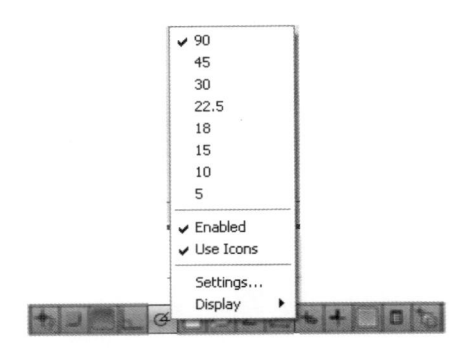

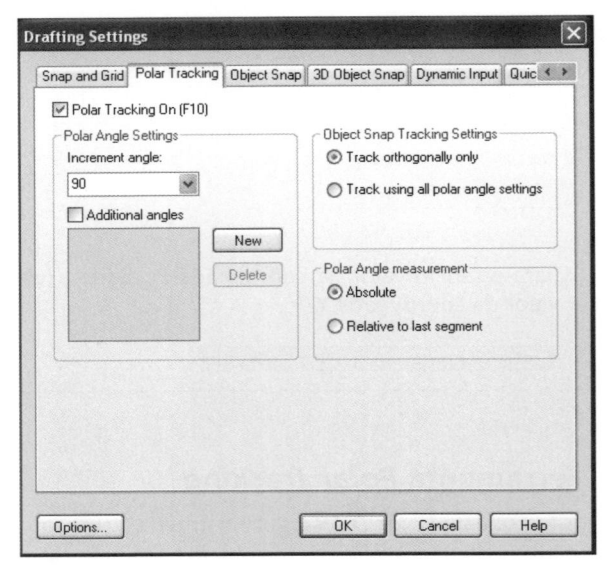

Atividade 4 – Desenhando com as ferramentas *Dynamic Input* e *Polar Tracking*

Objetivo: • Trabalhar com as ferramentas da barra de status.

Tarefa: • Desenhar uma figura com as ferramentas *Dynamic Input* e *Polar Tracking*.

Esta atividade apresenta os passos para desenhar uma figura com as ferramentas *Dynamic Input* e *Polar Tracking*.

Arquivos para acompanhar a atividade:

📁 **Desenho: polar.dwg**

　　Ajuda:　ferramentas barra status.pdf

Trabalhando com a ferramenta *Ortho*

A ferramenta *Ortho* desenha linhas nas direções 0°, 90°, 180° e 270°.

A opção *Ortho*, na barra de status, ativa essa ferramenta.

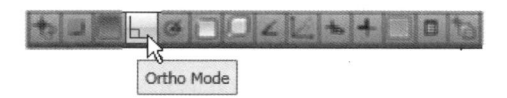

- Para criar linhas não ortogonais com a *Dynamic Input*, digite o segundo valor precedido pelo sinal <.

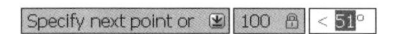

- Quando a ferramenta *Ortho* é ativada, a ferramenta *Polar Tracking* é desativada na barra de status.

Atividade 5 – Desenhando com a ferramenta *Ortho*

Objetivo:　• Trabalhar com as ferramentas da barra de status.

Tarefa:　• Desenhar com a ferramenta *Ortho*.

Esta atividade apresenta os passos para desenhar uma figura com a ferramenta *Ortho*.

Arquivos para acompanhar a atividade:

📁 **Desenho: ortho.dwg**

　　Ajuda:　ferramentas barra status.pdf

Trabalhando com as ferramentas de precisão *Osnap*

As ferramentas de precisão *Osnap* são recursos utilizados com os comandos para desenhar com precisão. No exemplo a seguir, as funções dessas ferramentas são:

- determinar o ponto inicial de uma reta no centro do círculo e o ponto final na extremidade de outra reta;
- desenhar um círculo concêntrico a outro círculo;
- determinar o ponto inicial de uma reta no ponto médio de outra reta.

No AutoCAD, cada objeto contém pelo menos um ponto que pode ser reconhecido por *Osnap*.

A figura mostra vários pontos reconhecidos por *Osnap* em três objetos.

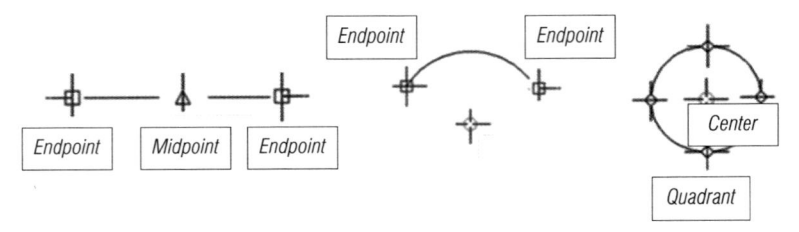

Configurando *Osnap*

A configuração dessa ferramenta é feita pelo menu shortcut, que se ativa clicando com o botão direito do mouse sobre a opção *Osnap*.

A opção *Settings* apresenta a caixa de diálogo *Drafting Settings*, com várias opções para configurar a ferramenta.

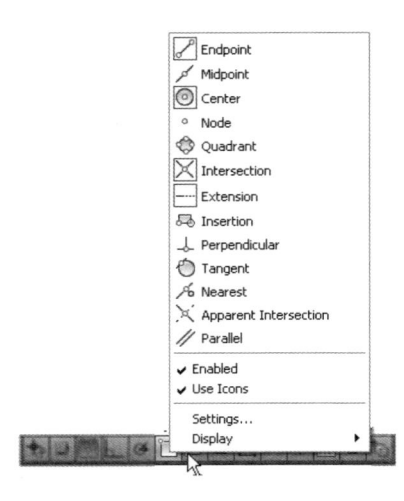

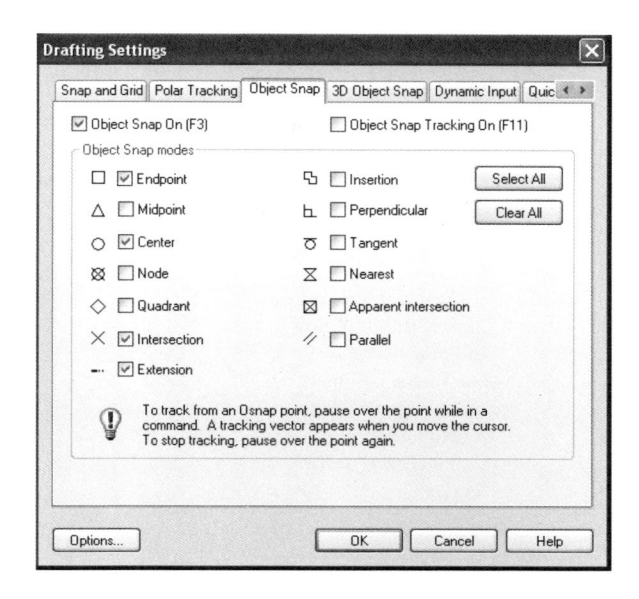

As ferramentas de precisão *Osnap* são:

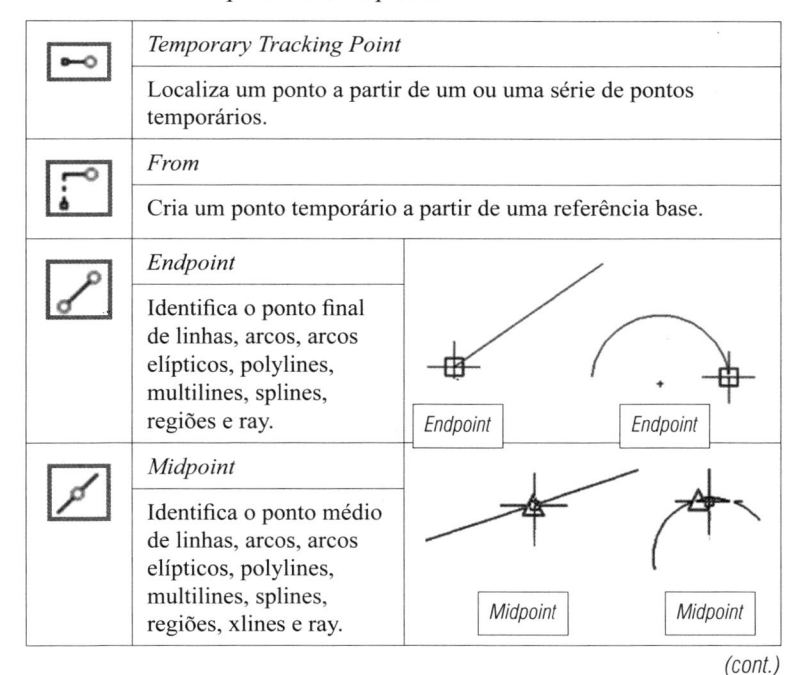

	Temporary Tracking Point
	Localiza um ponto a partir de um ou uma série de pontos temporários.
	From
	Cria um ponto temporário a partir de uma referência base.
	Endpoint
	Identifica o ponto final de linhas, arcos, arcos elípticos, polylines, multilines, splines, regiões e ray.
	Midpoint
	Identifica o ponto médio de linhas, arcos, arcos elípticos, polylines, multilines, splines, regiões, xlines e ray.

(cont.)

⊠	*Intersection* Identifica a intersecção de dois objetos.	
⊠	*Apparent Intersection* Localiza intersecções aparentes entre dois objetos que não se interseccionam no espaço 3D, mas que aparentam uma intersecção na vista corrente.	
▬	*Extension* Cria um caminho auxiliar quando se passa o mouse sobre um ponto final do objeto.	Extension: $1.271<68°$ Extension: $1.271<68°$
⊙	*Center* Identifica o centro de círculos, arcos e elipses.	
⬖	*Quadrant* Identifica os pontos quadrantes de círculos, elipses e arcos mais próximos do ponto de seleção (0°, 90°, 180°, 270°).	90 180 0 270
⊙	*Tangent* Identifica o ponto de tangência entre um círculo, uma elipse, uma spline ou um arco em relação a outro objeto.	

(cont.)

Ícone	Opção	Imagem
	Perpendicular Determina a posição do objeto perpendicular a outro objeto.	*Perpendicular*
	Parallel Desenha linhas paralelas a outras linhas.	*Parallel:34.17<50°*
	Insertion Identifica o ponto de inserção (base point) de um bloco, texto ou atributo.	TEXTO *Insertion*
	Node Identifica o ponto criado pelo comando *Point*.	*Node*
	Nearest Identifica o ponto mais próximo.	*Nearest*
	Mid Between 2 Points (opção disponível no menu de atalho) Identifica o ponto médio entre dois pontos.	Temporary track point From Mid Between 2 Points
	None Desativa modos de *Osnap* determinados.	
	Osnap Settings Ativa a caixa de diálogo *Drafting Settings*.	

- A tecla *F3* ativa/desativa *Osnap*.
- A barra de ferramentas *Osnap* apresenta as opções para essa ferramenta.
- A área de atuação de *Osnap* está relacionada ao tamanho do quadrado do cursor.
- A opção *Aperture Size*, na caixa de diálogo *Options* (*Tools/Options* – marcador *Drafting*), controla o tamanho do cursor.

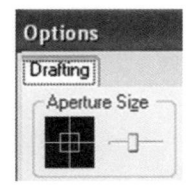

Atividade 6 – Desenhando com a ferramenta *Osnap*

Objetivo: • Trabalhar com as ferramentas da barra de status.

Tarefa: • Desenhar com a ferramenta *Osnap*.

Esta atividade apresenta os passos para desenhar uma figura com a ferramenta *Osnap*.

Arquivos para acompanhar a atividade:

Desenho: osnap.dwg

Ajuda: ferramentas barra status.pdf

Trabalhando com o modo *Object Snap Tracking*

Desenhar com as ferramentas *Object Snap Tracking*, *Polar* e *Osnap* ativadas permite especificar um ponto baseado no ponto reconhecido por *Osnap*.

O ponto reconhecido é identificado pelo sinal +.

A ferramenta *Object Snap Tracking* é identificada como a trilha (linha pontilhada) que aparece quando o ponto é reconhecido.

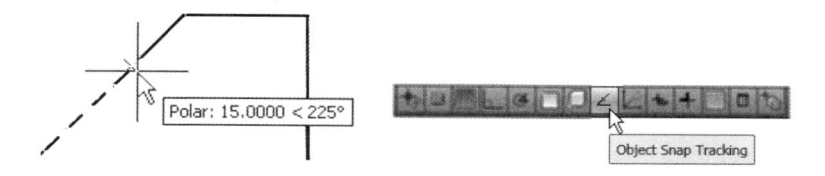

Configurando *Object Snap Tracking*

A opção *Settings* apresenta a caixa de diálogo *Drafting Settings*, com várias opções para configurar a ferramenta.

A opção *Track orthogonally only* apresenta a trilha de *Otrack* em alinhamentos nas direções vertical e horizontal.

A opção *Track using all polar angle settings* apresenta a trilha de *Otrack* para todos os ângulos determinados em *Increment angle*.

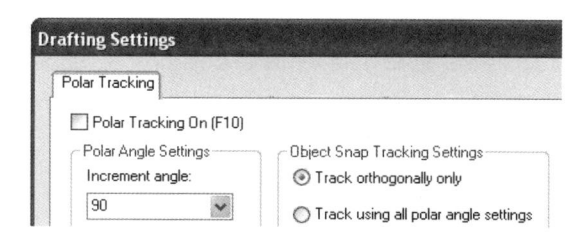

Atividade 7 – Desenhando com a ferramenta *Otrack*

Objetivo: • Trabalhar com as ferramentas da barra de status.

Tarefa: • Desenhar com a ferramenta *Otrack*.

Esta atividade apresenta os passos para desenhar uma figura com a ferramenta *Otrack*.

Arquivos para acompanhar a atividade:

Desenho: otrack.dwg

Ajuda: ferramentas barra status.pdf

Criando linhas

Executando o Projeto Casa

Para iniciar o Projeto Casa, você irá desenhar a janela e as paredes externas.

Atividade 8 – Desenhando a janela

Objetivo: • Desenhar a janela do Projeto Casa.

Tarefa: • Utilizar o comando *Line* para desenhar a janela.

Esta atividade apresenta os passos para criar uma janela.

Arquivos para acompanhar a atividade:

📁 **Desenho:** janela.dwg

Ajuda: projeto casa parte1.pdf

Atividade 9 – Desenhando as paredes externas

Objetivo: • Desenhar as paredes do Projeto Casa.

Tarefa: • Utilizar os comandos já estudados para desenhar as paredes externas.

Esta atividade apresenta os passos para criar as paredes externas do Projeto Casa.

Arquivos para acompanhar a atividade:

📁 **Desenho:** projeto casa.dwg

Ajuda: projeto casa parte2.pdf

Teste – Criando linhas

1. A opção *Close* do comando *Line* cancela o comando e apaga todas as linhas criadas no desenho.

    a) Falso

    b) Verdadeiro

2. O sistema de coordenadas padrão do AutoCAD é o WCS (World Coordinate System) ou Sistema de Coordenadas Global.

    a) Falso

    b) Verdadeiro

3. A ferramenta de precisão *Osnap - Endpoint* identifica o ponto final de linhas, arcos, arcos elípticos, polylines, multilines, splines, regiões e ray.

   a) Falso

   b) Verdadeiro

4. A ferramenta de precisão *Osnap - Center* identifica o centro de círculos e retângulos.

   a) Falso

   b) Verdadeiro

5. A tecla *F3* ativa/desativa a ferramenta *Osnap*.

   a) Falso

   b) Verdadeiro

6. Todas as opções abaixo são modos de *Osnap*, exceto:

   a) *Section*

   b) *Node*

   c) *Endpoint*

   d) *Midpoint*

   e) *Paralell*

Questão	Resposta
1	a
2	b
3	b
4	a
5	b
6	a

Anotações

4
Criando objetos

OBJETIVO

- Conhecer os comandos e recursos para criação de objetos

Comandos para criação de objetos

Neste capítulo, você conhecerá os comandos para desenhar círculos, retângulos, polígonos, splines e donuts.

Comando *Circle*

O comando *Circle* apresenta várias opções para criar círculos.

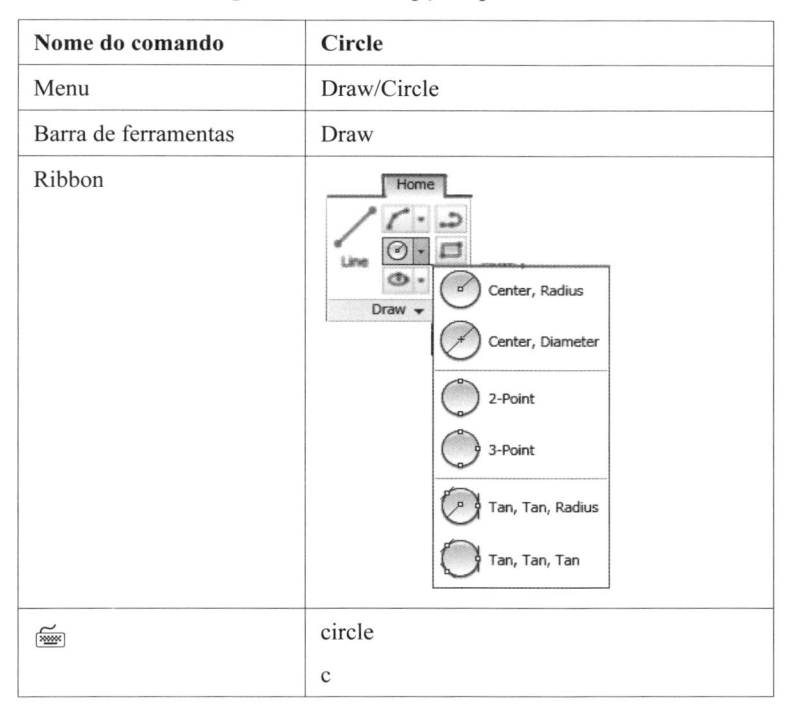

Nome do comando	Circle
Menu	Draw/Circle
Barra de ferramentas	Draw
Ribbon	Center, Radius Center, Diameter 2-Point 3-Point Tan, Tan, Radius Tan, Tan, Tan
⌨	circle c

Determinando o centro e o raio para criar um círculo

Na linha de comando, será exibida a sequência:

Mensagens na linha de comando ou pela *Dynamic Input*	Procedimentos para a execução do comando	Exemplo
Command: Circle	Ative o comando.	Raio / Centro
Specify center point	Especifique um ponto (centro do círculo).	
Specify radius of circle or [Diameter]	Digite um valor para determinar o raio e pressione ↵.	

O comando *Circle* cria círculos de vários modos que podem ser acessados pela linha de comando ou pelo menu de atalho apresentado durante a execução do comando.

As opções do comando *Circle* são:

Opção	Descrição	Exemplo
Center point -diameter	Desenha um círculo determinando o ponto central e o raio ou diâmetro.	
3P	Desenha um círculo determinando três pontos: P1, P2 e P3	
2P	Desenha um círculo determinando dois pontos: P1 e P2 (diâmetro)	
TTR	Desenha um círculo com determinado raio, tangente a dois objetos (linha, círculo ou arco).	Círculo tangente a dois objetos (círculos)
Tan, Tan, Tan	Desenha um círculo tangente a três objetos.	Círculo tangente às arestas do triângulo

Atividade 1 – Desenhando círculos

Objetivo: • Trabalhar com as ferramentas para a criação de objetos.

Tarefa: • Desenhar círculos.

Esta atividade apresenta os passos para criar círculos.

Arquivos para acompanhar a atividade:

Desenho: circulo.dwg

Ajuda: desenhando objetos.pdf

Comando *Arc*

O comando *Arc* cria arcos.

Nome do comando	Arc
Menu	Draw/Arc
Barra de ferramentas	Draw
Ribbon	(Home – Draw: 3-Point; Start, Center, End; Start, Center, Angle; Start, Center, Length; Start, End, Angle; Start, End, Direction; Start, End, Radius; Center, Start, End; Center, Start, Angle; Center, Start, Length; Continue)
⌨	arc

Para criar um arco, é importante conhecer as opções que ele apresenta:

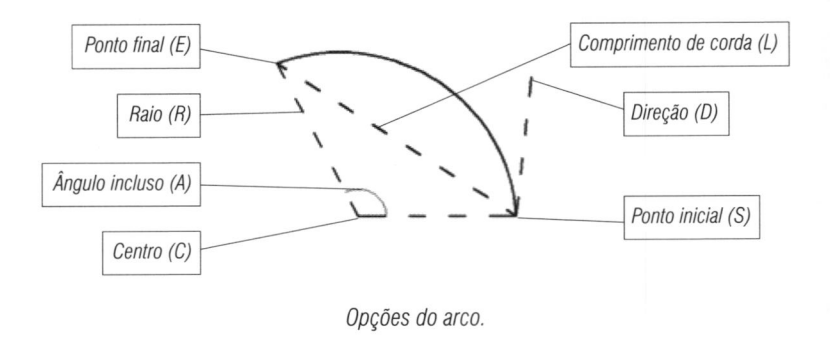

- Ponto final (E)
- Raio (R)
- Ângulo incluso (A)
- Centro (C)
- Comprimento de corda (L)
- Direção (D)
- Ponto inicial (S)

Opções do arco.

Opções do comando Arc

O comando *Arc* apresenta várias opções para criar arcos que são desenhados no sentido anti-horário.

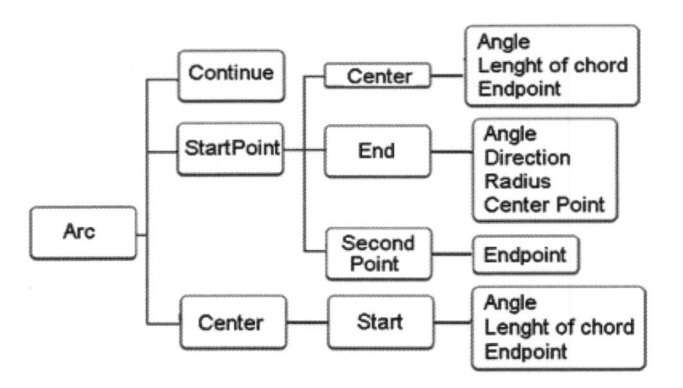

Arc
- Continue
- StartPoint
  - Center → Angle / Lenght of chord / Endpoint
  - End → Angle / Direction / Radius / Center Point
  - Second Point → Endpoint
- Center → Start → Angle / Lenght of chord / Endpoint

Criando um arco a partir de três pontos

A opção *3 Points* cria um arco a partir de três pontos. O primeiro e o terceiro pontos determinam as extremidades do arco.

Na linha de comando, será exibida a sequência:

Mensagens na linha de comando ou pela *Dynamic Input*	Procedimentos para a execução do comando	Exemplo
Command: Arc	Ative o comando.	P3, P2, P1
Specify start point of arc or [Center]	Especifique o primeiro ponto (P1).	
Specify second point of arc or [Center/End]	Especifique o segundo ponto (P2).	

Specify end point of arc	Especifique o terceiro ponto (P3).	

Determinando o ponto inicial, o centro e o ponto final para criar um arco

A opção *Start - Center - End (SCE)* cria um arco determinando o ponto inicial (S), o centro (C) e o ponto final (E).

Na linha de comando, será exibida a sequência:

Mensagens na linha de comando ou pela *Dynamic Input*	Procedimentos para a execução do comando
Command: Arc	Ative o comando.
Specify start point of arc	Especifique o primeiro ponto (S).
Specify center point of arc	Especifique o centro do arco (C).
Specify end point of arc	Especifique o terceiro ponto (E).

Determinando o ponto inicial, o centro e o ângulo incluso para criar um arco

A opção *Start - Center - Angle (SCA)* cria um arco determinando o ponto inicial (S), o centro (C) e o ângulo incluso (A).

Na linha de comando, será exibida a sequência:

Mensagens na linha de comando ou pela *Dynamic Input*	Procedimentos para a execução do comando
Command: Arc	Ative o comando.
Specify start point of arc	Especifique o ponto inicial (S).
Specify center point of arc	Especifique o centro do arco (C).
Specify included angle	Determine o ângulo (A).

(cont.)

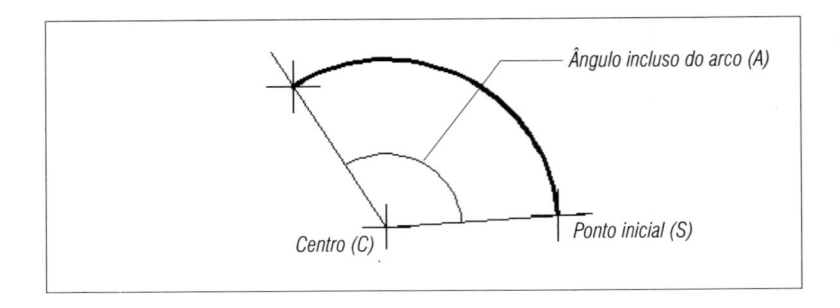

Determinando o centro, o ponto inicial e o comprimento de corda para criar um arco

A opção *Center - Start - Length (CSL)* cria um arco determinando o centro (C), o ponto inicial (S) e o comprimento de corda.

Na linha de comando, será exibida a sequência:

Mensagens na linha de comando ou pela *Dynamic Input*	Procedimentos para a execução do comando
Command: Arc	Ative o comando.
Specify center point of arc	Especifique o centro do arco (C).
Specify start point of arc	Especifique o ponto inicial (S).
Specify length of chord	Determine o comprimento de corda (L).

Determinando o ponto inicial, o ponto final e a direção tangencial para criar um arco

A opção *Start - End - Direction (SED)* cria um arco determinando o ponto inicial (S), o ponto final e a direção tangencial do arco.

Na linha de comando, será exibida a sequência:

Mensagens na linha de comando ou pela *Dynamic Input*	Procedimentos para a execução do comando
Command: Arc	Ative o comando.
Specify start point of arc	Especifique o ponto inicial (S).
Specify end point of arc	Especifique o ponto final (E).
Specify tangent direction for the start point of arc	Determine a direção tangencial do arco (D).

Determinando o ponto inicial, o ponto final e o raio para criar um arco

A opção *Start - End - Radius (SER)* cria um arco determinando o ponto inicial (S), o ponto final (E) e o raio (R).

Na linha de comando, será exibida a sequência:

Mensagens na linha de comando ou pela *Dynamic Input*	Procedimentos para a execução do comando
Command: Arc	Ative o comando.
Specify start point of arc	Especifique o primeiro ponto (S).
Specify end point of arc	Especifique o ponto final (E).
Specify radius of arc	Determine o raio do arco (R).

Atividade 2 – Desenhando arcos

Objetivo: • Trabalhar com as ferramentas para a criação de objetos.

Tarefa: • Desenhar arcos.

Esta atividade apresenta os passos para criar arcos.

Arquivos para acompanhar a atividade:

Desenho: arco.dwg

Ajuda: desenhando objetos.pdf

Comando *Rectangle*

O comando *Rectangle* cria retângulos determinando valores para área, direção, altura e largura.

Nome do comando	Rectangle
Menu	Draw/Rectangle
Barra de ferramentas	Draw
Ribbon	
	rec
	rectang

Na linha de comando, será exibida a sequência:

Mensagens na linha de comando ou pela *Dynamic Input*	Procedimentos para a execução do comando	Exemplo
Command: Rectangle	Ative o comando.	P1
Specify first corner point	Especifique um ponto.	
Specify other corner point	Especifique o segundo ponto – vértice oposto.	P2

As opções do comando *Rectangle* são:

Opção	Descrição
Area	Cria um retângulo determinando a área e uma distância (largura ou altura).
Dimensions	Cria um retângulo determinando a altura e a largura.
Rotation	Cria um retângulo determinando a direção.

- Ao se criar um retângulo, o valor para a largura (Length) refere-se à direção horizontal e o valor para a altura (Width) refere-se à direção vertical.

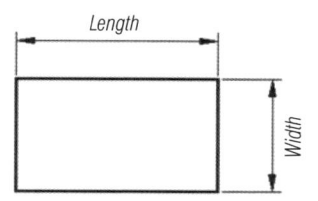

- Ao se criar um retângulo com a opção *Rotation*, o valor para a largura (Length) refere-se à distância em relação ao ângulo de rotação.

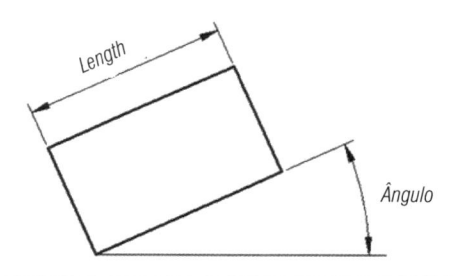

Atividade 3 – Desenhando retângulos

Objetivo: • Trabalhar com as ferramentas para a criação de objetos.

Tarefa: • Desenhar retângulos.

Esta atividade apresenta os passos para criar retângulos.

Arquivos para acompanhar a atividade:

Desenho: retangulo.dwg

Ajuda: desenhando objetos.pdf

Comando *Polygon*

O comando *Polygon* cria polígonos regulares (todos os lados iguais) de 3 a 1.024 lados.

Nome do comando	Polygon
Menu	Draw/Polygon
Barra de ferramentas	Draw
Ribbon	
⌨	pol

Na linha de comando, será exibida a sequência para criar um polígono circunscrito ou inscrito:

Mensagens na linha de comando ou pela *Dynamic Input*	Procedimentos para a execução do comando	Exemplo
Command: Polygon	Ative o comando.	
Enter number of sides	Determine o número de lados para o polígono.	
Specify center of polygon	Especifique o centro (P1).	
Enter an option [Inscribed in circle/ Circumscribed about circle] <I>	Determine a opção inscrito ou circunscrito.	
Specify radius of circle	Determine o valor do raio (P2).	

Na linha de comando, será exibida a sequência para criar um polígono determinando a aresta:

Mensagens na linha de comando ou pela *Dynamic Input*	Procedimentos para a execução do comando	Exemplo
Command: Polygon	Ative o comando.	
Enter number of sides	Determine o número de lados para o polígono.	
Specify center of polygon or [Edge]	Digite **e** ↵ para ativar a opção *Edge*.	
Specify first endpoint of edge	Especifique um ponto (P1).	
Specify second endpoint of edge	Especifique o segundo ponto (P2), que determina o comprimento da aresta.	

As opções do comando *Polygon* são:

Opção	Descrição	Exemplo
Inscribed	Cria um polígono que será inscrito em um círculo imaginário, determinando o centro e o raio do círculo.	
Circumscribed	Cria um polígono que será circunscrito em um círculo imaginário, determinando o centro e o raio do círculo.	
Edge	Cria um polígono determinando o comprimento da aresta e a direção.	

- O polígono é formado por uma polyline fechada.
- A visibilidade de um polígono de muitos lados dependerá da capacidade de configuração e do número de pontos do monitor; caso este apresente poucos pontos, o polígono poderá ter a aparência de um círculo.

Atividade 4 – Desenhando polígonos

Objetivo: • Trabalhar com as ferramentas para a criação de objetos.

Tarefa: • Desenhar polígonos.

Esta atividade apresenta os passos para criar polígonos.

Arquivos para acompanhar a atividade:

Desenho: poligono.dwg

Ajuda: desenhando objetos.pdf

Comando *Ellipse*

O comando *Ellipse* cria elipses determinando o eixo principal e o eixo secundário.

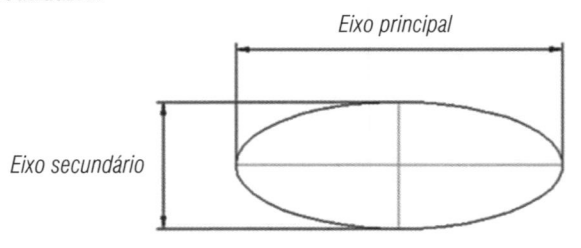

Eixo principal

Eixo secundário

Nome do comando	Ellipse
Menu	Draw/Ellipse
Barra de ferramentas	Draw

Ribbon	(Home / Draw: Center, Axis End)
(teclado)	ellipse

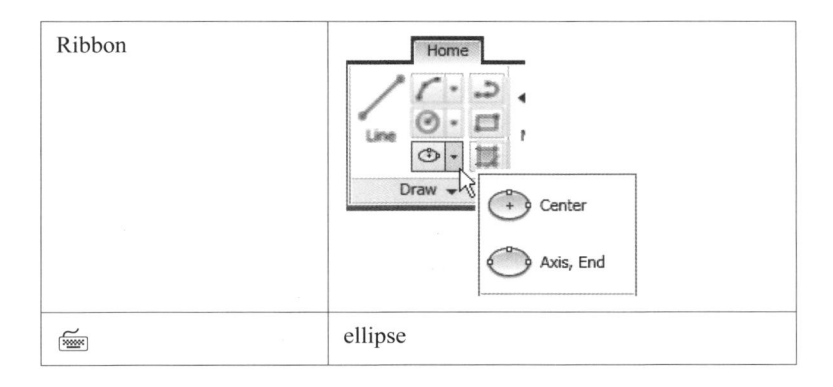

Na linha de comando, será exibida a sequência:

Mensagens na linha de comando ou pela *Dynamic Input*	Procedimentos para a execução do comando	Exemplo
Command: Ellipse	Ative o comando.	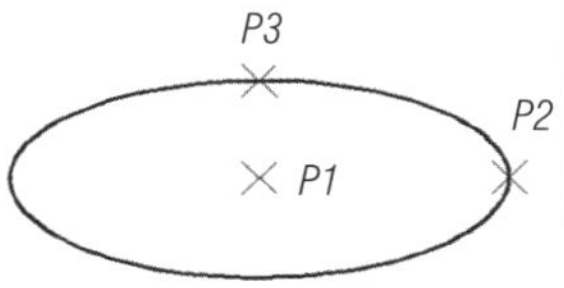
Specify axis endpoint of ellipse	Especifique o centro da elipse (P1).	P3, P2, P1
Specify other endpoint of axis	Especifique a extremidade do eixo principal (P2).	
Specify distance to other axis	Especifique a extremidade do eixo secundário (P3).	

As opções do comando *Ellipse* são:

Opção	Descrição
Center	Cria uma elipse determinando o centro e uma extremidade de cada eixo.
Rotation	Define a direção angular (0° a 90°) do eixo principal.

Comando *Ellipse Arc*

O comando *Ellipse Arc* cria arcos elípticos.

Nome do comando	Ellipse Arc
Menu	Draw/Ellipse/Ellipse Arc
Barra de ferramentas	Draw

(cont.)

Ribbon	
⌨	ellipse/arc

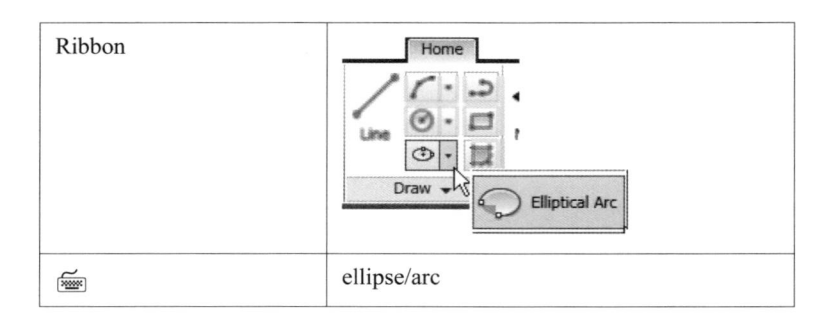

Na linha de comando, será exibida a sequência:

Mensagens na linha de comando ou pela *Dynamic Input*	Procedimentos para a execução do comando	Exemplo
Command: Ellipse	Ative o comando.	
Specify axis endpoint of elliptical arc	Especifique o primeiro ponto do eixo principal (P1).	
Specify other endpoint of axis	Especifique a extremidade do eixo principal (P2).	
Specify distance to other axis	Especifique a extremidade do eixo secundário (P3).	
Specify start angle	Especifique o ponto inicial do ângulo (P4).	
Specify end angle	Especifique o ponto final do ângulo (P5).	

Atividade 5 – Desenhando elipses

Objetivo: • Trabalhar com as ferramentas para a criação de objetos.

Tarefa: • Desenhar elipses.

Esta atividade apresenta os passos para criar elipses.

Arquivos para acompanhar a atividade:

📁 **Desenho:** elipse.dwg

Ajuda: desenhando objetos.pdf

Comando *Revcloud*

O comando *Revcloud* cria uma polyline com arcos sequenciais formando uma "nuvem" fechada, geralmente utilizada para realçar as anotações de revisão no desenho.

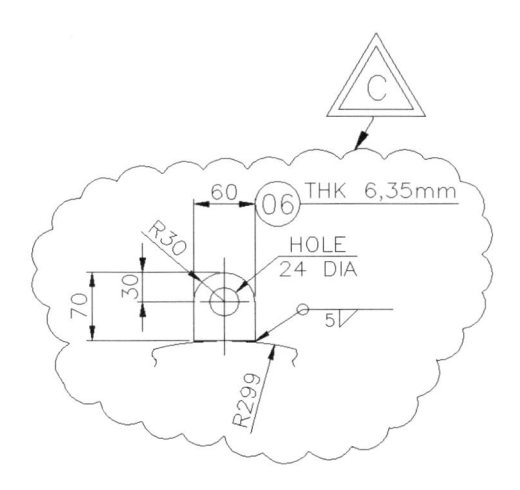

Nome do comando	Revcloud
Menu	Draw/Revision Cloud
Barra de ferramentas	Draw
Ribbon	
	revcloud

Na linha de comando, será exibida a sequência:

Mensagens na linha de comando ou pela *Dynamic Input*	Procedimentos para a execução do comando	Exemplo
Command: Revcloud Minimum arc length: 15 Maximum arc length: 15 Style: normal	Ative o comando.	
Specify start point	Especifique o ponto para iniciar o objeto.	
Guide crosshairs along cloud path	Mova o mouse para criar o objeto.	
Revision cloud finished	Ao passar o cursor sobre o ponto inicial, o objeto é fechado e o comando, finalizado.	

As opções do comando *Revcloud* são:

Opção	Descrição
Arc Length	Determina valores para o comprimento do arco.
Object	Converte um objeto (círculo, elipse, polyline ou spline fechada) em "nuvem" e define se os arcos serão côncavos ou convexos.
Style	Define o estilo do objeto. *Style* Calligraphy *Style* Normal

Comando *Polyline*

O comando *Polyline* cria linhas e segmentos de arcos como um objeto contínuo e único.

Nome do comando	Polyline
Menu	Draw/Polyline
Barra de ferramentas	Draw
Ribbon	
⌨	pline pl

Na linha de comando, será exibida a sequência:

Mensagens na linha de comando ou pela Dynamic Input	Procedimentos para a execução do comando	Exemplo
Command: Pline	Ative o comando.	
Specify start point	Especifique o ponto para a polyline.	
Specify next point	Especifique o próximo ponto ou digite um valor para o comprimento da polyline e pressione ↵. Finalize o comando pressionando a tecla *ESC*.	

As opções do comando *Polyline* são:

Opção	Descrição
Arc	Desenha segmentos de arcos na polyline.
Close	Fecha a polyline.
Undo	Desfaz o último segmento.
Width	Determina uma largura para a polyline.
Line	Desenha segmentos de linhas na polyline.

> O comando *Polyline* aceita coordenadas X, Y.

Atividade 6 – Desenhando polylines

Objetivo: • Trabalhar com as ferramentas para a criação de objetos.

Tarefa: • Desenhar polylines.

Esta atividade apresenta os passos para criar polylines.

Arquivos para acompanhar a atividade:

Desenho: polyline.dwg

Ajuda: desenhando objetos.pdf

Comando *Spline*

O comando *Spline* cria curvas suaves a partir de pontos determinados.

Nome do comando	Spline
Menu	Draw/Spline
Barra de ferramentas	Draw
Ribbon	
	spline spl

Na linha de comando, será exibida a sequência:

Mensagens na linha de comando ou pela *Dynamic Input*	Procedimentos para a execução do comando	Exemplo
Command: Spline	Ative o comando.	P1, P2, P3, P4, P5, P6
Specify start point	Especifique o ponto para iniciar a spline.	
Specify next point	Especifique o próximo ponto. Finalize o comando pressionando duas vezes a tecla ↵.	

As opções do comando *Spline* são:

Opção	Descrição
Close	Fecha a spline.
Fit Tolerance	Altera a forma de suavização da curva.
Object	Converte polylines-splines em splines.

Atividade 7 – Desenhando splines

Objetivo: • Trabalhar com as ferramentas para a criação de objetos.

Tarefa: • Desenhar splines.

Esta atividade apresenta os passos para criar splines.

Arquivos para acompanhar a atividade:

📁 **Desenho:** spline.dwg

Ajuda: desenhando objetos.pdf

Comando *Donut*

O comando *Donut* cria círculos preenchidos.

Nome do comando	Donut
Menu	Draw/ Donut

(cont.)

Ribbon	(Home / Draw panel)
⌨	donut

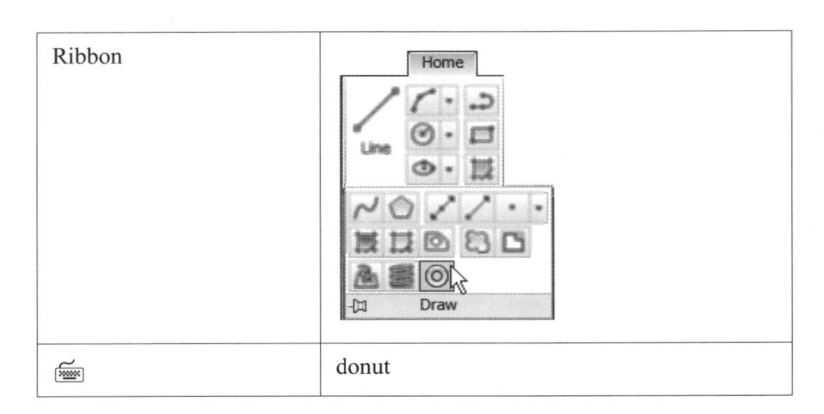

Na linha de comando, será exibida a sequência:

Mensagens na linha de comando ou pela *Dynamic Input*	Procedimentos para a execução do comando	Exemplo
Command: Donut	Ative o comando.	*Diâmetro externo* / *Diâmetro interno.*
Specify inside diameter of donut	Especifique o diâmetro interno.	
Specify outside diameter of donut	Especifique o diâmetro externo.	
Specify center of donut	Especifique o centro do donut. Finalize o comando com a tecla *Enter*.	

- Para criar donuts totalmente preenchidos, determine o diâmetro interno (inside diameter) com valor = 0.

- A variável Fill controla o preenchimento dos objetos.

Atividade 8 – Desenhando donuts

Objetivo: • Trabalhar com as ferramentas para a criação de objetos.

Tarefa: • Desenhar donuts.

Esta atividade apresenta os passos para criar donuts.

Arquivos para acompanhar a atividade:

Desenho: donut.dwg

Ajuda: desenhando objetos.pdf

Comando *Multiline*

O comando *Multiline* cria segmentos de linhas paralelos. Veja os exemplos:

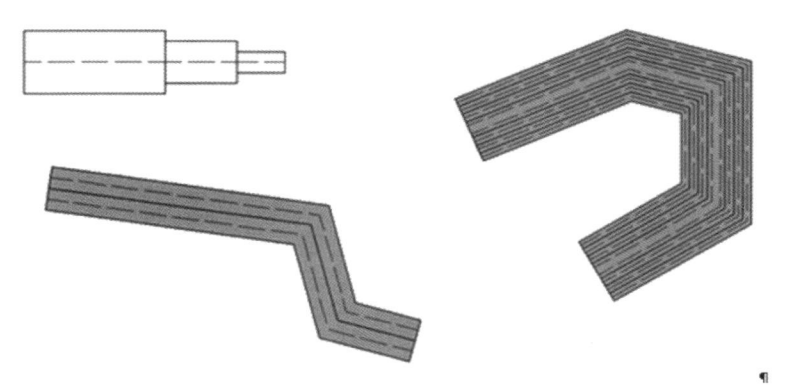

Nome do comando	Multiline
Menu	Draw/Multiline
	mline

Na linha de comando, será exibida a sequência:

Mensagens na linha de comando ou pela *Dynamic Input*	Procedimentos para a execução do comando	Exemplo
Command: Mline Current settings: Justification = current Scale = current Style = current	Ative o comando.	P2 P1
Specify start point	Especifique o ponto para iniciar a mline.	
Specify next point	Especifique o próximo ponto.	

As opções do comando *Multiline* são:

Opção	Descrição
Close	Fecha a mline.
Justification	Determina o ponto de referência para o desenho da mline: *Top* – o ponto de referência fica acima do cursor; *Zero* – o ponto de referência fica centralizado em relação ao cursor; *Bottom* – o ponto de referência fica abaixo do cursor. ———————— TOP — — — — — ZERO ———————— BOTTOM
Scale	Controla o fator de escala para mline.
Style	Determina o estilo da mline.

Comando *Multiline Style*

O comando *Multiline Style* cria um estilo de mline.

Nome do comando	Multiline Style
Menu	Format/Multiline Style
⌨	mlstyle

As opções da caixa de diálogo *Multiline Style* para a criação de estilos de mline são:

Opção	Descrição
Description	Insere uma descrição para a mline.
Caps	Determina a finalização da mline.
Fill	Controla a cor de preenchimento da mline.
Display Joins	Determina a criação de juntas na mline.
Elements	Adiciona ou apaga as propriedades da mline.
Offset *Color* *Linetype*	Determina a distância entre as linhas, a cor e o tipo de linha que compõem a mline.

Executando o Projeto Casa

Nesta etapa do Projeto Casa, você vai desenhar a porta e a louça.

Atividade 9 – Desenhando a porta e a louça

Objetivo: • Trabalhar com as ferramentas estudadas.

Tarefa: • Desenhar a porta e louça.

Arquivos para acompanhar a atividade:

📁 Desenho: porta.dwg
louça.dwg

Ajuda: desenhando objetos.pdf

Teste – Criando objetos

1. A opção *TTR* do comando *Circle* desenha um círculo com determinado raio, tangente a dois objetos (linha, círculo ou arco):

    a) Falso

    b) Verdadeiro

2. Um retângulo pode ser desenhado com o comando *Polygon*.

    a) Falso

    b) Verdadeiro

3. O comando *Polygon* cria polígonos irregulares (com os lados desiguais).

    a) Falso

    b) Verdadeiro

4. Os comandos no menu *Draw* criam e modificam os objetos no AutoCAD.

    a) Falso

    b) Verdadeiro

5. As várias opções para criar arcos estão disponíveis no menu *Draw*.

    a) Falso

    b) Verdadeiro

6. As opções a seguir são todas do comando *Pline* exceto:

    a) *Undo*

    b) *Arc*

    c) *Width*

    d) *Ltype*

    e) *Close*

7. A ribbon apresentada na figura é:

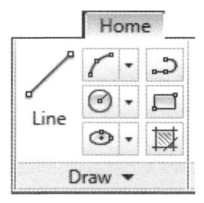

a) *Modify*

b) *Draw*

c) *Edit*

d) *Design*

Questão	Resposta
1	b
2	a
3	a
4	a
5	a
6	d
7	b

Anotações

5
Modificando objetos

OBJETIVOS

- Selecionar objetos
- Apagar ou restaurar objetos
- Desfazer comandos
- Mover, rotacionar e copiar objetos
- Esticar e espelhar objetos
- Trabalhar com grips

Selecionando objetos

As alterações efetuadas no desenho são denominadas edição. Para editar um objeto, é necessário selecioná-lo.

Quando um comando de edição é ativado, o AutoCAD apresenta a mensagem *Command: select objects*. Isso significa que o objeto deve ser selecionado. Após selecionar os objetos, confirme a seleção com a tecla ↵.

Um modo simples de selecionar um objeto é passar o cursor do mouse sobre ele; quando o objeto ficar em destaque, significa que foi reconhecido e está pronto para ser selecionado.

Objeto não selecionado.    *Objeto selecionado.*

> Para cancelar a seleção, pressione a tecla *ESC*.

O AutoCAD apresenta muitas opções para você selecionar vários objetos em um agrupamento. Veja a seguir os principais modos de seleção.

Modo de seleção *Window*

O modo *Window* seleciona todos os objetos que estiverem completamente dentro da janela de seleção.

Para criar a área retangular, ou janela de seleção, clique em um ponto próximo aos objetos a serem selecionados. Em seguida, arraste o cursor do mouse para determinar o segundo ponto na diagonal oposta, formando uma área retangular em que todos os objetos estejam integralmente dentro.

Objetos antes da seleção. 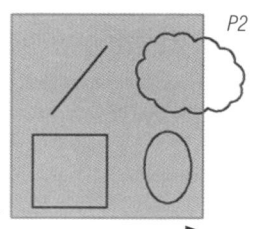   *Modo de seleção Window (os pontos são especificados da esquerda para a direita).*   *A linha, o quadrado e a elipse estão selecionados.*

Modificando objetos

- A janela criada pelo modo de seleção *Window* apresenta borda em linha contínua e fundo semitransparente em tom azulado.
- Somente os objetos que estiverem totalmente dentro da área retangular ficarão selecionados.
- Se uma parte do objeto estiver fora da área de seleção, ele não será selecionado.

Modo de seleção *Crossing*

O modo de seleção *Crossing* seleciona todos os objetos que estiverem dentro da janela, além dos objetos que cruzam a linha da área retangular.

Para criar a área retangular, ou janela de seleção, clique em um ponto próximo aos objetos a serem selecionados. Em seguida, arraste o cursor do mouse para determinar o segundo ponto na diagonal oposta, formando uma área retangular. Não é necessário que os objetos estejam integralmente dentro da área.

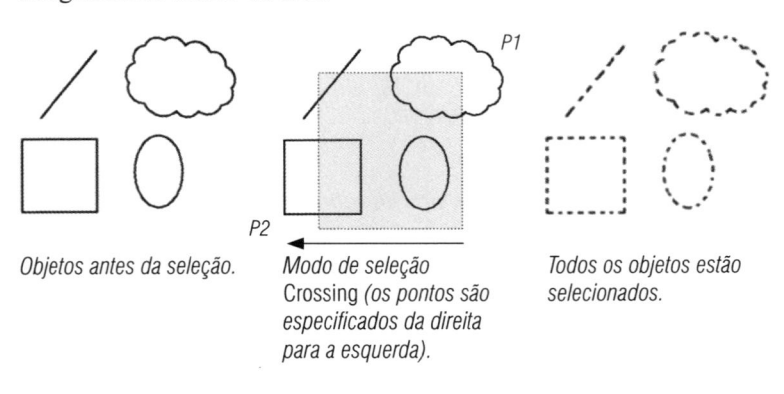

Objetos antes da seleção.   *Modo de seleção Crossing (os pontos são especificados da direita para a esquerda).*   *Todos os objetos estão selecionados.*

- A janela criada pelo modo de seleção *Crossing* tem a borda em linha tracejada e o fundo semitransparente em tom esverdeado.
- Se uma parte do objeto estiver fora da área de seleção, mesmo assim ele será selecionado.
- A variável Pickadd determina o modo de seleção dos objetos:

    valor = 1 determina que apenas um objeto será selecionado;

    valor = 0 (valor padrão) determina a seleção de vários objetos.

- Outro modo de controlar a quantidade de objetos selecionados é pela janela *Properties*. O sinal + corresponde à variável Pickadd = 0.

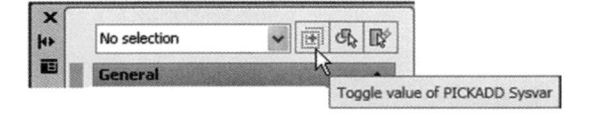

> • A opção *Use Shift to add to selection*, na caixa de diálogo *Options*, quando desativada, corresponde à variável Pickadd = 0.
>
> Selection Modes
> ☐ Use Shift to add to selection

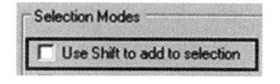

Dicas para selecionar objetos

Object Cycling

O *Object Cycling* é útil para selecionar um objeto posicionado muito próximo a outros objetos no desenho.

Na mensagem *Select objects*, posicione o cursor sobre a área que contém os objetos que se sobrepõem. Mantenha pressionada a tecla *Shift*, pressione a barra de espaço e observe que um objeto será destacado. Aperte novamente a barra de espaço (mantendo pressionada a tecla *Shift*) e o próximo objeto será destacado. Quando o objeto que deve ser selecionado ficar destacado, clique nele. Se for necessário, continue selecionando outros objetos. Finalize a seleção pressionando a tecla ↵.

Retirando objetos de um conjunto de seleção

Para retirar objetos de um conjunto de seleção, clique no objeto a ser retirado mantendo a tecla *Shift* pressionada.

Para retirar de uma única vez vários objetos de um conjunto de seleção, selecione os objetos pelo modo *Select Window* ou *Crossing* enquanto mantém pressionada a tecla ESC.

Selecionando todos os objetos

Para selecionar de uma única vez todos os objetos no desenho, digite *All* e pressione ↵ na mensagem *Select objects*.

> A opção *All* seleciona todos os objetos que estão visíveis na tela, como *Layer On*, e os que não estão visíveis, como *Layer Off*.

Selecionando o último objeto criado

Para selecionar o último objeto criado, na mensagem *Select objects*, digite *L* e pressione ↵ para ativar a opção *Last*.

Apagando, restaurando objetos e desfazendo comandos

Comando Erase

O comando *Erase* apaga os objetos selecionados no desenho.

Nome do comando	Erase
Menu	Modify/Erase
Barra de ferramentas	Modify
Ribbon	(Home / Modify)
⌨	erase e

Na linha de comando, será exibida a sequência:

Mensagens na linha de comando ou pela *Dynamic Input*	Procedimentos para a execução do comando
Command: Erase	Ative o comando.
Select object	Selecione os objetos. Em seguida, o AutoCAD informará a quantidade de objetos selecionados; para confirmar, pressione ↵.

- Selecionar os objetos e, em seguida, pressionar a tecla *Delete* também apaga os objetos.
- Para desfazer a última operação, utilize o comando *Undo*.
- Para selecionar vários objetos, utilize um dos métodos de seleção.

Comando Oops

O comando *Oops* restaura os últimos objetos apagados.

Nome do comando	Oops
⌨	oops

Comando Undo

O comando *Undo* desfaz o último comando utilizado.

Nome do comando	Undo
Menu	Edit/Undo
Barra de ferramentas	Standard
	Quick Access
⌨	undo
	CTRL + Z
	u

- Não confunda o comando *Undo* com a opção *Undo* apresentada durante a execução de alguns comandos como, por exemplo, o comando *Line*.
- Utilize o comando *Undo* com atenção para não perder parte do desenho.
- A seta ao lado do ícone do comando *Undo*, localizado na barra standard, apresenta os comandos que foram executados.

Comando Redo

O comando *Redo* desfaz o efeito do comando *Undo*.

Nome do comando	Redo
Menu	Edit/Redo
Barra de ferramentas	Standard
	Quick Access
⌨	redo
	CTRL + y

- O comando *Redo* estará disponível somente após a execução do comando *Undo*.
- A seta ao lado do ícone do comando *Redo*, localizado na barra standard, apresenta os comandos que foram executados.

Atividade 1 – Selecionando e apagando objetos

Objetivo: • Trabalhar com o comando *Erase*.

Tarefa: • Selecionar e apagar objetos.

Esta atividade apresenta os passos para selecionar e apagar objetos.

Arquivos para acompanhar a atividade:

Desenho: erase.dwg

Ajuda: modificando objetos.pdf

Movendo e copiando objetos

Comando Move

O comando *Move* move objetos a uma determinada distância e direção.

Para mover os objetos, ative o comando, crie um conjunto de seleção e especifique um ponto-base e um ponto final.

Nome do comando	Move
Menu	Modify/Move
Barra de ferramentas	Modify
Ribbon	Home / Move / Modify

(cont.)

	move
	m

Na linha de comando, será exibida a sequência:

Mensagens na linha de comando ou pela *Dynamic Input*	Procedimentos para a execução do comando
Command: Move	Ative o comando.
Select objects	Selecione os objetos e finalize com ↵.
Specify base point or displacement	Especifique um ponto-base.
Specify second point of displacement	Especifique um ponto para determinar a nova localização do objeto.

> O ponto-base pode ser especificado em qualquer parte do desenho ou próximo ao objeto, porém é recomendável escolher um ponto com o auxílio de *Osnap* no objeto para obter resultados precisos.

Comando Copy

O comando *Copy* copia objetos.

Para copiar objetos, ative o comando, crie um conjunto de seleção e especifique um ponto-base e um ponto de localização.

Nome do comando	Copy
Menu	Modify/Copy
Barra de ferramentas	Modify
Ribbon	
	copy
	cp

Na linha de comando, será exibida a sequência:

Mensagens na linha de comando ou pela *Dynamic Input*	Procedimentos para a execução do comando
Command: Copy	Ative o comando.
Select objects	Selecione os objetos e finalize com ↵.
Specify base point or displacement	Especifique um ponto-base.
Specify second point of displacement	Especifique um ponto para determinar a localização da cópia do objeto.

Atividade 2 – Movendo e copiando objetos

Objetivo: • Trabalhar com os comandos *Copy* e *Move*.

Tarefa: • Mover e copiar objetos.

Esta atividade apresenta os passos para mover e copiar objetos.

Arquivos para acompanhar a atividade:

Desenho: move copy.dwg

Ajuda: modificando objetos.pdf

Rotacionando objetos

Comando Rotate

O comando *Rotate* rotaciona os objetos (especificando um ângulo de rotação) em torno de um ponto-base.

Nome do comando	Rotate
Menu	Modify/Rotate
Barra de ferramentas	Modify
Ribbon	Home / Move / Modify
	rotate ro

Na linha de comando, será exibida a sequência:

Mensagens na linha de comando ou pela *Dynamic Input*	Procedimentos para a execução do comando
Command: Rotate	Ative o comando.
Select objects	Selecione os objetos e finalize com ↵.
Specify base point or displacement	Especifique um ponto-base.
Specify rotation angle	Especifique um ângulo de rotação.

As opções do comando *Rotate* são:

Opção	Descrição
Copy	Cria uma cópia do objeto selecionado.
Reference	Determina um ângulo de referência por meio de um valor ou da especificação de dois pontos.

O ângulo de rotação padrão para o AutoCAD é no sentido anti-horário. Determinando-se um valor negativo para o ângulo de rotação, o sentido se torna horário.

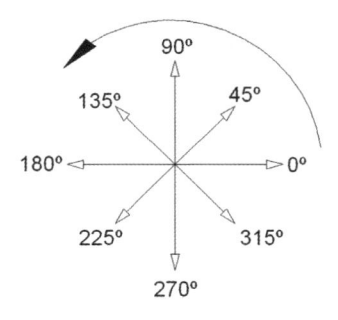

Ângulos com valores positivos. 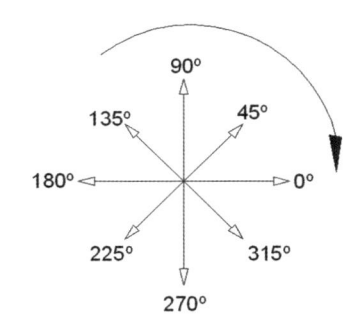   *Ângulos com valores negativos.*

- A ferramenta *Ortho* rotaciona em incrementos angulares de 90°.
- A ferramenta *Polar Otrack* facilita a visualização do ângulo quando o objeto é rotacionado.

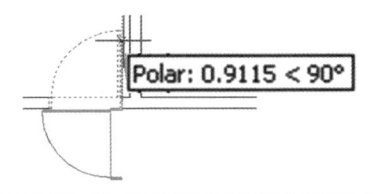

Modificando objetos

Atividade 3 – Rotacionando objetos

Objetivo: • Trabalhar com o comando *Rotate*.

Tarefa: • Rotacionar objetos.

Esta atividade apresenta os passos para rotacionar objetos.

Arquivos para acompanhar a atividade:

Desenho: rotate.dwg

Ajuda: modificando objetos.pdf

Escalando objetos

Comando Scale

O comando *Scale* amplia ou reduz os objetos.

Nome do comando	Scale
Menu	Modify/Scale
Barra de ferramentas	Modify
Ribbon	
	scale
	sc

Na linha de comando, será exibida a sequência:

Mensagens na linha de comando ou pela *Dynamic Input*	Procedimentos para a execução do comando
Command: Scale	Ative o comando.
Select objects	Selecione os objetos e finalize com ↵.
Specify base point or displacement	Especifique um ponto-base.
Specify scale factor	Especifique um fator de escala.

As opções do comando *Scale* são:

Opção	Descrição
Copy	Cria uma cópia do objeto selecionado.
Reference	Determina um fator de escala, tendo como referência um comprimento inicial em relação a um comprimento final.

- Não confunda o comando *Scale* com os comandos de visualização *Zoom* nem com a escala de impressão.
- Determinar o fator de escala com valor menor que 1 reduz o objeto. Fator de escala com valor maior que 1 amplia o objeto. Por exemplo:

   valor = 2 – amplia o objeto 2 vezes;

   valor = 10 – amplia o objeto 10 vezes;

   valor = 0,5 ou 1/2 – reduz o objeto 2 vezes;

   valor = 0,2 ou 1/5 – reduz o objeto 5 vezes.

Atividade 4 – Alterando o tamanho dos objetos

Objetivo: • Trabalhar com o comando *Scale*.

Tarefa: • Alterar o tamanho dos objetos.

Esta atividade apresenta os passos para alterar o tamanho dos objetos.

Arquivos para acompanhar a atividade:

Desenho: scale.dwg

Ajuda: modificando objetos.pdf

Espelhando e esticando objetos

Comando Mirror

O comando *Mirror* cria uma cópia espelhada de objetos em relação a um eixo de espelhamento (determinado a partir de dois pontos não coincidentes).

Nome do comando	Mirror
Menu	Modify/Mirror

(cont.)

Barra de ferramentas	Modify
Ribbon	(ícones do painel Modify da aba Home)
(teclado)	mirror mi

Na linha de comando, será exibida a sequência:

Mensagens na linha de comando ou pela *Dynamic Input*	Procedimentos para a execução do comando
Command: Mirror	Ative o comando.
Select objects	Selecione os objetos e finalize com ↵.
Specify first point of mirror line	Especifique o primeiro ponto para determinar o eixo de espelhamento.
Specify second point of mirror line	Especifique o segundo ponto para determinar o eixo de espelhamento.
Erase source objects <No>?	O AutoCAD perguntará se o objeto original deverá ser apagado ou não. Para não apagar o objeto, aceite a resposta padrão "No" pressionando a tecla *Enter*. Para apagar o objeto, pressione *Y*.

- O comando *Mirror* faz o espelhamento dos objetos selecionados em qualquer direção e ângulo.
- O modo *Ortho* facilita o espelhamento de objetos na horizontal ou vertical.
- O modo *Polar Otrack* facilita o espelhamento de objetos em determinada direção.
- A variável Mirrtext controla o espelhamento ou não dos textos:

  valor = 0 – o texto não é espelhado;

  valor = 1 – o texto é espelhado.

Comando Stretch

O comando *Stretch* altera parte do comprimento do desenho.

Nome do comando	Stretch
Menu	Modify/Stretch
Barra de ferramentas	Modify
Ribbon	
⌨	stretch

Na linha de comando, será exibida a sequência:

Mensagens na linha de comando ou pela *Dynamic Input*	Procedimentos para a execução do comando
Command: Stretch	Ative o comando.
Select objects: to stretch by crossing-window or crossing-polygon	Selecione os objetos usando o modo de seleção *Crossing*.
Specify base point	Especifique o ponto-base que determina o ponto inicial do deslocamento.
Specify second point	Especifique o segundo ponto que determina o ponto final do deslocamento.

- Ao selecionar o objeto, é obrigatório utilizar o modo de seleção *Crossing*.
- Para determinar o ponto final de deslocamento, é permitido digitar valores positivos ou negativos.
- Não é possível esticar círculos, textos ou blocos.

Atividade 5 – Esticando e espelhando objetos

Objetivo: • Trabalhar com os comandos *Mirror* e *Stretch*.

Tarefa: • Espelhar e esticar objetos.

Esta atividade apresenta os passos para esticar e espelhar objetos.

Arquivos para acompanhar a atividade:

Desenho: mirror stretch.dwg

Ajuda: modificando objetos.pdf

Trabalhando com grips

Grips são pontos selecionáveis do objeto que permitem selecioná-lo e editá-lo sem a necessidade de ativar determinados comandos de edição, como *Move, Rotate, Scale, Stretch, Copy* e *Mirror*.

Ao ser selecionado sem que um comando seja ativado, o objeto fica destacado.

Em pontos estratégicos do objeto aparecerão pequenos quadrados denominados *pickboxes*.

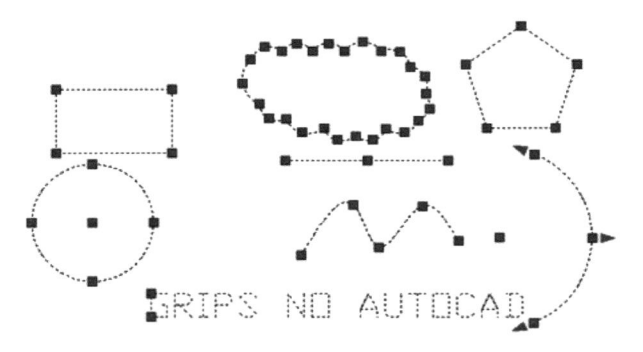

Objetos com grips.

Os grips aparecerão em diferentes cores, dependendo da situação:

- ativados: os grips são apresentados na cor azul;
- pré-selecionados: os grips são apresentados na cor verde – isso ocorre quando o cursor é posicionado sobre um grip ativado;
- selecionados: os grips são apresentados na cor vermelha – isso ocorre quando o grip é clicado e significa que ele está pronto para executar um dos comandos de edição.

Utilize a tecla *ESC* para desativar os grips.

Grips pré-selecionados

Ao se posicionar o cursor sobre um grip, ele irá tornar-se pré-selecionado (hover grip). Com o auxílio de *Dynamic Input*, é possível saber, por exemplo, o ângulo ou comprimento de uma linha, o raio de um arco ou círculo.

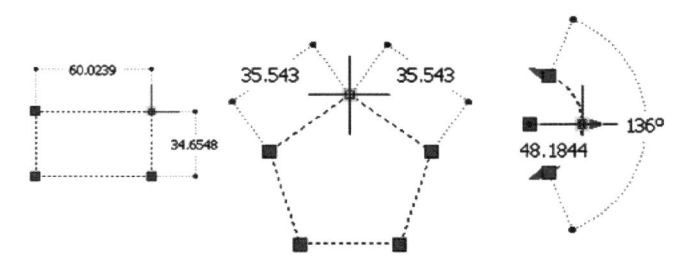

Objetos com grips pré-selecionados e opção DYN ativada.

Grips selecionados

Ao clicar sobre um grip, ele ficará selecionado e será denominado *hot grip*.

Com o auxílio de *Dynamic Input*, selecione um grip e, em seguida, altere um dos valores das dimensões apresentadas.

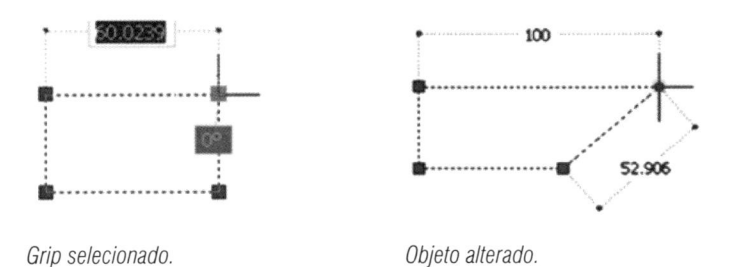

Grip selecionado.   *Objeto alterado.*

> Para selecionar vários grips de uma única vez, clique neles e mantenha pressionada a tecla *Shift*.

Editando objetos com o auxílio de grips

Depois de selecionar um grip (hot grip), ative com o botão direito do mouse o menu que apresenta os comandos de edição.

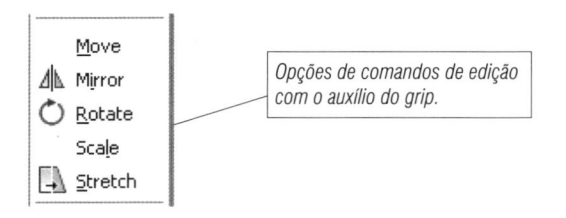

Opções de comandos de edição com o auxílio do grip.

> Na linha de comando, depois de selecionar um grip, pressione a tecla ↵ ou a barra de espaço para ativar os comandos de edição.

As opções de comando de edição para o grip selecionado são:

Opção	Descrição
Move	Move o objeto em relação ao grip selecionado.
Mirror	Espelha o objeto. Como padrão, o AutoCAD apaga o objeto original. Para criar uma cópia do objeto original, utilize a opção *Copy*.
Rotate	Rotaciona o objeto.
Scale	Altera o tamanho do objeto.
Stretch	Estica o objeto.

> Os comandos de edição apresentam as opções:
>
> *Base point*: altera o ponto de referência do objeto em relação ao grip selecionado;
>
> *Copy*: cria cópias dos objetos durante a edição;
>
> *Undo*: desfaz a última ação executada;
>
> *Reference* (opção para *Scale* e *Rotate*): adota como referência um ângulo ou comprimento;
>
> *Undo*: desfaz a última ação executada.

Modificando objetos

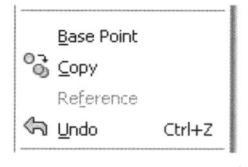

Atividade 6 – Trabalhando com grips

Objetivo: • Trabalhar com grips.

Tarefa: • Editar o objeto com o auxílio dos grips.

Esta atividade apresenta os passos para esticar e espelhar objetos.

Arquivos para acompanhar a atividade:

Desenho: grips.dwg

Ajuda: modificando objetos.pdf

Teste – Modificando objetos

1. O comando *Erase* está localizado no menu *Modify*.

   a) Falso

   b) Verdadeiro

2. O comando *Scale* é específico para alterar a escala do desenho para a plotagem ou impressão.

   a) Falso

   b) Verdadeiro

3. O ângulo de rotação padrão do comando *Rotate* é no sentido horário.

   a) Falso

   b) Verdadeiro

4. O modo de seleção para o comando *Stretch* é:

   a) *Window*

   b) Opção *Close*

   c) *Crossing*

5. O modo de seleção dos objetos que estão contidos integralmente em uma janela é:

   a) *Crossing*

   b) *All*

   c) *Fence*

   d) *Group*

   e) *Window*

Questão	Resposta
1	b
2	a
3	a
4	c
5	e

6
Editando objetos

OBJETIVOS

- Cortar parte dos objetos
- Estender parte dos objetos
- Trabalhar com o comando *Offset*
- Criar cantos arredondados e chanfros nos objetos
- Criar cópias com *Rectangular Array* e *Polar Array*
- Converter objetos em polylines
- Alinhar objetos

Comandos de edição de objetos

Com os comandos de edição de objetos, você poderá efetuar as seguintes tarefas:

- cortar parte dos objetos;
- estender parte dos objetos;
- unir objetos com o comando *Join*;
- criar cantos arredondados nos objetos;
- criar chanfros nos objetos;
- alterar o comprimento dos objetos com o comando *Lengthen*;
- criar cópia com *Rectangular Array* e *Polar Array*;
- converter objetos em polylines;
- alinhar objetos.

Comando *Trim*

O comando *Trim* corta partes de um objeto (arco, círculo, arco elíptico, linha, polyline ou spline que se interseccionem com outro objeto).

Para isso, é necessário selecionar os objetos considerados limite e, em seguida, a parte do objeto a ser eliminada.

Nome do comando	Trim
Menu	Modify/Trim
Barra de ferramentas	Modify
Ribbon	
	trim
	tr

Na linha de comando, será exibida a sequência:

Mensagens na linha de comando ou pela *Dynamic Input*	Procedimentos para a execução do comando
Command: Trim Current settings: Projection = UCS Edge = None	Ative o comando.

(cont.)

Select cutting edges	Selecione os objetos considerados limite e pressione ↵.
Select object to trim	Selecione a parte do objeto que será cortada.

Objeto antes do comando *Trim*.   Resultado da aplicação do comando.

As opções do comando *Trim* são:

Opção	Descrição
Fence	Seleciona os objetos com o auxílio do modo de seleção *Fence*.
Crossing	Seleciona os objetos com o auxílio do modo de seleção *Crossing*.
Project	Seleciona o plano de projeção para cortar o objeto (útil para 3D).
Edge	Corta parte do objeto que apresenta intersecção aparente (útil para 3D).
Erase	Apaga o objeto selecionado – modo prático de apagar objetos sem desativar o comando *Trim*.
Undo	Desfaz o último corte sem sair do comando *Trim*. Não confunda com o comando *Undo*.

- Qualquer método de seleção pode ser utilizado para definir os limites de corte.

- Como resposta para o aviso *Select objects*, se você pressionar a tecla ↵, determinará a seleção de todos os objetos do desenho como limite de corte (não é necessário selecionar os objetos considerados limite).

- Para cortar um objeto, ele deve apresentar um ponto de intersecção com outro objeto em algum ponto de sua extensão; caso não apresente um ponto de intersecção, deverá ser apagado com o comando *Erase*.

Parte do objeto que pode ser cortado.

Objeto que não pode ser cortado. Para apagá-lo, utilize o comando Erase.

- A opção *Shift – select to extend or* alterna do comando *Trim* para o comando *Extend*.
- Com o comando *Trim*, pode-se cortar parte da hachura.

Antes do comando Trim.

Depois do comando Trim.

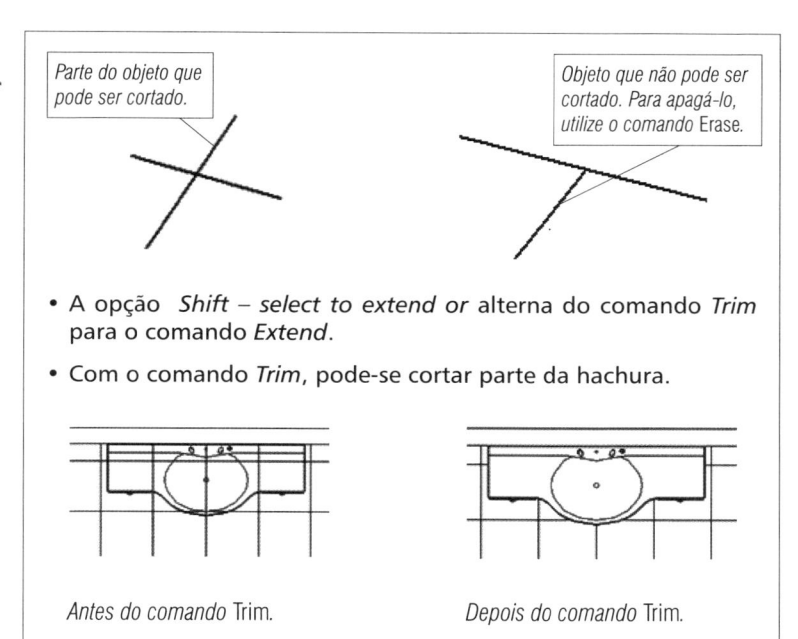

Atividade 1 – Cortando objetos

Objetivo: • Trabalhar com os comandos para cortar os objetos.

Tarefa: • Cortar partes dos objetos.

Esta atividade apresenta os passos para trabalhar com o comando *Trim*.

Arquivos para acompanhar a atividade:

Desenho: trim.dwg

Ajuda: editando objetos.pdf

Comando *Extend*

O comando *Extend* estende uma linha, polyline ou arco até outro objeto.

Nome do comando	Extend
Menu	Modify/Extend
Barra de ferramentas	Modify

(cont.)

Ribbon	
⌨	extend
	ex

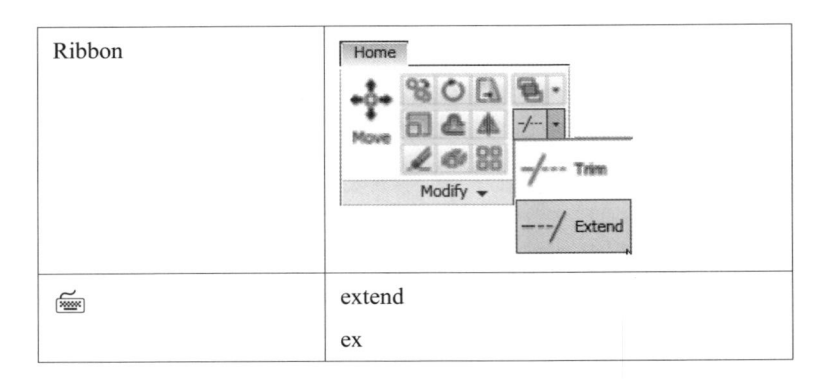

Na linha de comando, será exibida a sequência:

Mensagens na linha de comando ou pela *Dynamic Input*	Procedimentos para a execução do comando
Command: Extend Current settings: Projection = UCS Edge = None Select boundary edges... Select objects or <select all>	Ative o comando.
Select objects	Selecione o objeto considerado limite e pressione ↵.
Select object to extend	Selecione o objeto que será estendido.
Objeto antes do comando *Extend*.	Resultado do comando.

As opções do comando *Extend* são:

Opção	Descrição
Fence	Seleciona os objetos com o modo de seleção *Fence*.
Crossing	Seleciona os objetos com o modo de seleção *Crossing*.

(cont.)

Project	Seleciona o plano de projeção para estender o objeto (útil para 3D).
Edge	Estende parte do objeto que apresentar intersecção aparente (útil para 3D).
Undo	Desfaz o último corte sem sair do comando *Extend*. Não confunda com o comando *Undo*.

- Para que um objeto seja estendido, ele deve apresentar intersecção com outro objeto.

- A opção *Shift – select to trim or* alterna do comando *Extend* para o comando *Trim* quando se pressiona a tecla *Shift* ao selecionar o objeto.

Objeto que pode ser estendido. *Nenhum dos objetos pode ser estendido.*

- Caso o objeto apresente duas extremidades, clique na extremidade mais próxima da linha para estendê-lo na direção desejada.

Extremidade mais próxima do limite.

Antes do comando Extend. *Depois do comando Extend.*

Atividade 2 – Estendendo objetos

Objetivo: • Trabalhar com os comandos para edição de objetos.

Tarefa: • Estender objetos.

Esta atividade apresenta os passos para trabalhar com o comando *Extend*.

Arquivos para acompanhar a atividade:

📁 **Desenho: extend.dwg**

    Ajuda: editando objetos.pdf

Comando *Offset*

O comando *Offset* cria cópias paralelas de objetos (linhas, círculos, arcos, curvas, polylines) a uma determinada distância.

Nome do comando	Offset
Menu	Modify/Offset
Barra de ferramentas	Modify
Ribbon	
⌨	offset o

Na linha de comando, será exibida a sequência:

Mensagens na linha de comando ou pela *Dynamic Input*	Procedimentos para a execução do comando	Exemplo
Command: Offset Current settings: Erase source = No Layer = Source OFFSETGAPTYPE = 0	Ative o comando.	*Selecione o objeto que será copiado.*
Specify offset distance or [Through/Erase/Layer] <Through>	Especifique a distância.	
Select object to offset	Selecione o objeto.	
Specify point on side to offset or [Exit/Multiple/Undo] <Exit>	Especifique com um ponto a direção em que a cópia será criada.	*Direção em que a cópia será criada.*

(cont.)

Resultado do comando *Offset*.

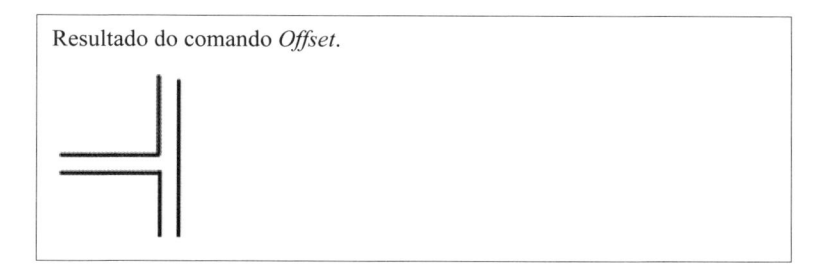

As opções do comando *Offset* são:

Opção	Descrição
Through	Adota como distância um ponto determinado.
Erase	Apaga o objeto original.
Layer	Determina se o objeto copiado será criado no layer corrente ou no layer do objeto de origem.
Undo	Desfaz a última cópia sem sair do comando *Offset*. Não confunda com o comando *Undo*.
Multiple	Cria cópias múltiplas.

Atividade 3 – Editando objetos

Objetivo: • Trabalhar com os comandos para edição de objetos.

Tarefa: • Trabalhar com o comando *Offset*.

Esta atividade apresenta os passos para trabalhar com o comando *Offset* determinando uma distância numérica e uma distância entre dois pontos.

Arquivos para acompanhar a atividade:

Desenho: offset.dwg

Ajuda: editando objetos.pdf

Comando *Join*

O comando *Join* une vários segmentos individuais de objetos, como linhas, arcos, arcos elípticos, splines e hélix em um único objeto.

Nome do comando	Join
Menu	Modify/Join

(cont.)

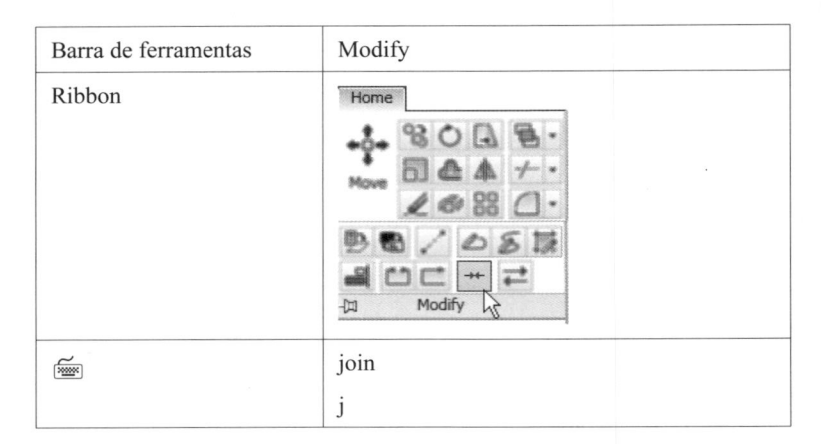

Barra de ferramentas	Modify
Ribbon	(Home ribbon – Modify panel)
⌨	join j

Na linha de comando, será exibida a sequência:

Mensagens na linha de comando ou pela *Dynamic Input*	Procedimentos para a execução do comando	Exemplo
Command: Join	Ative o comando.	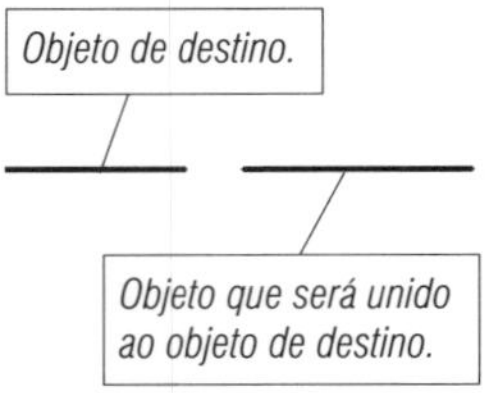 *Objeto de destino.*
Select lines to join to source	Selecione o objeto ao qual os outros objetos devem se unir.	
Select object to join to source	Selecione o objeto que deverá ser unido.	*Objeto que será unido ao objeto de destino.*
Resultado do comando *Join*.		

Veja algumas observações sobre a união de objetos com o comando *Join*:

Linhas	Devem se colineares. Podem apresentar espaçamento entre os objetos e se sobrepor umas às outras.	
Polylines	Os objetos podem ser linhas, polylines e arcos. Eles devem estar no mesmo plano e devem ser contínuos. Os segmentos não podem se sobrepor uns aos outros. Linhas e arcos podem ser unidos a uma polyline, porém o objeto de origem deve ser uma polyline.	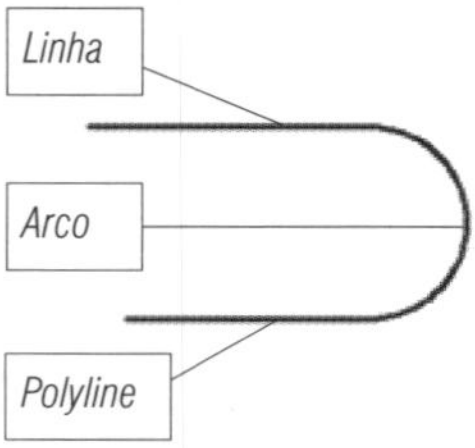 Linha Arco Polyline

(cont.)

Arcos	Os arcos devem estar localizados no mesmo círculo imaginário e podem apresentar espaçamento entre eles. A opção *Close* converte o arco em círculo. A união de dois ou vários arcos é feita no sentido anti-horário, iniciando a partir do objeto principal. Os segmentos podem se sobrepor uns aos outros.	
Arcos elípticos	Devem estar no mesmo plano e podem apresentar espaçamentos entre eles. A opção *Close* fecha o arco elíptico, transformando-o em uma elipse.	
Hélix	Os objetos devem ser contínuos. O resultado será uma spline.	
Spline	Os objetos devem ser contínuos. O resultado será uma spline.	

> Unir vários segmentos individuais de objetos semelhantes em um único objeto reduz o tamanho do arquivo e melhora a qualidade do desenho.

Comando *Break*

O comando *Break* quebra um único objeto em dois objetos independentes.

Nome do comando	Break
Menu	Modify/Break
Barra de ferramentas	Modify

(cont.)

Ribbon	(Home / Move / Modify ribbon panel)
⌨	break br

Na linha de comando, será exibida a sequência:

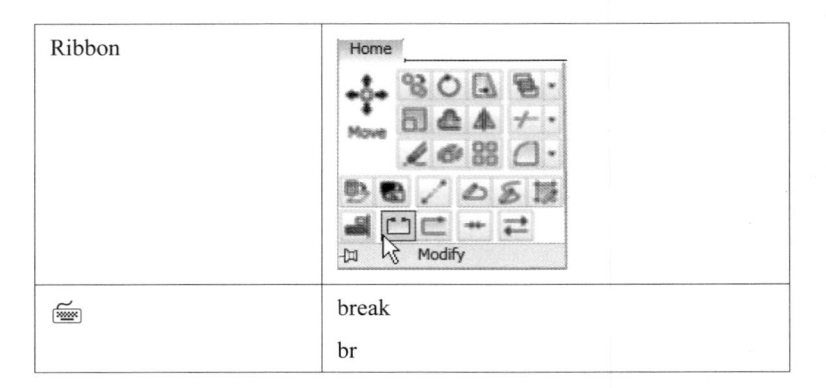

Mensagens na linha de comando ou pela *Dynamic Input*	Procedimentos para a execução do comando	Exemplo
Command: Break	Ative o comando.	
Select objects	Selecione o objeto. O comando assume o ponto especificado como o primeiro ponto de quebra.	*Primeiro ponto*
Specify second break point	Especifique o segundo ponto.	*Segundo ponto*
Resultado do comando *Break*.		

A opção do comando *Break* é:

Opção	Descrição
First Point	Redefine o primeiro ponto.

> Os objetos que podem ser divididos com o comando *Break* são: linhas, arcos, círculos, polylines, elipses, splines, donuts, etc.

Comando *Break at Point*

O comando *Break at Point* quebra um único objeto em dois objetos independentes.

Nome do comando	Break at Point
Barra de ferramentas	Modify
Ribbon	*(ícone Modify)*
(teclado)	break br

Na linha de comando, será exibida a sequência:

Mensagens na linha de comando ou pela *Dynamic Input*	Procedimentos para a execução do comando	Exemplo
Command: Break	Ative o comando.	
Select object Specify second break point or [First point]: _f Specify first break point Specify second break point: @	Especifique o ponto que determinará a quebra do objeto.	
Resultado do comando *Break*.		

Comando *Fillet*

O comando *Fillet* cria uma curva entre dois objetos perpendiculares ou paralelos, resultando em um canto arredondado ou em uma curvatura unindo os dois objetos.

Nome do comando	Fillet
Menu	Modify/Fillet
Barra de ferramentas	Modify
Ribbon	Home / Modify / Fillet
⌨	f

Na linha de comando, será exibida a sequência:

Mensagens na linha de comando ou pela *Dynamic Input*	Procedimentos para a execução do comando	Exemplo
Command: Fillet Current settings: Mode = TRIM Radius = 0.0000 Select first object or [Undo/Polyline/Radius/Trim/Multiple]	Ative o comando.	Selecione o primeiro objeto. Selecione o segundo objeto.
Specify fillet radius	Digite **r** para a opção *Radius* e, em seguida, o valor do raio.	
Select first object	Selecione o primeiro objeto.	
Select second object	Selecione o segundo objeto.	
Resultado do comando *Fillet*.		

As opções do comando *Fillet* são:

Opção	Descrição
Undo	Desfaz a última cópia sem sair do comando *Fillet*. Não confunda com o comando *Undo*.
Polyline	Cria cantos arredondados em cada vértice de uma polyline 2D.
Radius	Determina o raio do arco.
Trim/No Trim	Determina se as arestas serão eliminadas ou não. *Opção* No Trim. *Opção* Trim.
Multiple	Cria cantos arredondados múltiplos sem necessidade de reiniciar o comando.

- Não é possível arredondar linhas com valor de raio maior do que o comprimento de um dos objetos. Nesse caso, o AutoCAD enviará a mensagem *Radius is too large*.

- O arredondamento entre retas, arcos e circunferências depende da localização do ponto de seleção no objeto.

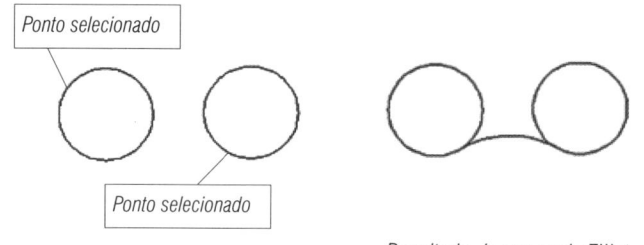

Ponto selecionado

Ponto selecionado

Resultado do comando Fillet.

- Determinando-se o raio = 0, o comando *Fillet* estende as duas linhas até um único ponto.

Antes do comando Fillet.   *Resultado do comando* Fillet *com valor do raio* = 0.

Atividade 4 – Criando cantos arredondados nos objetos

Objetivo: • Trabalhar com os comandos para edição de objetos.

Tarefa: • Criar cantos arredondados nos objetos.

Esta atividade apresenta os passos para trabalhar com o comando *Fillet*.

Arquivos para acompanhar a atividade:

Desenho: fillet.dwg

Ajuda: editando objetos.pdf

Comando *Chamfer*

O comando *Chamfer* cria um chanfro entre dois objetos não paralelos, determinando valores para a distância ou para o ângulo.

Nome do comando	Chamfer
Menu	Modify/Chamfer
Barra de ferramentas	Modify
Ribbon	*(Home > Modify > Fillet / Chamfer)*
⌨	chamfer cha

O chanfro pode ser criado a partir de valores determinados para a distância ou para o ângulo.

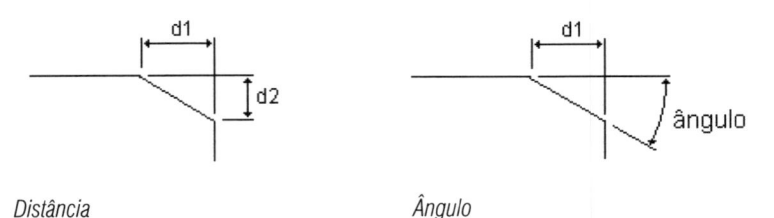

Distância *Ângulo*

Na linha de comando, será exibida a sequência:

Mensagens na linha de comando ou pela *Dynamic Input*	Procedimentos para a execução do comando	Exemplo
Command: Chamfer (TRIM mode) Current chamfer Dist1 = 0.0000 Dist2 = 0.0000	Ative o comando.	*Selecione o primeiro objeto.* *Selecione o segundo objeto.*
Select first line or [Undo/Polyline/ Distance/Angle/Trim/ mEthod/Multiple]: d	Digite **d** para a opção *Dist* e, em seguida, o valor para a distância.	
Specify first chamfer distance	Digite o valor para a primeira distância.	
Specify second chamfer distance	Digite o valor para a segunda distância.	
Select first line	Selecione o primeiro objeto.	
Select second object	Selecione o segundo objeto.	
Resultado do comando *Chamfer*.		

As opções do comando *Chamfer* são:

Opção	Descrição
Undo	Desfaz a última cópia sem sair do comando *Chamfer*. Não confunda com o comando *Undo*.
Polyline	Cria chanfros em cada vértice de uma polyline 2D.
Distance	Determina o valor para a distância do chanfro.
Trim/No Trim	Determina se as arestas serão eliminadas ou não. *Opção* No Trim. *Opção* Trim.

(cont.)

Multiple	Cria cantos arredondados múltiplos sem necessidade de reiniciar o comando.
Angle	Cria o chanfro determinando a distância e um ângulo.

- Se os valores para as distâncias dos objetos selecionados forem menores que as distâncias usadas para fazer o chanfro, o AutoCAD responderá com a mensagem *Distance is too large*.
- Determinando-se os valores para distância 1 = 0 e distância 2 = 0, o comando *Chamfer* estende as duas linhas até um único ponto.

Antes do comando Chamfer.

Resultado do comando Chamfer *com valor para distância 1 e distância 2 = 0.*

Atividade 5 – Criando chanfro nos objetos

Objetivo: • Trabalhar com os comandos para edição de objetos.

Tarefa: • Criar chanfros nos objetos.

Esta atividade apresenta os passos para trabalhar com o comando *Chamfer*.

Arquivos para acompanhar a atividade:

Desenho: chamfer.dwg

Ajuda: editando objetos.pdf

Comando *Lengthen*

O comando *Lengthen* altera o comprimento de um objeto ou o ângulo de inclusão do arco.

Nome do comando	Lengthen
Menu	Modify/Lengthen

(cont.)

Ribbon	
⌨	lengthen len

Na linha de comando, será exibida a sequência:

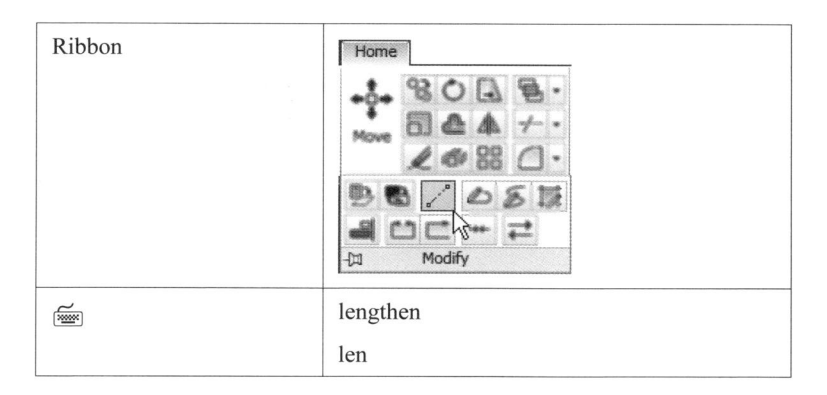

Mensagens na linha de comando ou pela *Dynamic Input*	Procedimentos para a execução do comando
Command: Lengthen	Ative o comando.
Select an object or [DElta/Percent/Total/DYnamic]: Current length: 102.3705	O comando informa o comprimento do objeto ou o ângulo de inclusão do arco. Escolha uma dessas opções.

As opções do comando *Lengthen* são:

Opção	Descrição
Delta	Altera o comprimento do objeto determinando um valor para o incremento (medido a partir da extremidade do objeto em relação ao ponto mais próximo quando selecionado). Valores positivos estendem o objeto, valores negativos diminuem o comprimento do objeto.
Percent	Altera o comprimento determinando uma porcentagem em relação ao comprimento total.
Total	Altera o comprimento determinando o comprimento total.
Dynamic	Altera o comprimento arrastando uma das extremidades do objeto.

Comando *Array*

O comando *Array* cria múltiplas cópias de modo ordenado.

Nome do comando	Array
Menu	Modify/Array

(cont.)

Barra de ferramentas	Modify
Ribbon	Home / Move / Modify
⌨	array ar

A opção *Rectangular Array* cria cópias ordenadas de modo retangular.

As opções da caixa de diálogo *Rectangular Array* são:

Opção	Descrição	Exemplo
Select objects	Seleciona os objetos que serão copiados.	
Rows	Determina a quantidade de linhas.	
Columns	Determina a quantidade de colunas.	
Row offset	Determina a distância entre as linhas.	Distância entre linhas
Column offset	Determina a distância entre as colunas.	Distância entre colunas
Angle of array	Determina a direção angular das cópias.	

Ative o comando *Array* e execute a sequência:

Command: Array
Na caixa de diálogo *Array*, selecione *Rectangular Array* e depois:
1. selecione o objeto;
2. determine a quantidade de linhas;
3. determine a quantidade de colunas;
4. determine a distância entre as linhas;
5. determine a distância entre as colunas;
6. determine um ângulo;

(cont.)

7. clique em *Preview* para visualizar o resultado. Para aceitá-lo, clique com o botão direito do mouse.

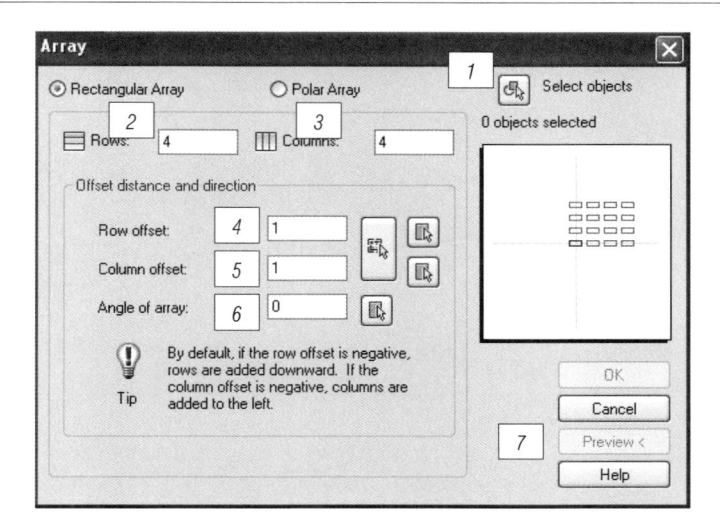

A opção *Polar Array* cria cópias ordenadas de modo circular.

Opção	Descrição
Select objects	Seleciona os objetos que serão copiados.
Center point	Determina o centro para *Polar Array*.
Method	Determina o método de criar as cópias.

	Total number of items & Angle to fill	cria cópias determinando a quantidade de itens e o ângulo total.
	Total number of items &Angle between items	cria cópias determinando a quantidade de itens e o ângulo entre os itens.
	Angle to fill & Angle between items	cria cópias determinando o ângulo total e o ângulo entre os itens.

(cont.)

Rotate items as copied	Determina se as cópias serão rotacionadas ou não em relação ao centro do *Polar Array*. *Opção* Rotate itens as copied *ativada.* *Opção* Rotate itens as copied *desativada.*
Object base point	Determina um novo ponto de referência para o objeto que será copiado.

Ative o comando *Array* e execute a sequência:

Command: Array
Na caixa de diálogo *Array*, selecione *Polar Array* e depois:
1. selecione o objeto;
2. determine o centro para o array;
3. selecione o método para calcular o *Polar Array*;
4. determine o número de itens;
5. determine o ângulo para o array;
6. determine um ângulo entre os itens;
7. clique em *Preview* para visualizar o resultado. Para aceitar o resultado, clique com o botão direito do mouse.

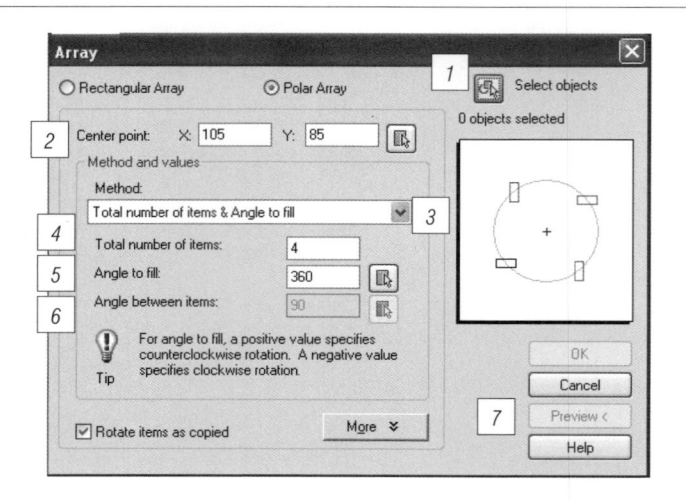

- O ícone [icon] determina a distância entre dois pontos.

- A opção *Object base point* determina o ponto-base do objeto que será copiado.

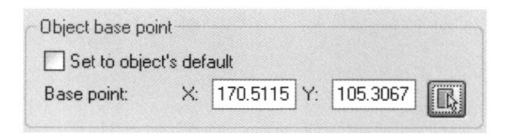

```
Object base point
☐ Set to object's default
Base point:   X: 170.5115   Y: 105.3067
```

- Valores negativos para *Distance* são considerados direção oposta ao sentido dos eixos X,Y.

Atividade 6 – Trabalhando com os comandos *Array*

Objetivo: • Trabalhar com os comandos para edição de objetos.

Tarefa: • Trabalhar com os comandos *Array*.

Esta atividade apresenta os passos para trabalhar com os comandos *Array*.

Arquivos para acompanhar a atividade:

Desenho: array_polar.dwg
array_rectangular.dwg

Ajuda: editando objetos.pdf

Comando *Pedit*

O comando *Pedit* altera algumas características de uma polyline ou converte linhas ou arcos em polyline.

Nome do comando	Pedit
Menu	Modify/Object/Polyline
Barra de ferramentas	Modify II

(cont.)

Ribbon	(Home – Modify panel)
⌨	pedit
	pe

Na linha de comando, será exibida a sequência:

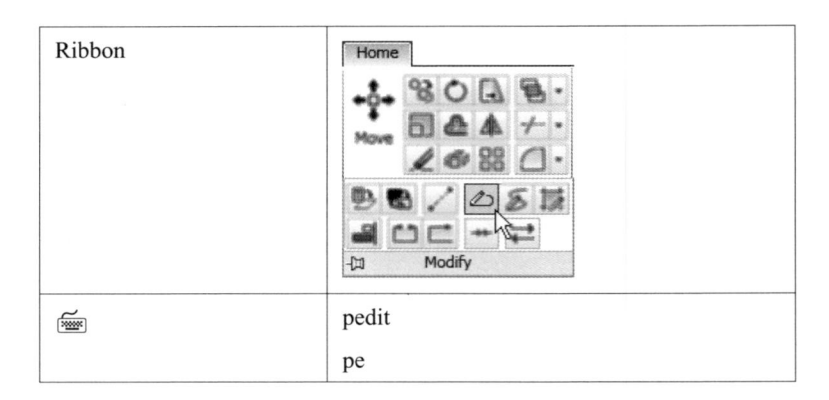

Mensagens na linha de comando ou pela *Dynamic Input*	Procedimentos para a execução do comando
Command: Pedit	Ative o comando.
Select polyline	Selecione o objeto.

As opções que seguem dependem do objeto selecionado.

As principais opções do comando *Pedit* são:

Opção	Descrição
Open	Edita uma polyline fechada, convertendo-a em uma polyline aberta.
Close	Fecha a polyline.
Join	Converte polylines, linhas e arcos em uma única polyline.
Width	Especifica uma largura para a polyline.

Polylines podem ter a forma modificada pelos Multi-Functional Grips.

Para ativar os grips, selecione o objeto sem ativar nenhum comando.

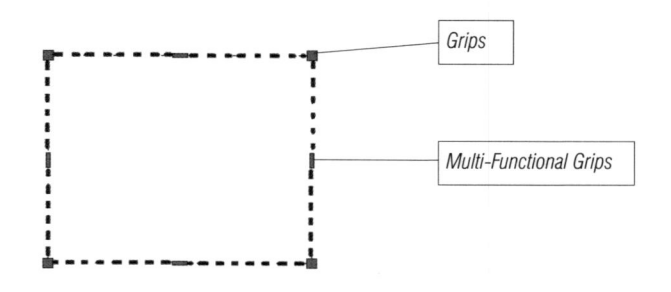

Grips

Multi-Functional Grips

Ative o Multi-Functional Grips e com o botão direito do mouse acione o menu com as opões para editar a polyline.

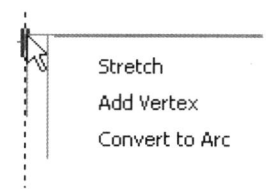

Conforme a localização, o tipo de segmento (arco ou linha) ou o tipo de polyline (standard, curve fit ou spline fit), as opções para Multi-Functional Grip variam.

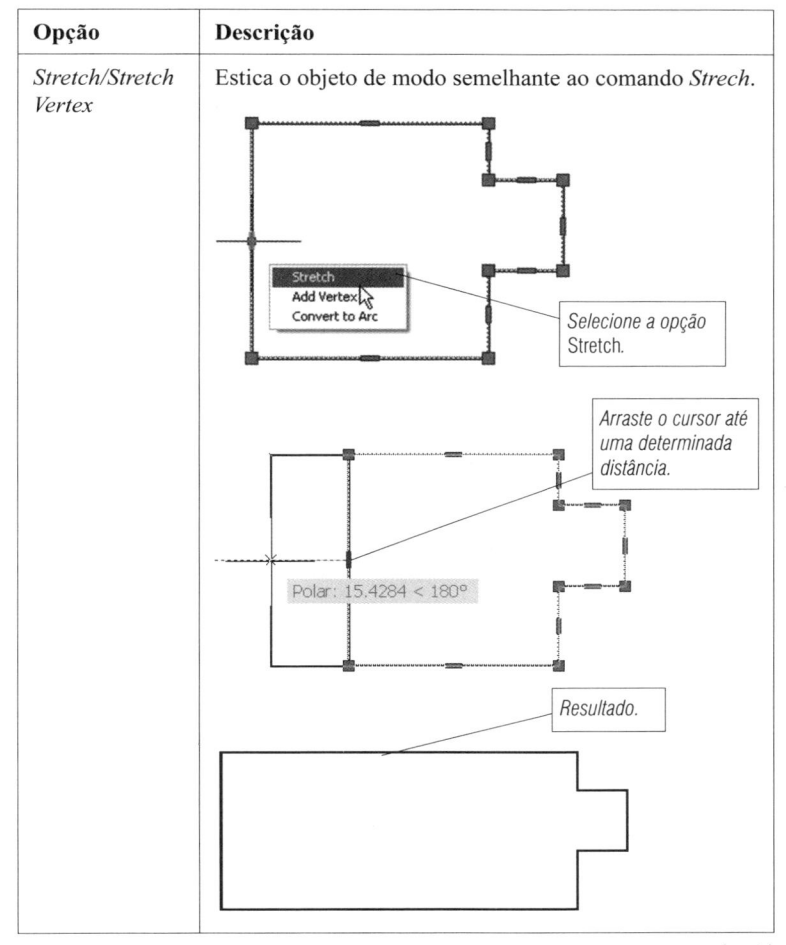

Opção	Descrição
Stretch/Stretch Vertex	Estica o objeto de modo semelhante ao comando *Strech*. Selecione a opção Stretch. Arraste o cursor até uma determinada distância. Resultado.

(cont.)

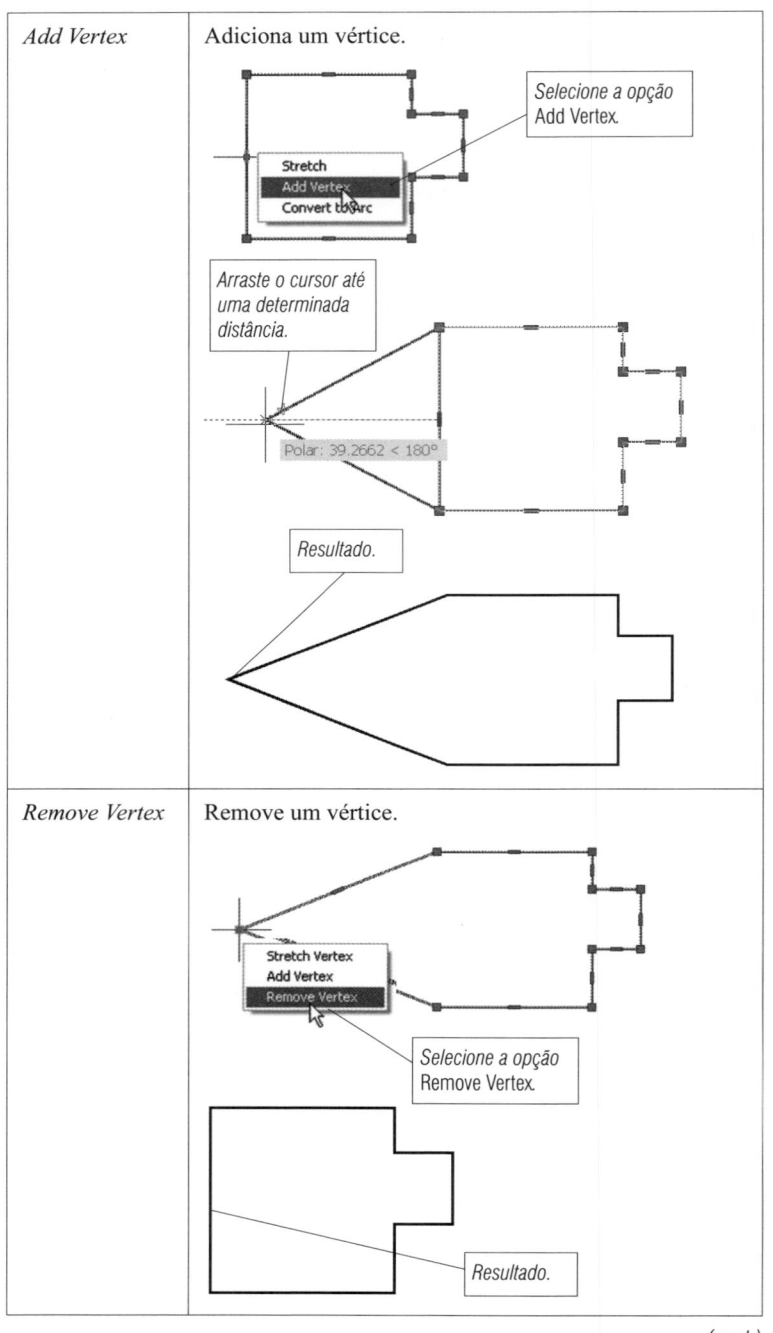

Add Vertex	Adiciona um vértice. *Selecione a opção Add Vertex.* *Arraste o cursor até uma determinada distância.* *Resultado.*
Remove Vertex	Remove um vértice. *Selecione a opção Remove Vertex.* *Resultado.*

(cont.)

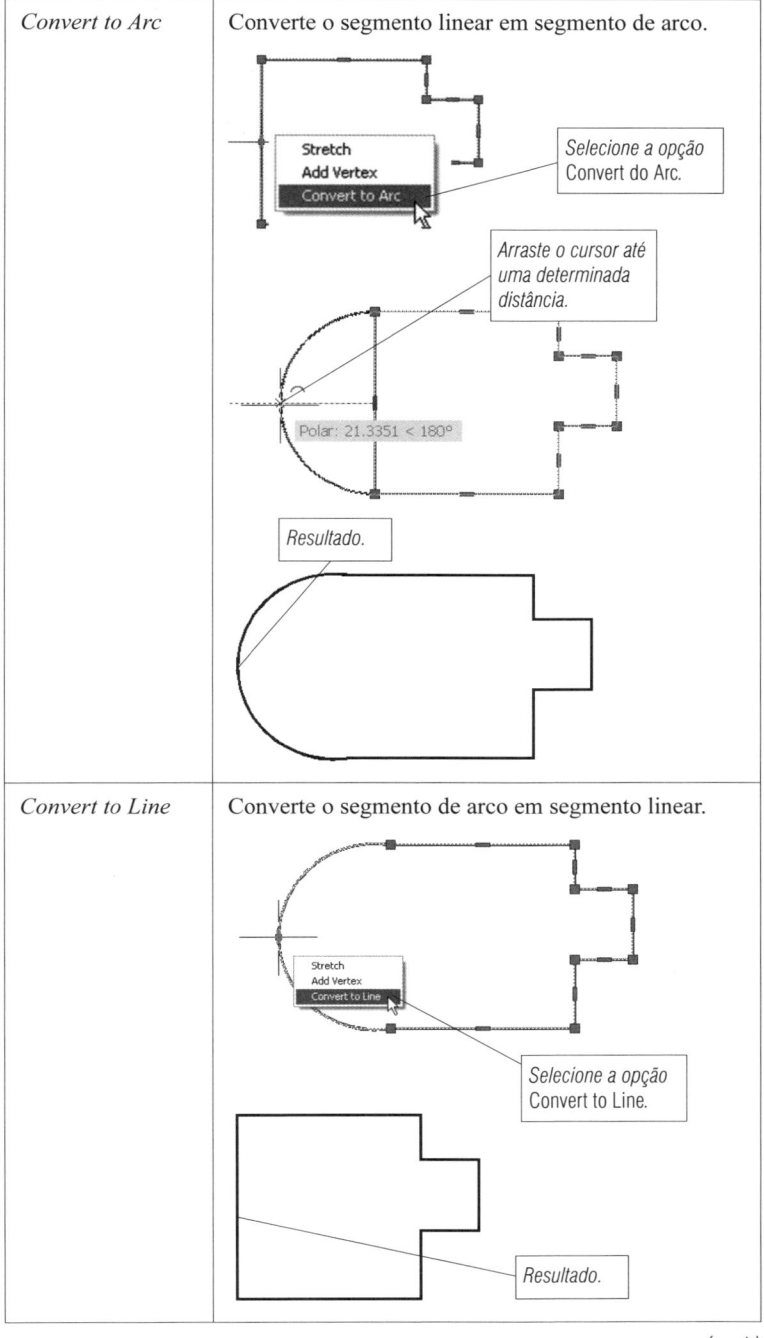

Convert to Arc	Converte o segmento linear em segmento de arco.
Convert to Line	Converte o segmento de arco em segmento linear.

(cont.)

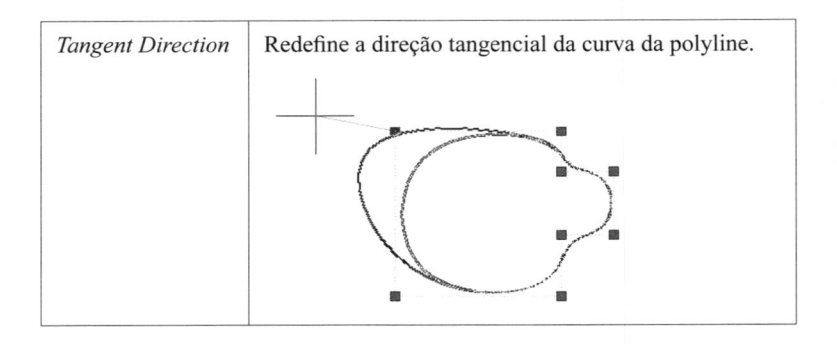

Tangent Direction	Redefine a direção tangencial da curva da polyline.

Atividade 7 – Convertendo objetos em polyline

Objetivo: • Trabalhar com os comandos para edição de objetos.

Tarefa: • Editar objetos.

Esta atividade apresenta os passos para trabalhar com o comando *Pedit*.

Arquivos para acompanhar a atividade:

Desenho: pedit.dwg

Ajuda: editando objetos.pdf

Comando *Explode*

O comando *Explode* decompõe um objeto composto em objetos primitivos.

Nome do comando	Explode
Menu	Modify/Explode
Barra de ferramentas	Modify
Ribbon	Home / Modify
	explode x

Na linha de comando, será exibida a sequência:

Mensagens na linha de comando ou pela *Dynamic Input*	Procedimentos para a execução do comando
Command: Explode	Ative o comando.
Select objects	Selecione os objetos.

- Não é recomendável explodir cotas.
- Os objetos explodidos permanecem no mesmo lugar, porém a cor ou o tipo de linha podem mudar.
- Hachuras explodidas são convertidas em várias linhas e pontos, o que faz aumentar o tamanho do arquivo.
- Blocos explodidos voltam a ser os objetos na forma que estavam antes da criação do bloco.

Comando *Xplode*

O comando *Xplode* decompõe um objeto composto em objetos primitivos, alterando as suas propriedades.

Nome do comando	Xplode
⌨	xplode

Na linha de comando, será exibida a sequência:

Mensagens na linha de comando ou pela *Dynamic Input*	Procedimentos para a execução do comando
Command: Xplode	Ative o comando.
Select objects to xplode	Selecione os objetos.

As opções do comando *Xplode* são:

Opção	Descrição
All	Determina cor, linetype, lineweight e layer do objeto depois de ser explodido.
Color	Determina a cor do objeto depois de ser explodido.
Layer	Determina o layer do objeto depois de ser explodido.
Ltype	Determina o tipo de linha do objeto depois de ser explodido.

(cont.)

Lweight	Determina a espessura da linha do objeto depois de ser explodido.
Inherit from Parent Block	Determina cor, linetype, lineweight e layer do objeto depois de ser explodido, se o objeto original apresentar propriedade *By Block* ou se foi criado no *Layer 0*.
Explode	Funciona de modo semelhante ao comando *Explode*.
Globally	Aplica as alterações em todos os objetos.

Comando *Align*

O comando *Align* alinha um objeto em relação a outro objeto.

Nome do comando	Align
Menu	Modify/3D Operations/Align
Ribbon	
	align

Na linha de comando, será exibida a sequência:

Mensagens na linha de comando ou pela *Dynamic Input*	Procedimentos para a execução do comando
Command: Align	Ative o comando.
Select object	Selecione o objeto.
Specify first source point	Especifique o ponto P1– ponto de origem.
Specify first destination point	Especifique o ponto P2 – ponto de destino.
Specify second source point	Especifique o ponto P3 – ponto de origem.
Specify second destination point	Especifique o ponto P4 – ponto de origem.

(cont.)

Specify third source point	Pressione ↵ e o terceiro ponto será utilizado em 3D.
Scale objects based on alignment points ? Y or N	Para a opção Y, o objeto é deslocado e rotacionado e seu tamanho é alterado em relação ao objeto de destino.
Antes do comando *Align*.	Resultado do comando.

> O comando *Align* pode ser utilizado em 2D ou 3D.

Atividade 8 – Alinhando objetos

Objetivo: • Trabalhar com os comandos para edição de objetos.

Tarefa: • Alinhar objetos.

Esta atividade apresenta os passos para trabalhar com o comando *Align*.

Arquivos para acompanhar a atividade:

Desenho: align.dwg

Ajuda: editando objetos.pdf

Comando *Splinedit*

O comando *Splinedit* edita uma spline.

Nome do comando	Splinedit
Menu	Modify/Object/Spline
Barra de ferramentas	Modify II

(cont.)

Ribbon	*(Ribbon Home/Modify panel)*
⌨	splinedit

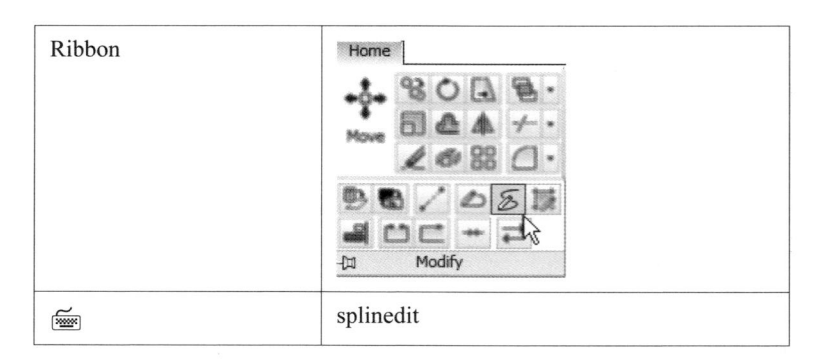

As opções do comando *Splinedit* são:

Opção	Descrição
Fit Data	Edita os pontos de adaptação.
Open	Abre uma spline fechada.
Close	Fecha uma spline aberta.
Move Vertex	Move os pontos de controle da spline.
Refine	Ajusta a definição da spline.
Reverse	Reverte a direção da spline.
Undo	Desfaz a última ação.

Comando *Draworder*

O comando *Draworder* altera a ordem dos objetos em relação a outros objetos.

Nome do comando	Draworder
Menu	Tools/Draw Order
Barra de ferramentas	Draworder
Ribbon	*(Ribbon Home/Modify panel com opções: Bring to Front, Send to Back, Bring Above Objects, Send Under Objects, Bring Text to Front, Bring Dimensions to Front, Send Hatches to Back)*

(cont.)

⌨	draworder

As opções do comando *Draworder* são:

Opção	Descrição
Above Objects	Move o objeto selecionado para a frente do outro objeto.
Under Objects	Move o objeto selecionado para trás do outro objeto.
Front	Move o objeto selecionado para frente de todos os outros objetos.
Back	Move o objeto selecionado para trás de todos os outros objetos.

As opções *Bring Text to Front* e *Bring Dimensions to Front* movem texto ou cotas ou ambos para a frente dos outros objetos e a opção *Send Hatches to Back* move a hachura para trás do objeto.

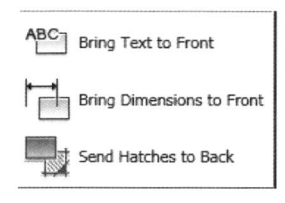

- Bring Text to Front
- Bring Dimensions to Front
- Send Hatches to Back

Executando o Projeto Casa

Atividade 9 – Desenhando as paredes internas e as aberturas de portas e janelas do Projeto Casa

Objetivo: • Continuar o Projeto Casa.

Tarefa: • Desenhar as paredes internas, aberturas de portas e janelas.

Esta atividade apresenta os passos para desenhar as paredes internas e as aberturas de portas e janelas do Projeto Casa.

Arquivos para acompanhar a atividade:

📁 **Desenho:** projeto casa.dwg

Ajuda: projeto casa parte 4.pdf

Teste – Modificando objetos

1. O comando *Extrude* estende uma linha, polyline ou arco até outro objeto.

   a) Falso

   b) Verdadeiro

2. É possível criar um fillet determinando o raio = 0.

   a) Falso

   b) Verdadeiro

3. O comando *Offset* cria cópias paralelas, então esse comando trabalha somente com linhas e polylines.

   a) Falso

   b) Verdadeiro

4. Ao se aplicar o comando *Explode* em um hexágono criado com o comando *Polygon*, o resultado será oito segmentos de linhas.

   a) Falso

   b) Verdadeiro

5. O comando *Pedit* altera algumas características de uma polyline ou converte linhas e elipses em polyline.

   a) Falso

   b) Verdadeiro

6. O comando que solicita ao usuário um base point é:

   a) *Osnap*

   b) *Trim*

   c) *Rotate*

   d) *Extend*

7. As janelas do prédio a seguir foram criadas com o comando *Array*, determinando-se qual quantidade para as opções *Rows* e *Columns*?

   a) *Rows* = 5 e *Columns* = 5

   b) *Rows* = 5 e *Columns* = 2

   c) *Rows* = -6 e *Columns* = 3

   d) *Rows* = 6 e *Columns* = 3

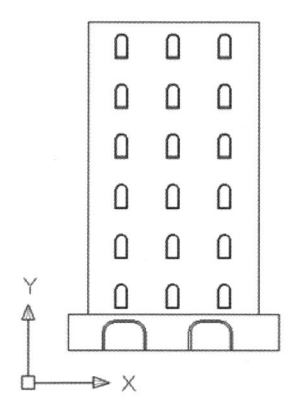

Questão	Resposta
1	a
2	b
3	a
4	b
5	a
6	c
7	d

Editando objetos

Anotações

7
Trabalhando com layers

OBJETIVOS

- Trabalhar com layers
- Trabalhar com o comando *Color*
- Conhecer os tipos e as espessuras de linhas
- Conhecer os comandos auxiliares para trabalhar com layers

Layers

Trabalhar com layers é fundamental no AutoCAD, pois é o método correto para organizar o desenho em cores, tipos de linhas e espessuras.

Por exemplo, em desenhos voltados à área de arquitetura é comum a criação de layers para paredes, janelas, elementos estruturais, hidráulica, elétrica, cotas, textos, etc. Em desenhos voltados à área de mecânica, geralmente são utilizados layers para linhas de centro, hachuras, objetos e linhas internas.

Algumas vantagens de trabalhar com layers em um desenho são:

- indicar diferentes cores, tipos e espessuras de linhas;
- associar diferentes cores a várias espessuras de linhas, o que resulta em um desenho com várias cores ou espessuras de linhas quando impresso ou plotado;
- controlar a visibilidade dos objetos no desenho;
- controlar quais objetos devem ser impressos ou plotados;
- controlar quais objetos não podem ser editados ou apagados.

Comando *Layer Properties Manager*

O comando *Layer Properties Manager* cria e controla os layers.

Nome do comando	Layer Properties Manager
Menu	Format/Layer
Barra de ferramentas	Layers
Ribbon	Home — Unsaved Layer State — Layers
⌨	layer la

A apresentação das opções da caixa de diálogo *Layer Properties Manager* depende do ambiente em que o comando é ativado (ambiente *Model* ou *Layout*).

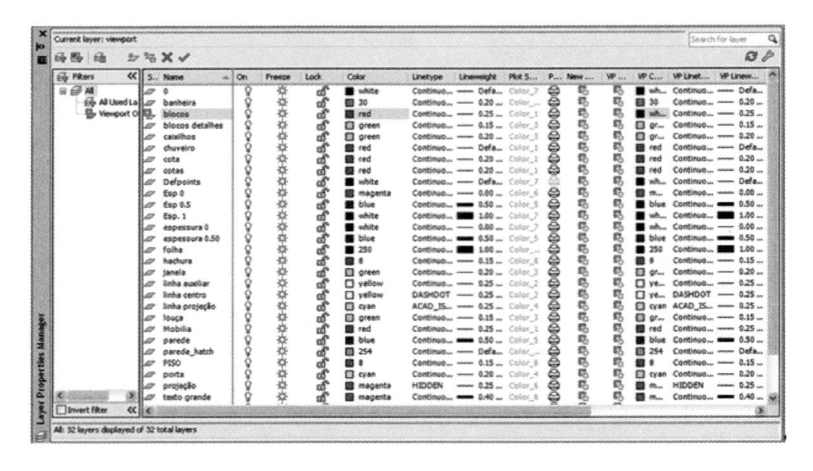

As seguintes opções da caixa de diálogo *Layer Properties Manager* são importantes para o controle dos layers.

Opção			Descrição
	New Layer	Teclas ALT + N	Cria um novo layer. Digite um nome para facilitar a identificação.
	New Layer Frozen VP in All Viewports		Cria um novo layer congelado (freeze) em todas as *viewports* no ambiente *Layout*.
	Delete Layer	Teclas ALT + D	Apaga determinado layer com um clique na opção *Apply* ou *OK*.
	Set Current	Teclas ALT + C	Determina como corrente o layer selecionado.
Status		*Current Layer*	Indica o layer como corrente.
		Unused Layer	Indica que o layer está vazio (quando a opção *Indicate Layers in Use* está ativada).
		Used Layer	Indica que o layer contém objetos ou é considerado referência.
Name	Nome do layer (crie nomes que facilitem a identificação, por exemplo: parede, texto, hachura, etc).		

(cont.)

Ícone	Nome	Tradução	Descrição
	On/Off	Liga/Desliga	A lâmpada acesa indica que os objetos que estão no layer são visíveis no desenho. Para apagar a lâmpada, basta clicar duas vezes nela.
	Thaw/Freeze	Descongelado/Congelado	Quando o layer está congelado, os objetos não são visíveis no desenho e estão excluídos de regeneração ou renderização. Não se pode determinar um layer congelado como corrente.
	Unlocked/Locked	Destravado/Travado	Quando o layer está travado, os objetos são visíveis no desenho, porém não é possível editá-los (mover, copiar ou apagar).
Color			Seleciona a cor dos objetos criados em determinado layer (com a opção *Color ByLayer* ativada).
Linetype			Seleciona o tipo de linha dos objetos criados em determinado layer (com a opção *Linetype ByLayer* ativada).
Lineweigth			Seleciona a espessura de linha para os objetos criados em determinado layer (com a opção *Lineweigth ByLayer* ativada).
Transparency			Controla a visibilidade dos objetos em determinado layer.
Plot Style			Seleciona o estilo de plotagem para os objetos criados em determinado layer.
	Plot/No Plot	Plotar/Não plotar	Objetos de um layer *No Plot* podem ser vistos e editados no desenho, mas não podem ser plotados.
	New VP Freeze On/Off		Determina que, ao ser criada uma viewport no layout, o layer já será criado como congelado.
	VP Freeze On/Off		Congela determinados layers na viewport corrente.

(cont.)

VP Color	Disponível no modo *Layout*. Determina uma cor para a viewport corrente.
VP Linetype	Disponível no modo *Layout*. Determina um tipo de linha para a viewport corrente.
VP Lineweigth	Disponível no modo *Layout*. Determina uma espessura de linha para a viewport corrente.
VP Transparency	Disponível no modo *Layout*. Controla a transparência dos objetos na viewport corrente.
VP Plot Style	Disponível no modo *Layout*. Determina um estilo de plotagem para a viewport corrente.
Description	Descreve determinado layer.
Invert Selection	Seleciona todos os layers apresentados na lista, exceto os que já estão selecionados.
Indicate Layers in Use	Indica os layers que estão em uso ou não.
Settings	Ativa a caixa de diálogo *Layer Settings*, que controla as notificações ao ser criado um novo layer.

- O nome do layer pode conter até 255 caracteres (letras, números, espaços) e não aceita os caracteres: < > / \ " : ; ? * | = '
- O layer 0 e o layer *Defpoints* não podem ser renomeados nem apagados e estão presentes em todos os desenhos.
- Para criar vários layers de uma única vez, clique em *New* e digite os nomes dos layers separados por vírgula. Pressione ↵ para finalizar.

Comando *Color*

O comando *Color* associa os layers a cores, facilitando sua identificação no desenho.

Nome do comando	Color
Menu	Format/Color
Ribbon	

(cont.)

[icon]	color

A caixa de diálogo *Select Color* permite escolher cores conforme a opção selecionada.

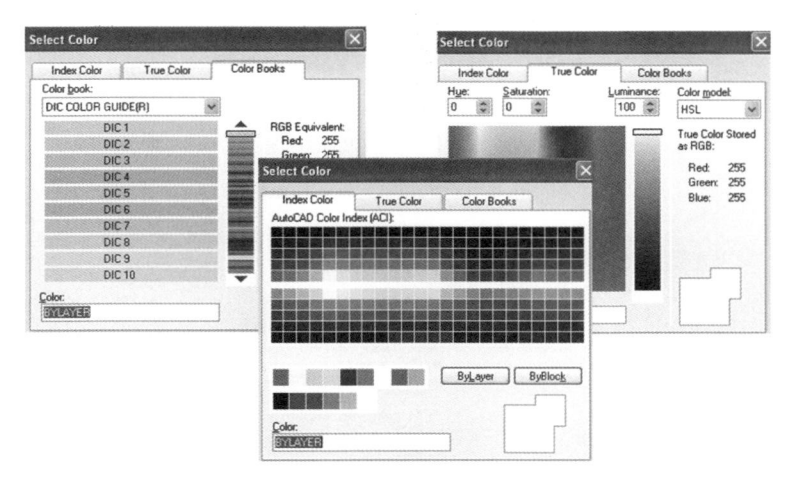

As opções da caixa de diálogo *Selec Color* são:

Opção	Descrição
Index Color	Apresenta o índice de cores padrão do AutoCAD (ACI – AutoCAD Color Index).
	As cores são indicadas por números de -1 a 255, exceto as cores de 1 a 7, consideradas básicas, que também podem ser identificadas por nomes:
	1 = red (vermelho);
	2 = yellow (amarelo);
	3 = green (verde);
	4 = cyan (ciano);
	5 = blue (azul);
	6 = magenta (magenta);
	7 = white (branco).
True Color	Seleciona a cor do tipo RGB (vermelho, verde, azul) ou HSL (matiz, saturação e luminosidade).
Color Books	Seleciona a cor a partir dos padrões Pantone.

Trabalhando com layers

- A cor padrão do AutoCAD é a cor 7, que pode ser branca ou preta, dependendo da cor do fundo de tela (background), por exemplo, se a cor do fundo for branca, a cor padrão será preta.
- O Default *ByLayer* determina o objeto com a cor do *layer*.

Comando *Linetype*

O comando *Linetype* permite a escolha de vários tipos de linhas por meio do arquivo *Acadiso.pat* ou *Acad.pat*.

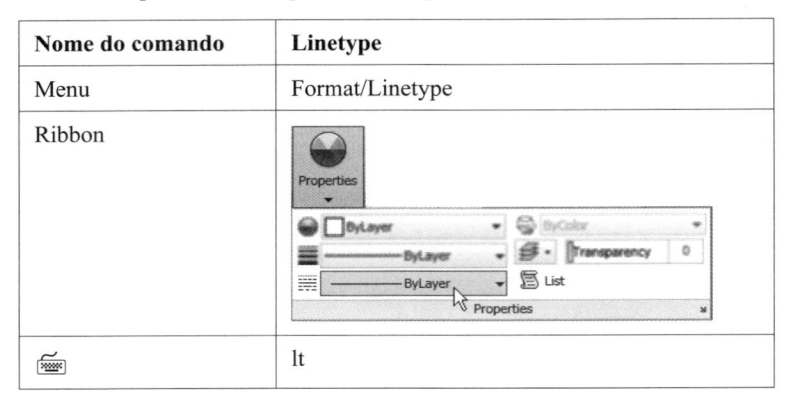

Nome do comando	Linetype
Menu	Format/Linetype
Ribbon	
⌨	lt

A caixa de diálogo *Linetype Manager* apresenta todos os tipos de linhas carregados no desenho e as opções a seguir.

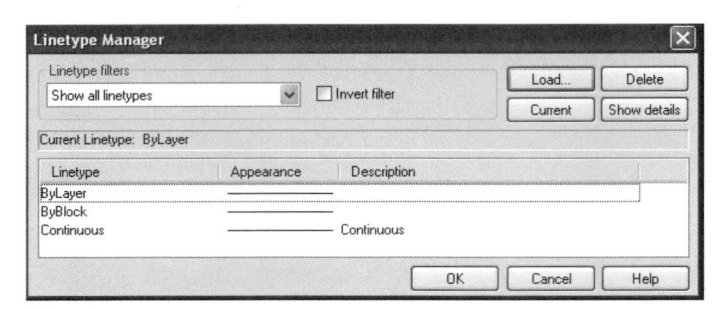

Opção	Descrição
Linetype filters	Filtra os tipos de linhas apresentados no desenho.
Invert filter	Apresenta os tipos de linhas com a seleção oposta à determinada.

(cont.)

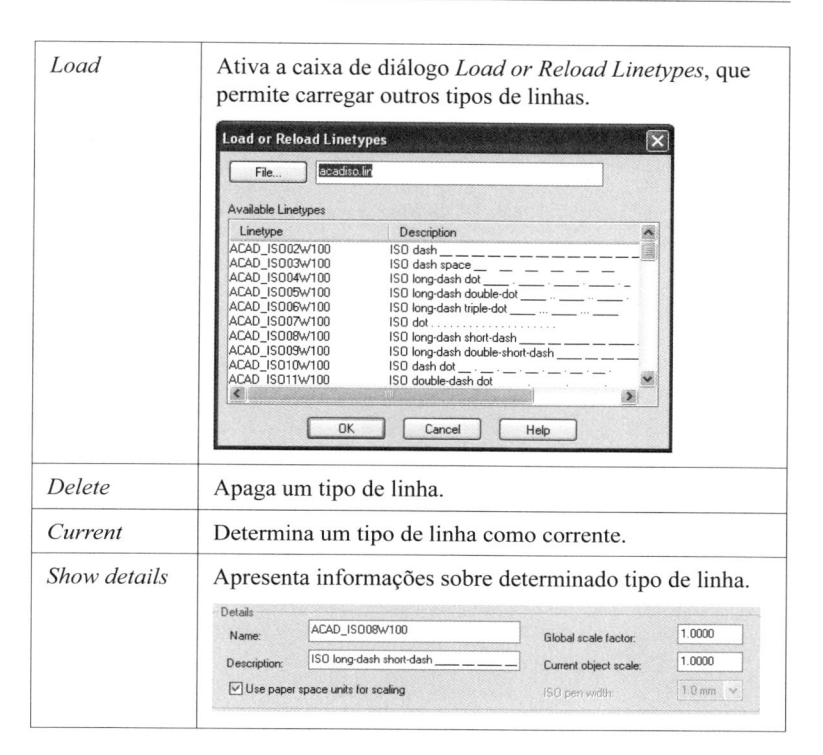

Load	Ativa a caixa de diálogo *Load or Reload Linetypes*, que permite carregar outros tipos de linhas.
Delete	Apaga um tipo de linha.
Current	Determina um tipo de linha como corrente.
Show details	Apresenta informações sobre determinado tipo de linha.

- A variável Ltscale controla a escala de linhas não contínuas em todo o desenho.

- A opção *Linetype scale*, em *Properties*, controla a escala de determinado objeto.

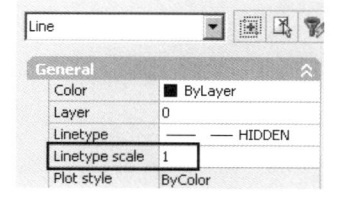

Comando *Lineweight*

O comando *Lineweigth* determina as espessuras de linhas para os objetos a serem plotados.

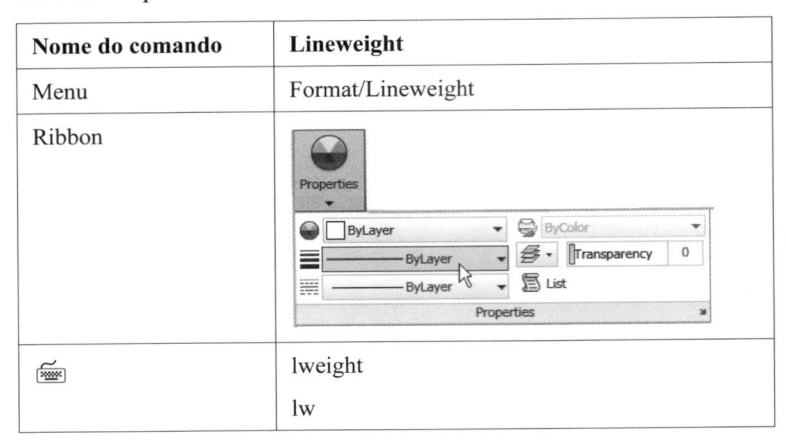

Nome do comando	Lineweight
Menu	Format/Lineweight
Ribbon	
	lweight
	lw

A caixa de diálogo *Lineweight Settings* seleciona espessuras de linhas e apresenta as seguintes opções:

Opção	Descrição
Lineweights	Apresenta as espessuras de linhas padrão.
Units for Listing	Determina a unidade a ser adotada: milímetros ou polegadas.
Display Lineweight	Determina se as espessuras de linhas serão visíveis no ambiente *Model*.
Default	Valor padrão que será adotado ao se criarem os layers.
Adjust Display Scale	Ajusta a escala de visualização das linhas no ambiente *Model*.

- A opção *LWT* permite que se visualizem as espessuras de linhas no ambiente *Model*.

- Para layers determinados como ByLayer, ByBlock ou Default, o padrão para *Lineweigth* é 0,25 mm.

Atividade 1 – Trabalhando com layers

Objetivo: • Trabalhar com layers.

Tarefa: • Utilizar layer no projeto.

Esta atividade apresenta os passos para trabalhar com layers.

Arquivos para acompanhar a atividade:

📁 **Desenho: layers.dwg**

Ajuda: trabalhando com layers.pdf

Comandos auxiliares para trabalhar com layers

Para ter maior produtividade e facilitar o trabalho com os layers, é necessário o auxílio de alguns comandos.

Comando *Layerp*

O comando *Layerp* desfaz as últimas alterações efetuadas nos layers.

Nome do comando	Layer Previous
Menu	Format/Layer Tools/Layer Previous
Barra de ferramentas	Layers
Ribbon	Home — Layers
⌨	layerp

> O comando *Layer Previous* não desfaz as seguintes alterações:
> - layers renomeados;
> - layers apagados com a opção *Delete* ou com o comando *Purge*;
> - layers adicionados (o comando *Layer Previous* não remove novos layers).

Comando *Laymcur*

O comando *Laymcur* determina um layer como corrente a partir de um objeto selecionado.

Nome do comando	Make Object's Layer Current
Menu	Format/Layer Tools/Make Object's Layer Current
Barra de ferramentas	Layers
Ribbon	
	laymcur

Na linha de comando, será exibida a sequência:

Mensagens na linha de comando ou pela *Dynamic Input*	Procedimentos para a execução do comando
Command: Laymcur	Ative o comando.
Select object whose layer will become current	Selecione o objeto para determinar o layer corrente.

Comando *Laymch*

O comando *Laymch* altera o layer de um objeto em relação a outro objeto.

Nome do comando	Layer Match
Menu	Format/Layer Tools/Layer Match
Barra de ferramentas	Layers II
Ribbon	
	laymch

Na linha de comando, será exibida a sequência:

Mensagens na linha de comando ou pela *Dynamic Input*	Procedimentos para a execução do comando
Command: Laymch	Ative o comando.
Select objects to be changed	Selecione o objeto do layer a ser alterado.
Select object on destination layer or [Name]	Selecione um objeto ou digite **n** para ativar a caixa de diálogo *Change to Layer* e selecionar o layer.

Comando *Copytolayer*

O comando *Copytolayer* copia objetos com outro layer.

Nome do comando	Copy to Layer
Menu	Format/Layer Tools/Copy Objets to New Layer
Barra de ferramentas	Layers II
Ribbon	
	copytolayer

Na linha de comando, será exibida a sequência:

Mensagens na linha de comando ou pela *Dynamic Input*	Procedimentos para a execução do comando
Command: Copytolayer	Ative o comando.
Select objects to copy	Selecione o objeto a ser copiado.
Select object on destination layer or [Name]	Selecione o outro objeto criado no layer em que a cópia do objeto deverá ser criada ou digite **n** para ativar a caixa de diálogo *Change to Layer* e selecionar o layer.
Specify base point	Especifique o ponto-base.
Specify second point	Especifique um ponto para a cópia.

Comando *Layiso*

O comando *Layiso* mantém o objeto selecionado visível e esconde os outros objetos, determinando os layers como *Off* (lâmpada apagada).

Nome do comando	Layer Isolate
Menu	Format/Layer Tools/Layer Isolate
Ribbon	
Barra de ferramentas	Layers II
	layiso

Na linha de comando, será exibida a sequência:

Mensagens na linha de comando ou pela *Dynamic Input*	Procedimentos para a execução do comando
Command: Layiso	Ative o comando.
Select objects on the layer(s) to be isolated	Selecione o objeto a ser isolado.

O comando *Layiso* apresenta as seguintes opções:

Opção	Descrição
Off	Considera todos os layers *Off* ou *Freeze*, exceto o layer do objeto selecionado.
Vpfreeze	No modo *Layout*, determina todos os layers como *VP Freeze*, exceto o layer selecionado na viewport corrente.
Lock and Fade	Considera todos os layers como *Lock*, exceto o layer do objeto selecionado, e controla a intensidade de visualização dos objetos.

> A variável Laylockfadectl controla a intensidade de visualização dos objetos criados nos layers *Lock*. Os valores variam de 0 a 90.

Comando *Layvpi*

O comando *Layvpi* isola um objeto em outras viewports, selecionando-o na viewport corrente.

Nome do comando	Isolate Layer to CurrentViewport
Menu	Format/Layer Tools/Isolate Layer to Current Viewport
Ribbon	
	layvpi

Na linha de comando, será exibida a sequência:

Mensagens na linha de comando ou pela *Dynamic Input*	Procedimentos para a execução do comando
Command: Layvpi	Ative o comando.
Select objects on the layer(s) to be isolated in viewport	Selecione o objeto a ser isolado.

O comando *Layvpi* apresenta as seguintes opções:

Opção	Descrição
Layouts	Determina se os layers serão isolados em todos os layouts ou apenas no layout corrente.
Block Selection	Determina se os layers de blocos, ou xrefs, serão isolados ou não.

Comando *Layuniso*

O comando *Layuniso* determina todos os layers como *On* (lâmpada acesa).

Nome do comando	Layer Unisolate
Menu	Format/Layer Tools/Layer Unisolate
Barra de ferramentas	Layers II
Ribbon	
	layuniso

Comando *Layoff*

O comando *Layoff* determina o layer do objeto selecionado como *Off* (lâmpada apagada).

Nome do comando	Layer Off
Menu	Format/Layer Tools/Layer Off
Barra de ferramentas	Layers II
Ribbon	
	layoff

Na linha de comando, será exibida a sequência:

Mensagens na linha de comando ou pela *Dynamic Input*	Procedimentos para a execução do comando
Command: Layoff	Ative o comando.
Select an object on the layer to be turned off	Selecione o objeto cujo layer será determinado como *Off*.

Comando *Layon*

O comando *Layon* determina todos os layers como *On*.

Nome do comando	Layer On
Menu	Format/Layer Tools/Turn All Layers On
Ribbon	

Comando *Layfrz*

O comando *Layfrz* determina o layer do objeto selecionado como *Freeze* (congelado).

Nome do comando	Layer Freeze
Menu	Format/Layer Tools/Layer Freeze
Barra de ferramentas	Layers II
Ribbon	
	layfrz

Na linha de comando, será exibida a sequência:

Mensagens na linha de comando ou pela *Dynamic Input*	Procedimentos para a execução do comando
Command: Layfrz	Ative o comando.
Select an object on the layer to be frozen	Selecione o objeto cujo layer será determinado como *Freeze*.

Comando *Laythw*

O comando *Laythw* determina todos os layers como *Thaw* (descongelados).

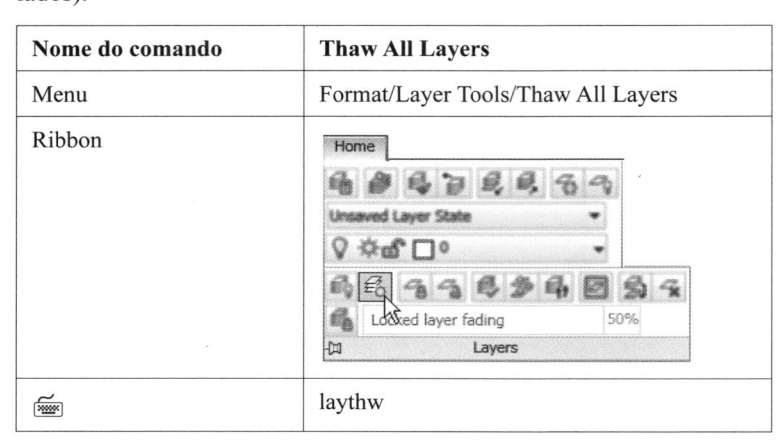

Nome do comando	Thaw All Layers
Menu	Format/Layer Tools/Thaw All Layers
Ribbon	
⌨	laythw

Comando *Laylck*

O comando *Laylck* determina o layer do objeto selecionado como *Lock* (cadeado fechado ou bloqueado).

Nome do comando	Layer Lock
Menu	Format/Layer Tools/Layer Lock
Barra de ferramentas	Layers II
Ribbon	
⌨	laylck

Na linha de comando, será exibida a sequência:

Mensagens na linha de comando ou pela *Dynamic Input*	Procedimentos para a execução do comando
Command: Laylck	Ative o comando.
Select an object on the layer to be locked	Selecione o objeto cujo layer será determinado como *Locked*.

Comando *Layulk*

O comando *Layulk* determina todos os layers como *Unlock* (cadeado destravado ou desbloqueado).

Nome do comando	Layer Unlock
Menu	Format/Layer Tools/Layer Unlock
Barra de ferramentas	Layers II
Ribbon	
	layulk

> O ícone do cadeado ( ) aparece quando se passa o cursor do mouse sobre um objeto com layer *Lock*.

Comando *Laymrg*

O comando *Laymrg* converte o layer de determinado objeto em outro layer.

Nome do comando	Layer Merge
Menu	Format/Layer Tools/Layer Merge

(cont.)

Ribbon	
⌨	laymrg

Na linha de comando, será exibida a sequência:

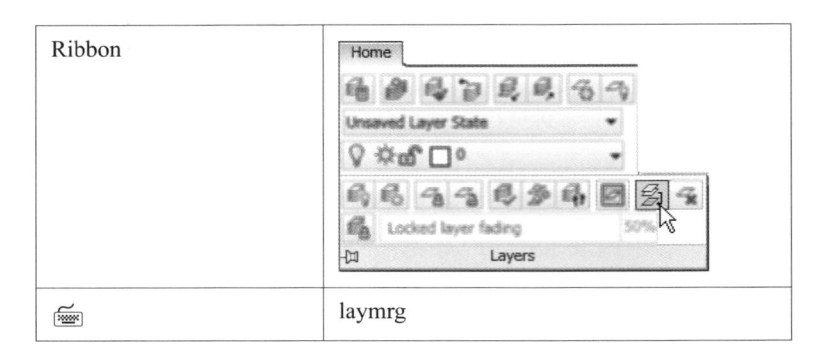

Mensagens na linha de comando ou pela *Dynamic Input*	Procedimentos para a execução do comando
Command: Laymrg	Ative o comando.
Select an object on the layer to merge	Selecione o objeto cujo layer será convertido em outro.
Select object on target layer	Selecione o objeto do layer-destino.

> O layer selecionado para ser convertido será apagado.

Comando *Laydel*

O comando *Laydel* apaga o layer que contém o objeto selecionado.

Nome do comando	Layer Delete
Menu	Format/Layer Tools/Layer Delete
Ribbon	
⌨	laydel

Na linha de comando, será exibida a sequência:

Mensagens na linha de comando ou pela *Dynamic Input*	Procedimentos para a execução do comando
Command: Laydel	Ative o comando.
Select an object on the layer to delete	Selecione o objeto cujo layer será apagado.

> Selecionado o objeto, o comando apresenta o seguinte aviso na linha de comando:
>
> ******** WARNING ********
>
> *There are 1 block definition(s) which reference the layer(s) you are deleting.*
>
> *The block(s) will be redefined and the entities referencing the layer(s) will be removed from the block definition(s).*
>
> *You are about to delete layer "linha" from this drawing.*
>
> *Do you wish to continue? [Yes/No] <No>:*
>
> *Regenerating model.*

Filtrando layers

Filtrar os layers é útil para trabalhar com desenhos complexos que apresentam vários layers.

A caixa de diálogo *Layer Properties Manager* cria dois tipos de filtros:

- *Properties filters*: define um filtro através das propriedades do layer, por exemplo: determina um filtro que apresente somente os objetos com a cor azul ou que iniciem com a letra b;
- *Group filter*: cria um filtro de grupos de layers.

Caixa de diálogo Layer Properties Manager

A caixa de diálogo *Layer Properties Manager* cria e controla os filtros.

Nome da caixa de diálogo	Layer Properties Manager
Menu	Format/Layer
Barra de ferramentas	Layers

(cont.)

Ribbon	*(Home ribbon - Layers panel)*
(keyboard icon)	layer
	la

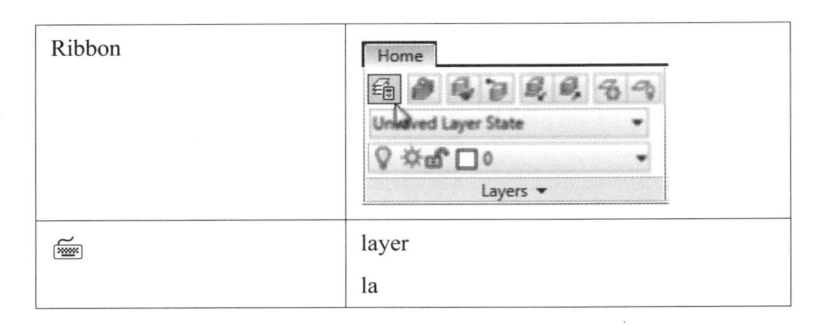

O painel no lado esquerdo da caixa de diálogo *Layer Properties Manager* apresenta as opções para os filtros.

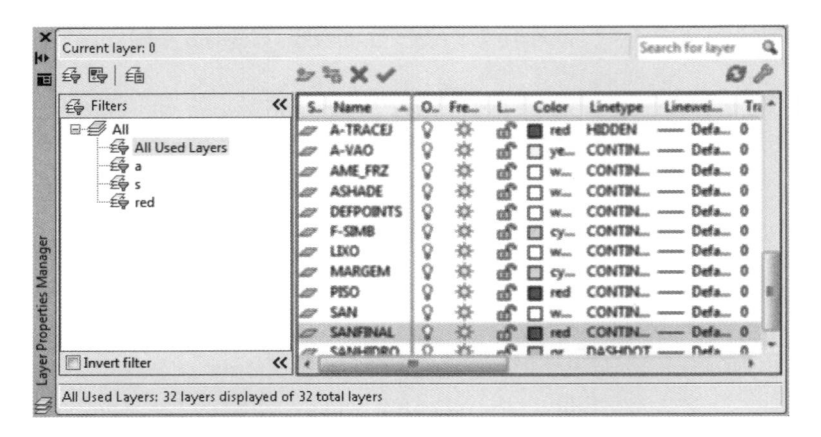

(Layer Properties Manager dialog)

A opção *New Filter* (*(icon)*) define as características a serem filtradas com o auxílio da caixa de diálogo *Layer Filter Properties*.

(Layer Filter Properties dialog)

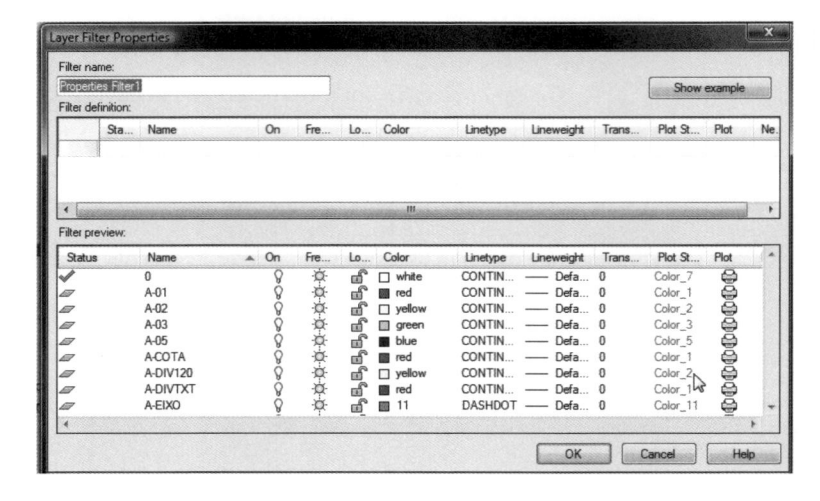

Atividade 2 – Filtrando os layers

Objetivo: • Conhecer os comandos que agilizam o trabalho com os layers.

Tarefa: • Filtrar layers.

Esta atividade apresenta os passos para trabalhar com a ferramenta *Layer Filter*.

Arquivos para acompanhar a atividade:

📁 **Desenho: layer filter.dwg**

Ajuda: trabalhando com layers.pdf

Propriedades dos objetos

Todos os objetos no AutoCAD possuem propriedades, por exemplo, as propriedades de uma linha são: layer, cor, tipo e espessura.

A janela *Properties* apresenta as propriedades do objeto selecionado e também permite alterar determinadas propriedades.

Nome do comando	Properties
Menu	Modify/Properties
Barra de ferramentas	Standard
Ribbon	(Home / Properties)
⌨	pr Dê duplo clique sobre o objeto.

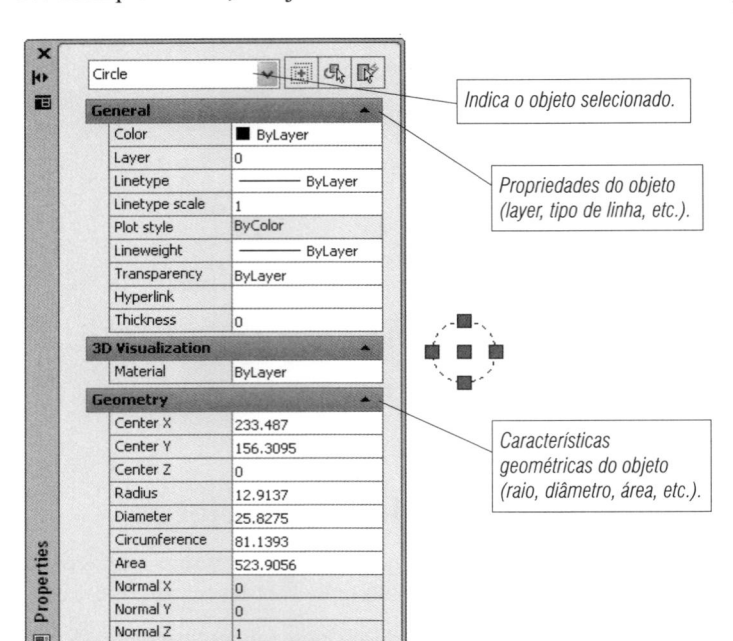

No exemplo abaixo, o objeto selecionado foi um círculo.

Circle	
General	
Color	ByLayer
Layer	0
Linetype	ByLayer
Linetype scale	1
Plot style	ByColor
Lineweight	ByLayer
Transparency	ByLayer
Hyperlink	
Thickness	0
3D Visualization	
Material	ByLayer
Geometry	
Center X	233.487
Center Y	156.3095
Center Z	0
Radius	12.9137
Diameter	25.8275
Circumference	81.1393
Area	523.9056
Normal X	0
Normal Y	0
Normal Z	1

- *Indica o objeto selecionado.*
- *Propriedades do objeto (layer, tipo de linha, etc.).*
- *Características geométricas do objeto (raio, diâmetro, área, etc.).*

> As informações apresentadas na janela *Properties* dependem do objeto selecionado.

As propriedades apresentadas anteriormente na janela *Properties* podem ser utilizadas como ferramentas úteis de edição para:

- alterar layer, cor, tipo de linha (linetype), escala da linha e espessura de linha (lineweight) dos objetos;
- editar o texto e as propriedades do texto;
- editar estilos de plotagem (Plot Styles);
- editar blocos;
- editar hyperlinks.

- Para desfazer a seleção dos objetos, use a tecla *ESC*.
- Caso não exista seleção de objetos, a caixa de diálogo apresentará a mensagem *No selection*.

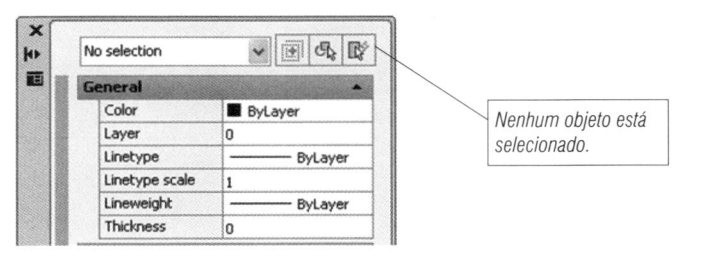

Nenhum objeto está selecionado.

- Quando vários objetos são selecionados simultaneamente, as propriedades são apresentadas em comum.

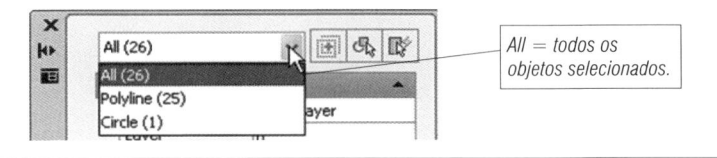

All = todos os objetos selecionados.

Ferramenta *Quick Properties*

A ferramenta *Quick Properties* apresenta algumas propriedades de um ou vários objetos.

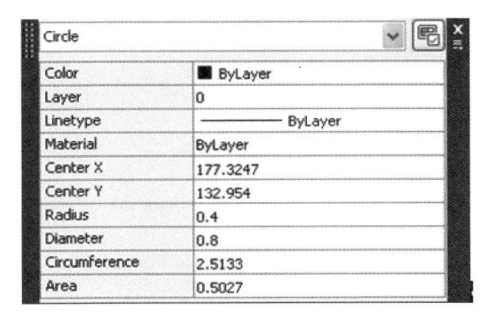

A opção *Quick Properties*, na barra de status, ativa a ferramenta de mesmo nome.

Comando *Quick Select*

O comando *Quick Select* seleciona todos os objetos por meio de uma filtragem de informações.

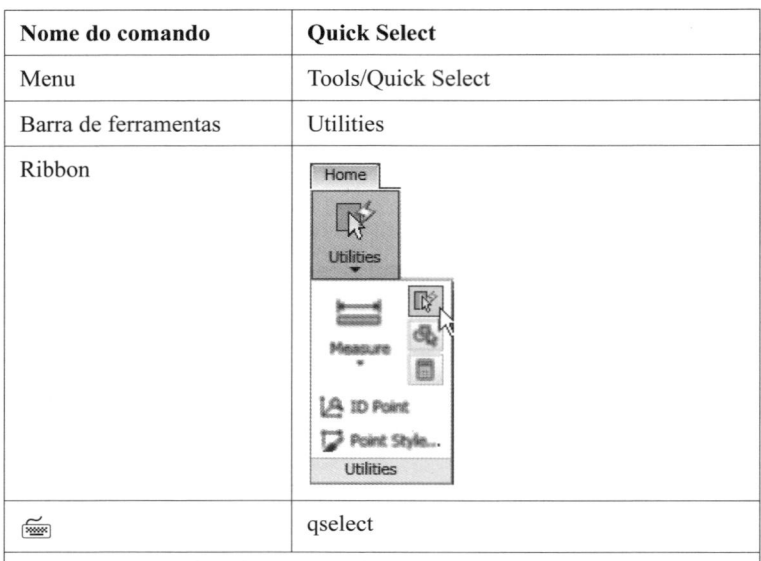

Nome do comando	Quick Select
Menu	Tools/Quick Select
Barra de ferramentas	Utilities
Ribbon	
	qselect
Sem ativar nenhum comando, clique com o botão direito do mouse e selecione a opção *Quick Select*.	

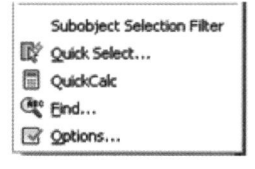

A caixa de diálogo *Quick Select* selecionar os objetos e apresenta várias opções:

Opção	Descrição
Apply to	Determina se o comando será aplicado ao desenho inteiro.
Object Type	Seleciona o tipo de objeto a ser filtrado.
Properties	Escolhe a propriedade que será filtrada.
Operator	Determina o tipo de operação. Dependendo do tipo de propriedade selecionada, as opções podem ser igual, não igual, maior do que ou menor do que.
Value	Determina os valores que serão filtrados.

(cont.)

How to Apply	Determina se, após a filtragem, os valores apresentados serão utilizados para criar um novo conjunto de seleção.
Append to Current Selection Set	Determina se o grupo selecionado será adicionado ou se substituirá um grupo.

Comando *Match Properties*

O comando *Match Properties* copia as propriedades de determinado objeto para outro.

Nome do comando	Match Properties
Menu	Modify/Match Properties
Barra de ferramentas	Standard
Ribbon	Home / Clipboard / Paste / Clipboard
⌨	matchprop painter

Na linha de comando, será exibida a sequência:

Mensagens na linha de comando ou pela *Dynamic Input*	Procedimentos para a execução do comando
Command: Matchprop	Ative o comando.
Select sources object	Selecione o objeto que será a referência.
Specify destination objetcs	O cursor será alterado para ; selecione o objeto para o qual serão transferidas as propriedades.

A opção do comando *Match Properties* é:

Opção	Descrição
Settings	Ativa a caixa de diálogo *Property Settings*, que permite configurar quais propriedades serão transferidas.

Comando *Select Similar*

O comando *Select Similar* seleciona objetos similares baseado em um determinado objeto.

Nome do comando	Select Similar
	Selecione o objeto e, com o auxílio do menu, ative a opção *Select Similar*.

Na linha de comando, será exibida a sequência:

Mensagens na linha de comando ou pela Dynamic Input	Procedimentos para a execução do comando
Command: Selectsimilar	Ative o comando.
Select object or [SEttings]	Selecione os objetos e pressione ↵.

A opção *Settings* apresenta a caixa de diálogo *Select Similar Settings*, que controla as propriedades dos objetos a serem selecionados.

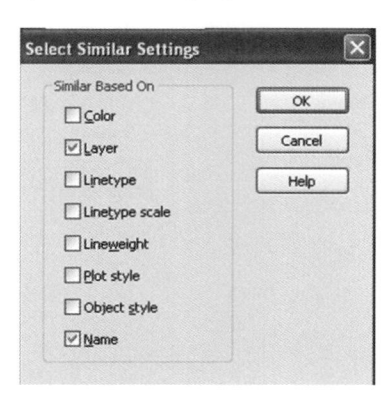

Comando *Add Selected*

O comando *Add Selected* cria um novo objeto baseado no tipo e nas propriedades de determinado objeto.

Nome do comando	Add Selected
	Selecione o objeto e, com o auxílio do menu, ative a opção *Add Selected*.

Comando *Isolate Objects*

O comando *Isolate Objects* esconde o objeto selecionado ou isola-o em relação aos outros objetos no desenho corrente.

Nome do comando	Isolate Objetcs
	Selecione o objeto e, com o auxílio do menu, ative a opção *Isolate*.

- A opção *End Object Isolation* permite visualizar os objetos novamente depois de escolhida a opção *Isolate Objects* ou *Hide Objects*.
- A variável Objectisolationmode = 1 esconde ou isola os objetos depois que eles são novamente salvos, fechados e reabertos.

Atividade 3 – Trabalhando com *Quick Select*

Objetivo: • Trabalhar com a ferramenta *Quick Select*.

Tarefa: • Selecionar objetos com a *Quick Select*.

Esta atividade apresenta os passos para trabalhar com a ferramenta *Quick Select*.

Arquivos para acompanhar a atividade:

    Desenho: propriedades varios.dwg

    Ajuda: trabalhando com layers.pdf

Executando o Projeto Casa

Atividade 4 – Executando o Projeto Casa

Objetivo: • Dar continuidade ao Projeto Casa.

Tarefa: • Criar layers para o projeto.

Dando continuidade ao Projeto Casa, você vai criar os layers para o projeto.

Arquivos para acompanhar a atividade:

    Desenho: projeto casa.dwg

    Ajuda: projeto casa parte5.pdf

Teste – Trabalhando com layers

1. O AutoCAD sempre apaga o layer 0 quando ele não é utilizado no desenho.

    a) Falso

    b) Verdadeiro

2. Todas as opções são consideradas válidas para o comando *Layer*, exceto:

    a) *Lock*

    b) *Current*

c) *Freeze*

d) *On*

e) *UCS*

3. Um layer em que não é possível editar nem apagar os objetos, que continuam visíveis na tela e podem ser dimensionados, está:

a) Congelado

b) Travado

c) Ativado

d) Descongelado

e) Destravado

4. A variável que controla o espaçamento de linhas não contínuas (Hidden, Center, etc.) é:

a) Linescale

b) Ltscale

c) Linetype

d) Lscale

5. O layer corrente indicado na janela *Layer Properties Manager* é:

Status	Name
⌀	0
⌀	Esquadrias - Portas e Janetas
⌀	Hidráulica
✓	Mobiliário
⌀	Pena 01
⌀	Pena 05
⌀	Piso e Azulejo 252
⌀	Texto 2 Médio

a) Pena 01

b) 0

c) Piso e Azulejo 252

d) Mobiliário

Questão	Resposta
1	a
2	e
3	b
4	b
5	d

Anotações

8
Comandos úteis

OBJETIVOS

- Conhecer vários comandos úteis
- Obter informações dos objetos
- Calcular a área do objeto
- Trabalhar com o comando *Adcenter*

Comandos úteis para a criação de desenhos

Neste capítulo, você vai conhecer os comandos que auxiliam na criação de desenhos.

Comando *Purge*

O comando *Purge* elimina todos os blocos, layers, estilos de dimensão, tipos de linhas, shapes, estilos de texto e estilos de plotagem que não estão sendo utilizados no desenho.

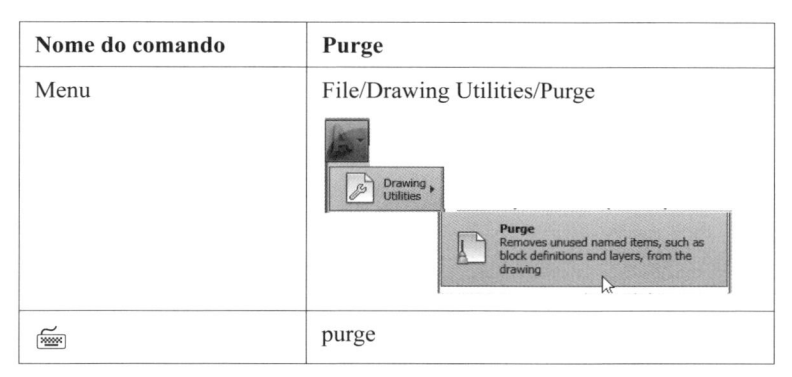

Nome do comando	Purge
Menu	File/Drawing Utilities/Purge
⌨	purge

A caixa de diálogo *Purge* permite selecionar os itens a serem eliminados.

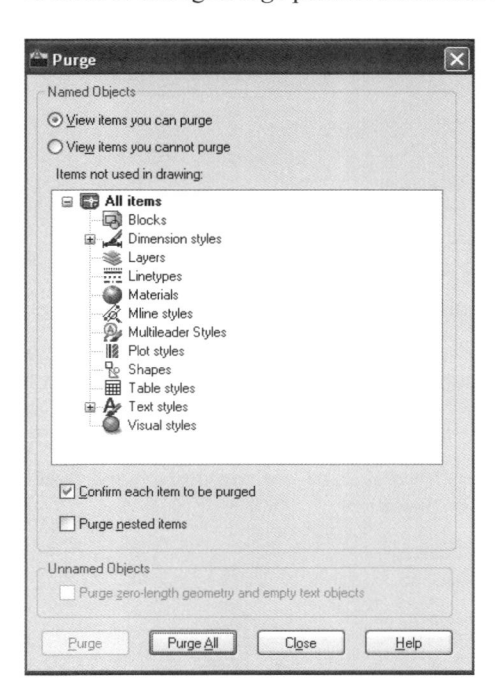

> - Layer 0, tipo de linha *Continuous* e estilo de texto *Standard* não podem ser eliminados.
> - O comando *Purge* diminui o tamanho do arquivo.

Comando *Limits*

O comando *Limits* determina a área util do desenho.

Depois des determinar os valores para *Limits*, ajuste a nova área na tela com o comando *Zoom All*.

Nome do comando	Limits
Menu	Format/Drawing Limits
⌨	limits

Na linha de comando, será exibida a sequência:

Mensagens na linha de comando ou pela *Dynamic Input*	Procedimentos para a execução do comando
Command: Limits	Ative o comando.
Specify lower left corner or <0.0000,0.0000>	Pressione ↵ para aceitar os valores.
Specify upper right corner	Digite os valores para as coordenadas X,Y correspondentes ao canto superior direito.

> - Em *Specify lower corner "<0,0>"*, digite as coordenadas X,Y correspondentes ao canto inferior esquerdo. O valor 0,0 equivale exatamente ao ponto zero do WCS e geralmente não é alterado. Para confirmar os valores, pressione a tecla *Enter*.
> - O comando *Limits* determina o espaço que o grid ocupará na tela.
> - Esse comando não limita a área de trabalho, a menos que se acione a opção *On*. Quando essa opção estiver ativada, o AutoCAD verificará a área delimitada. Assim, caso se tente desenhar fora dos limites, aparecerá a mensagem *Outside limits*.
> - A opção *Use a Wizard*, do comando *New*, determina a área de um novo desenho.

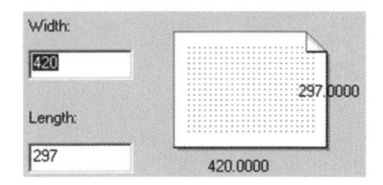

Para definir uma área de desenho para um papel tipo A4 (210 × 297 mm), por exemplo, selecione a opção *Drawing Limits* no menu *Format*.

Na linha de comando, será exibida a sequência:

Mensagens na linha de comando ou pela *Dynamic Input*	Procedimentos para a execução do comando
Command: Limits	Ative o comando.
Specify lower left corner or <0.0000,0.0000>	Pressione ↵ para aceitar os valores.
Specify upper right corner	Digite **210,297** ↵.

Após determinar o novo limite, ative o comando *Zoom All* para ajustar a área. Passe o cursor do mouse no canto superior direito da tela e verifique, na barra de status, o valor aproximado do novo limite.

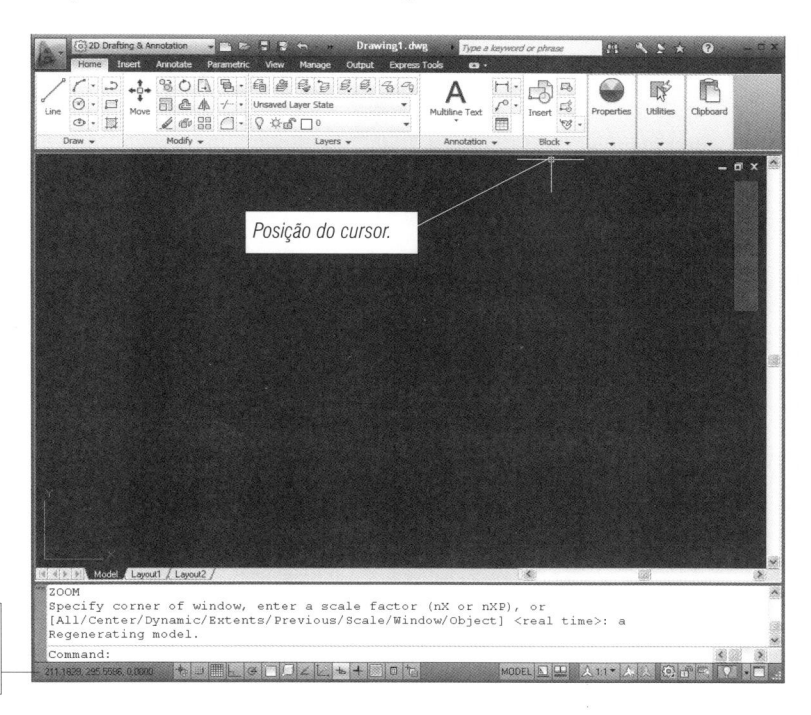

Posição do cursor.

Valor do novo limite em coordenadas X, Y.

211.1829, 295.5586, 0.0000

Comandos úteis

Comando *Rename*

O comando *Rename* altera os nomes dos objetos.

Nome do comando	Rename
Menu	Format/Rename
⌨	rename

A caixa de diálogo *Rename* altera os nomes de blocos, estilos de dimensão, layers, tipos de linhas, materiais, estilos de tabelas, estilos de texto, UCSs, viewports e vistas.

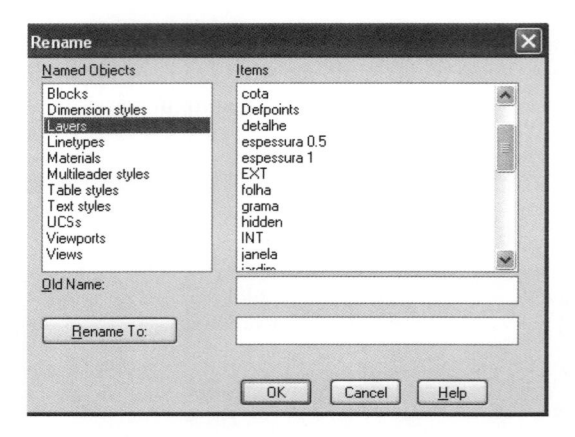

Comando *Units*

O comando *Units* determina o formato de unidade do desenho.

Nome do comando	Units
Menu	Format/Units
⌨	units

A caixa de diálogo *Drawing Units* apresenta as opções a seguir para determinar as unidades de medida.

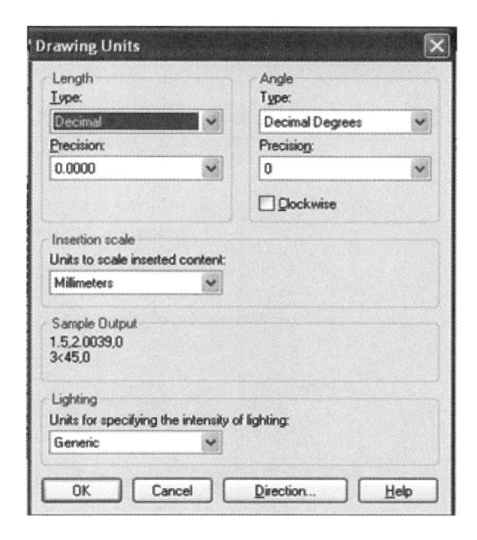

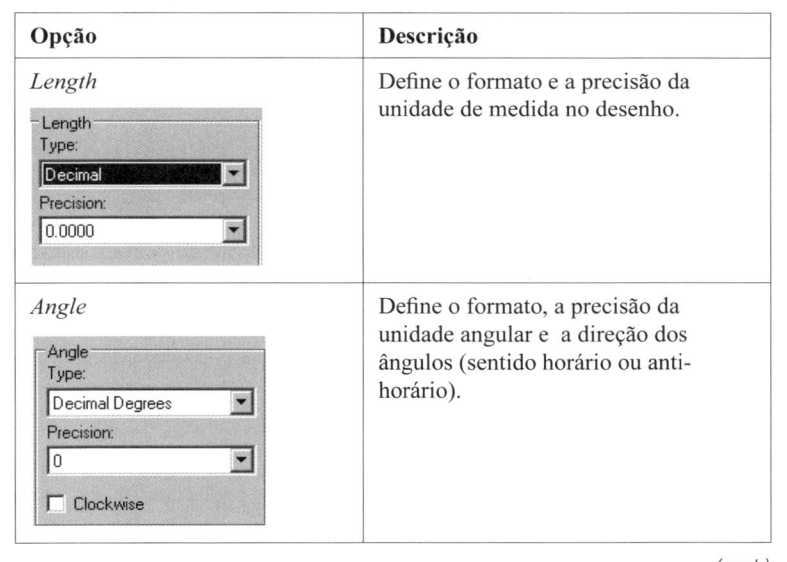

Opção	Descrição
Length	Define o formato e a precisão da unidade de medida no desenho.
Angle	Define o formato, a precisão da unidade angular e a direção dos ângulos (sentido horário ou anti-horário).

(cont.)

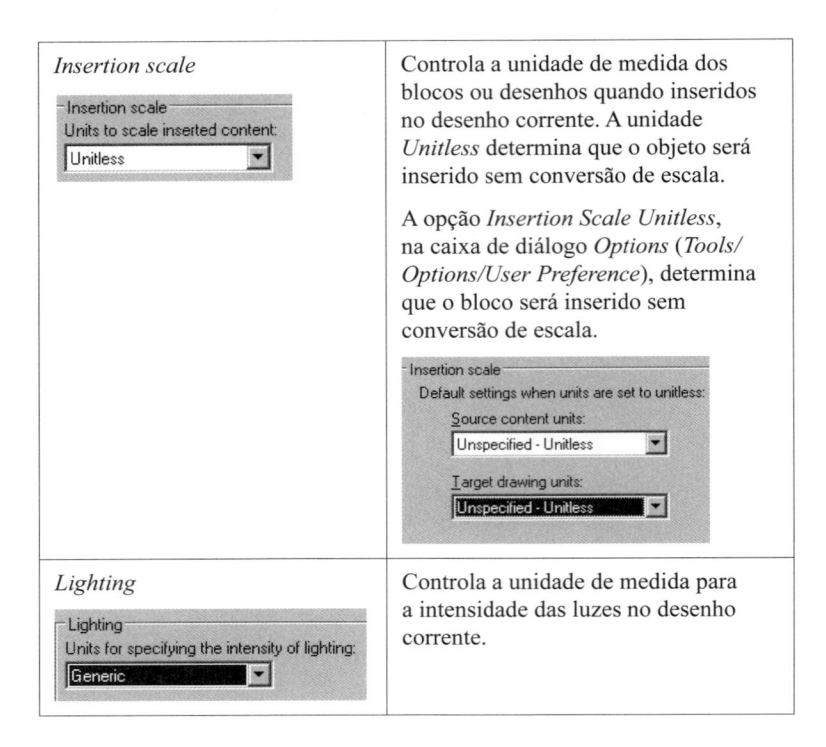

Insertion scale Insertion scale Units to scale inserted content: Unitless	Controla a unidade de medida dos blocos ou desenhos quando inseridos no desenho corrente. A unidade *Unitless* determina que o objeto será inserido sem conversão de escala. A opção *Insertion Scale Unitless*, na caixa de diálogo *Options* (*Tools/ Options/User Preference*), determina que o bloco será inserido sem conversão de escala. Insertion scale Default settings when units are set to unitless: Source content units: Unspecified - Unitless Target drawing units: Unspecified - Unitless
Lighting Lighting Units for specifying the intensity of lighting: Generic	Controla a unidade de medida para a intensidade das luzes no desenho corrente.

Atividade 1 – Configurando a unidade de medida no AutoCAD

Objetivo: • Trabalhar com os comandos úteis.

Tarefa: • Configurar a unidade de medida para a inserção de blocos no AutoCAD.

Esta atividade apresenta os passos para configurar a unidade de medida para a inserção de blocos no desenho, evitando alterações posteriores no tamanho dos blocos.

Arquivo para acompanhar a atividade:

📁 Ajuda: comandos uteis.pdf

Comando *Ucsicon*

O comando *Ucsicon* controla a visualização e as propriedades do ícone UCS.

Nome do comando	Ucsicon
Menu	View/Display/UCS Icon/On
⌨	ucsicon

A caixa de diálogo *UCS Icon* controla as propriedades de apresentação do ícone UCS (*View/Display/UCS Icon/Properties*).

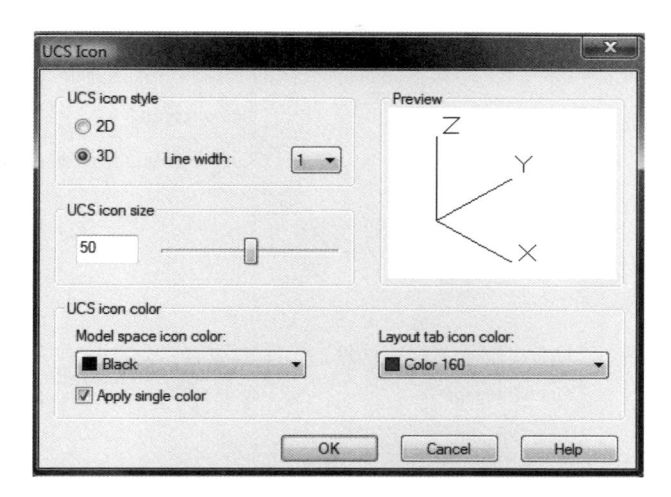

Comando *Adcenter*

Uma das vantagens do *ADC* é possibilitar a visualização do conteúdo dos desenhos e, então, arrastá-lo para o desenho corrente.

Os conteúdos que podem ser arrastados são:

- blocos
- estilos de dimensão
- layers
- layouts
- tipos de linhas
- estilos de tabela
- xrefs

Nome do comando	Adcenter
Menu	Tools/Palettes/Design Center
Barra de ferramentas	Standard

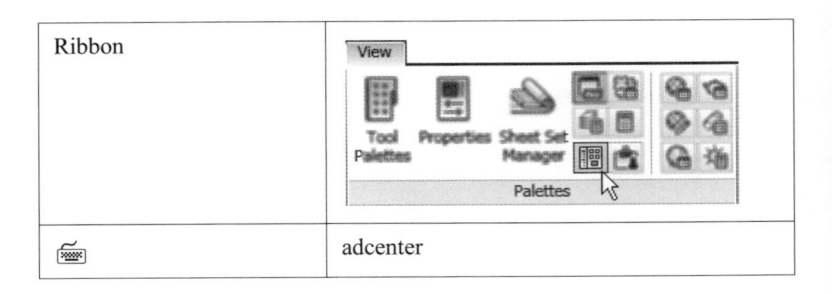

Ribbon	View — Tool Palettes, Properties, Sheet Set Manager, Palettes
⌨	adcenter

As opções da janela *ADC* são:

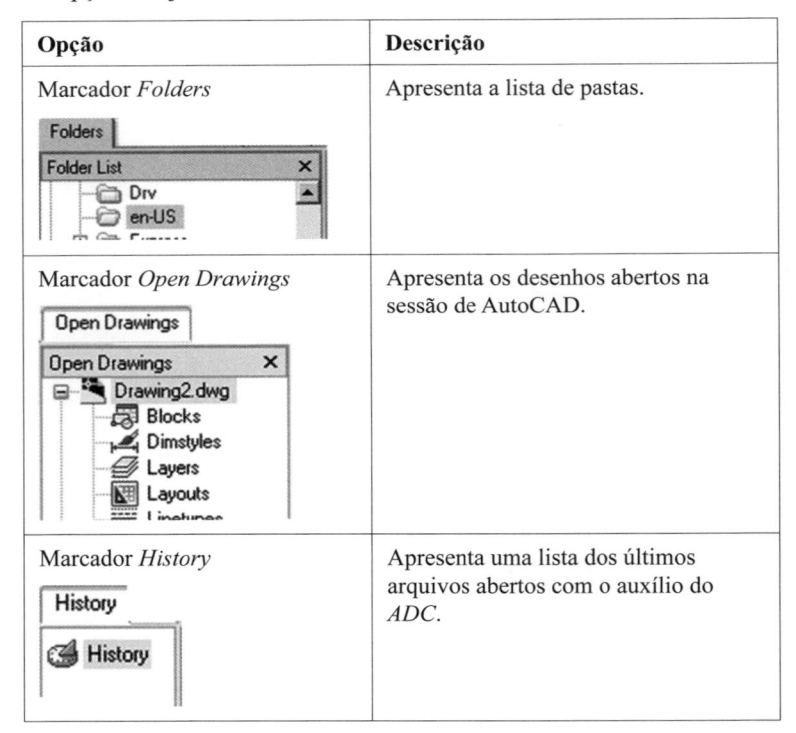

Opção	Descrição
Marcador *Folders*	Apresenta a lista de pastas.
Marcador *Open Drawings*	Apresenta os desenhos abertos na sessão de AutoCAD.
Marcador *History*	Apresenta uma lista dos últimos arquivos abertos com o auxílio do *ADC*.

Atividade 2 – Trabalhando com a ferramenta ADC

Objetivo: • Trabalhar com os comandos úteis.

Tarefa: • Inserir blocos e layers utilizando a janela *ADC*.

Esta atividade apresenta os passos para trabalhar com *ADC*.

Arquivos para acompanhar a atividade:

📁 **Desenho:** adc.dwg
adc referencia.dwg

Ajuda: comandos uteis.pdf

Comando *Blockicon*

O comando *Blockicon* gera ícones de blocos criados em versões anteriores do AutoCAD para serem apresentados no *Preview* do *ADC*.

Nome do comando	Blockicon
Menu	File/Drawing Utilites/Update Block Icons
🔲	blockicon

Na linha de comando, será exibida a sequência:

Mensagens na linha de comando ou pela *Dynamic Input*	Procedimentos para a execução do comando
Command: Blockicon	Ative o comando.
Enter block names <*>	Pressione *Enter* para atualizar todos os blocos. O AutoCAD informará a quantidade de blocos atualizados.

Trabalhando com a área de transferência do Windows (Clipboard)

Quando você utiliza objetos de outro arquivo de desenho, o AutoCAD compartilha as informações com a área de transferência do Windows (Clipboard).

Comando *Cutclip*

O comando *Cutclip* copia o objeto selecionado para a área de transferência e apaga o objeto do desenho.

Nome do comando	Cutclip
Menu	Edit/Cut
Barra de ferramentas	Standard

Ribbon	(Home / Clipboard ribbon)
(teclado)	CTRL + X

Comando *Copyclip*

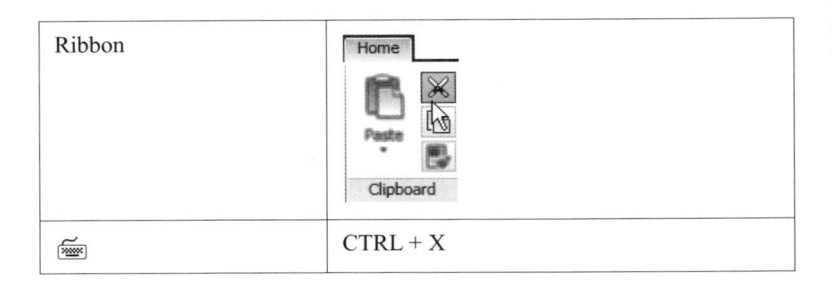

O comando *Copyclip* copia o objeto selecionado para a área de transferência.

Nome do comando	Copyclip
Menu	Edit/Copy
Barra de ferramentas	Standard
Ribbon	 (Home / Clipboard ribbon)
(teclado)	CTRL + C

Comando *Copybase*

O comando *Copybase* copia o objeto selecionado para a área de transferência com determinado ponto-base.

Nome do comando	Copybase
Menu	Edit/Copy with Base Point
Barra de ferramentas	Standard
(teclado)	copybase

Comando *Copylink*

O comando *Copylink* copia a vista corrente para a área de transferência, criando um link com aplicativos OLE (Object Linking and Embedding).

Nome do comando	Copylink
Menu	Edit/Copy Link
Barra de ferramentas	Standard
⌨	copylink

Comando *Pasteclip*

O comando *Pastclip* importa os objetos da área de transferência para o desenho corrente.

Nome do comando	Pasteclip
Menu	Edit/Paste
Barra de ferramentas	Standard
Ribbon	Home / Paste / Clipboard

Comando *Pasteblock*

O comando *Pasteblock* importa como bloco os objetos da área de transferência para o desenho corrente.

Nome do comando	Pasteblock
Menu	Edit/Paste as Block
Barra de ferramentas	Standard
Ribbon	Home / Paste / Clipboard / Paste as Block

Comandos úteis

> - O nome do bloco será definido pelo AutoCAD, como no exemplo:
>
>   **Insert**
>   Name: `A$C00E47B8B`
>
> - Altere o nome do bloco com o comando *Rename*.

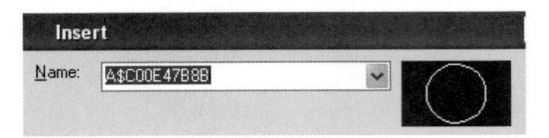

Comando *Pasteashyperlink*

O comando *Pasteashyperlink* cria um hyperlink com o arquivo e o associa a determinado objeto no desenho.

Nome do comando	Pasteashyperlink
Menu	Edit/Paste as Hyperlink
Barra de ferramentas	Standard
Ribbon	Home — Clipboard — Paste as Hyperlink

Comando *Pasteorig*

O comando *Pasteorig* importa os objetos da área de transferência para o desenho corrente adotando a localização original nas coordenadas X,Y,Z.

Nome do comando	Pasteorig
Menu	Edit/Paste to Original Coordinates
Barra de ferramentas	Standard
Ribbon	Home — Clipboard — Paste to Original Coordinates

Comando *Pastespec*

O comando *Pastespec* importa os objetos da área de transferência para o desenho corrente controlando o formato dos dados.

Nome do comando	Pastespec
Menu	Edit/Paste Special
Barra de ferramentas	Standard
Ribbon	

Obtendo informações dos objetos no desenho

Agora você irá conhecer os comandos *Measuregeom*, *ID Point* e *List* utilizados para se obter informações dos objetos no desenho.

Comando *Measuregeom*

O comando *Measuregeom* calcula distância, raio, ângulo, área e volume do objeto selecionado ou entre a sequência de pontos.

Nome do comando	Measuregeom	
Menu	Tools/Inquiry/	Distance
		Radius
		Angle
		Area
		Volume
Barra de ferramentas	Inquiry	

(cont.)

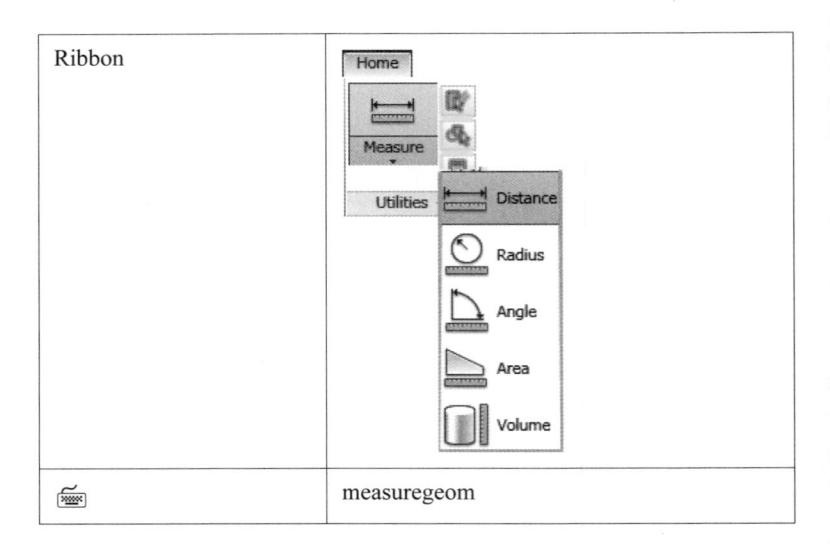

Ribbon	![Ribbon Measure menu with Distance, Radius, Angle, Area, Volume]
⌨	measuregeom

Na linha de comando, será exibida a sequência:

Mensagens na linha de comando ou pela *Dynamic Input*	Procedimentos para a execução do comando	Exemplo
Command: Measuregeom	Ative o comando.	P2 ╳⎯⎯⎯⎯ P1 ╳
Enter an option [Distance/Radius/ Angle/ARea/ Volume] <Distance>	Selecione uma opção.	
Specify first point	Especifique o primeiro ponto (P1).	
Specify second point	Especifique o segundo ponto (P2).	
O AutoCAD informa os dados: Distance = 64.9759 Angle in XY Plane = 173 Angle from XY Plane = 0 Delta X = -64.4264 Delta Y = 8.4329 Delta Z = 0.0000		

As opções do comando *Measuregeom* são:

Opção	Descrição	
Multiple Points	Calcula a distância total entre vários pontos. Os valores apresentados são calculados conforme a imagem.	
Radius	Calcula o raio ou diâmetro de um arco ou círculo.	Radius = 51.7397 Diameter = 103.4794
Angle	Calcula o ângulo de um arco, uma linha ou um vértice.	Angle = 49°
Area	Calcula a área e o perímetro de um objeto.	Total area = 650.1209, Perimeter = 101.9899

(cont.)

Volume	Calcula o volume de um objeto em 2D ou 3D. Para objetos em 2D, é necessário determinar sua altura.	Volume = 2600.4834 Enter an option Distance Radius Angle ARea • Volume eXit

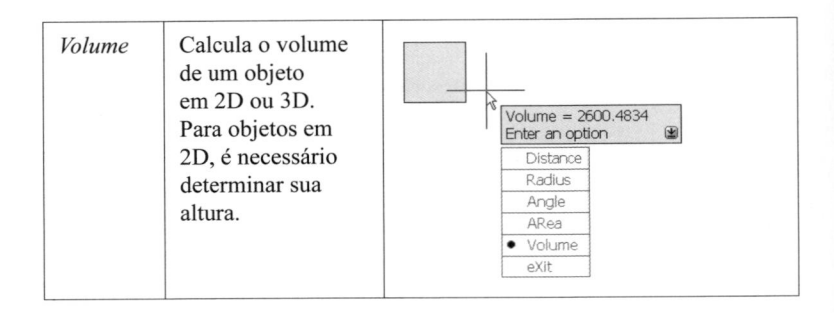

> É importante ativar *Osnap* para selecionar o ponto com precisão.

Atividade 3 – Calculando a área de um objeto

Objetivo: • Trabalhar com os comandos úteis.

Tarefa: • Calcular a área de um objeto.

Esta atividade apresenta os passos para calcular a área de um objeto.

Arquivos para acompanhar a atividade:

Desenho: area.dwg

Ajuda: comandos uteis.pdf

Comando *ID Point*

O comando *ID Point* informa as coordenadas de um ponto.

Nome do comando	ID Point
Menu	Tools/Inquiry/ID Point
Barra de ferramentas	Inquiry
Ribbon	Home — Measure — ID Point — Point Style... — Utilities
	id

Na linha de comando, será exibida a sequência:

Mensagens na linha de comando ou pela *Dynamic Input*	Procedimentos para a execução do comando	Exemplo
Command: Id	Ative o comando.	P1
Specify point	Especifique o ponto P1.	
O AutoCAD informa os dados na linha de comando: X = 161.9721 Y = 170.7321 Z = 0.0000		

Comando *List*

O comando *List* apresenta todas as propriedades do objeto.

Nome do comando	List
Menu	Tools/Inquiry/List
Barra de ferramentas	Inquiry
Ribbon	Home — Properties (List)
⌨	list

Na linha de comando, será exibida a sequência:

Mensagens na linha de comando ou pela *Dynamic Input*	Procedimentos para a execução do comando
Command: List	Ative o comando
Select object	Selecione o objeto e pressione ↵.
O AutoCAD apresenta os dados na tela de texto.	

> Veja o exemplo dos dados de um círculo com o auxílio do comando *List*.
>
> ```
>                CIRCLE    Layer: "0"
>                          Space: Model space
>                Handle = 7f
>         center point, X= 260.5291  Y= 132.7842   Z=    0.0000
>                radius    39.8645
>         circumference    250.4763
>                  area    4992.5615
> ```

Dividindo objetos

A seguir, você conhecerá os comandos *Point Style, Point, Divide* e *Measure*. Com eles, é possível inserir blocos no objeto a uma distância específica.

Comando *Point Style*

O comando *Point Style* seleciona um estilo de ponto.

Nome do comando	Point Style
Menu	Format/Point Style
Ribbon	*(imagem do ribbon com Point Style)*
(teclado)	ddptype

A caixa de diálogo *Point Syle* apresenta vários estilos de pontos.

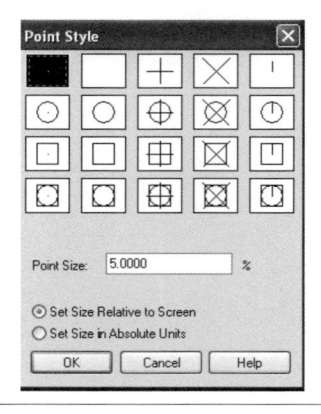

Comando *Point*

O comando *Point* cria pontos que podem ser utilizados como marcas de referência.

Nome do comando	Point
Menu	Draw/Point/Single Point/Multiple Points
Barra de ferramentas	Draw
Ribbon	
	point

Na linha de comando, será exibida a sequência:

Mensagens na linha de comando ou pela *Dynamic Input*	Procedimentos para a execução do comando
Command: Point	Ative o comando.
Specify a point	Especifique um ponto.

Comando *Divide*

O comando *Divide* cria divisões equidistantes com o auxílio do objeto *Point*.

Nome do comando	Divide
Menu	Draw/Point/Divide

(cont.)

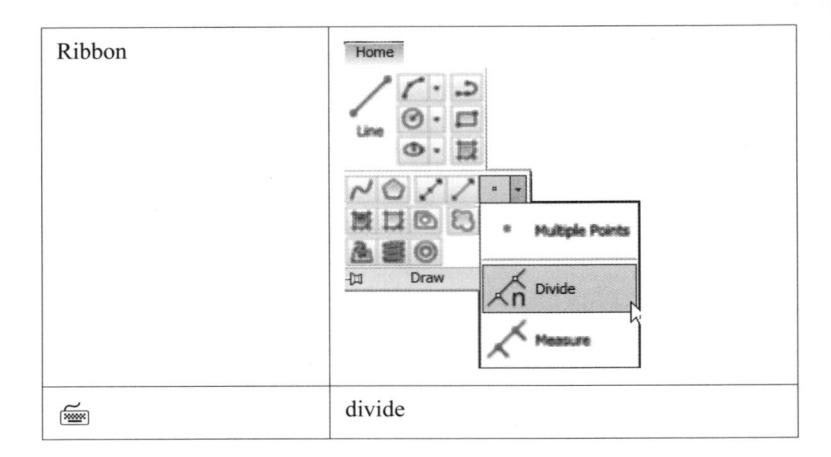

Ribbon	
⌨	divide

Na linha de comando, será exibida a sequência:

Mensagens na linha de comando ou pela Dynamic Input	Procedimentos para a execução do comando	Exemplo
Command: Divide	Ative o comando.	
Select object to divide	Selecione o objeto.	
Enter number of segments	Determine o número de partes (de - 2 a 32.767).	

A opção do comando *Divide* é:

Opção	Descrição
Block	Insere um bloco em intervalos iguais ao longo do objeto selecionado.

- O comando *Divide* não quebra o objeto.
- Para visualizar os pontos inseridos, determine um estilo de ponto.

Comando *Measure*

O comando *Measure* divide o objeto em espaços definidos com o auxílio do objeto *Point*.

Nome do comando	Measure
Menu	Draw/Point/Measure

(cont.)

Ribbon	
⌨	measure

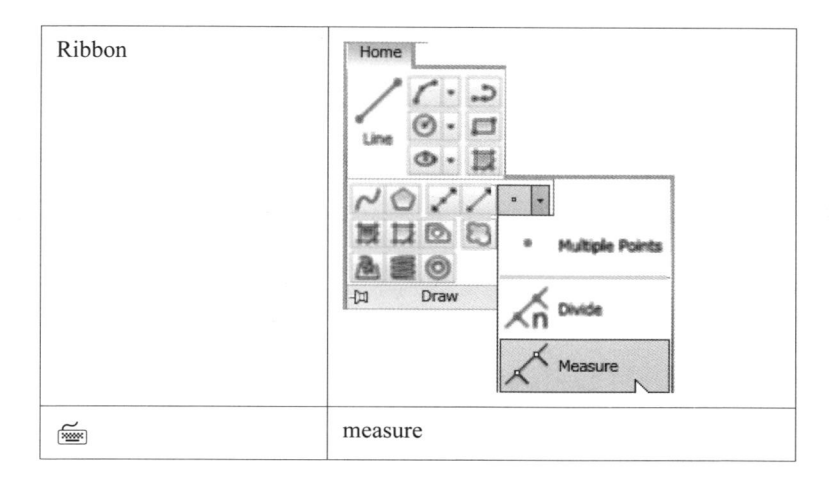

Na linha de comando, será exibida a sequência:

Mensagens na linha de comando ou pela *Dynamic Input*	Procedimentos para a execução do comando	Exemplo
Command: Measure	Ative o comando.	
Select object to measure	Selecione o objeto.	
Enter length of segments	Determine a distância.	

A opção do comando *Measure* é:

Opção	Descrição
Block	Insere um bloco a determinados intervalos ao longo do objeto selecionado.

- O comando *Measure* não quebra o objeto.
- Para visualizar os pontos inseridos, determine um estilo de ponto.

Atividade 4 – Trabalhando com o comando *Measure*

Objetivo: • Trabalhar com os comandos úteis.

Tarefa: • Inserir blocos a uma determinada distância.

Esta atividade apresenta os passos para inserir blocos com o comando *Measure*.

Arquivos para acompanhar a atividade:

Desenho: measure.dwg

Ajuda: comandos uteis.pdf

Trabalhando com a calculadora

Conheça a funcionalidade da calculadora do AutoCAD.

Comando *QuickCalc*

O comando *QuickCalc* ativa a calculadora, que faz cálculos matemáticos e também constrói expressões.

Nome do comando	QuickCalc
Menu	Tools/Palettes/QuickCalc
Barra de ferramentas	Standard
Ribbon	
	quickcalc qc CTRL + 8
Use o botão direito do mouse para ativar o menu de atalho.	

As principais opções do comando *QuickCalc* são:

Opção	Descrição
	Limpa os dados.
	Limpa a área do histórico.
	Copia os dados da calculadora na linha de comando.
	Copia os valores de um ponto específico da tela para a calculadora.
	Calcula a distância entre dois pontos específicos.
	Calcula o ângulo entre dois pontos específicos.
	Calcula a intersecção entre quatro pontos específicos.

Comando *Group*

O comando *Group* cria um grupo de seleção dos objetos que são armazenados no desenho corrente.

Nome do comando	Group
	group
	g

A caixa de diálogo *Object Grouping* apresenta as opções para trabalhar com grupos.

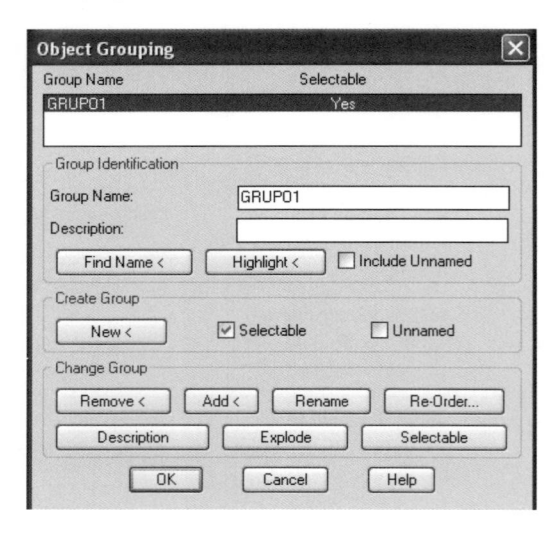

As opções da caixa de diálogo *Object Grouping* são:

Opção	Descrição
Group Name	Apresenta o nome dos grupos.
Selectable	Determina se o grupo é selecionável. Grupo selecionável indica que, selecionando-se um objeto, todo o grupo é selecionado. Grupo não selecionável indica que é possível selecionar um objeto sem selecionar os outros objetos.
Find Name	Descobre o nome do grupo quando determinado objeto é selecionado.
Highlight	Realça o grupo.
Include Unnamed	Apresenta os nomes dos grupos não nomeados.
Create Group	*New*: cria o nome do grupo. *Selectable*: determina o grupo como selecionável. *Unnamed*: determina o grupo como sem nome.

(cont.)

Change Group	*Remove*: remove um objeto do grupo.
	Add: adiciona um objeto ao grupo.
	Rename: renomeia o grupo.
	Re-Order: reordena os objetos dos grupos.
	Description: altera a descrição do grupo.
	Selectable: altera a propriedade de seleção em *Selectable* do grupo.
	Explode: desfaz o grupo.

- Não confunda grupos com blocos.
- A vantagem de criar grupos em vez de criar blocos é a facilidade para adicionar ou remover os objetos do grupo.

Teste – Comandos úteis

1. O comando *Purge* elimina todos os blocos, layers, estilos de dimensão, tipos de linhas, shapes, estilos de texto e estilos de plotagem que estão em layers determinados como *Off* no desenho.

   a) Falso

   b) Verdadeiro

2. Depois de determinar os valores para *Limits*, ajuste a nova área na tela com o comando *Zoom Window*.

   a) Falso

   b) Verdadeiro

3. O comando *Rename* altera o nome do arquivo do desenho corrente.

   a) Falso

   b) Verdadeiro

4. O comando *Divide* cria divisões equidistantes com o auxílio do objeto *Point*.

   a) Falso

   b) Verdadeiro

5. Blocos, estilos de dimensão, layers, layouts, tipos de linhas, estilos de tabelas e xrefs podem ser arrastados com o auxílio do comando *ADC*.

a) Falso

b) Verdadeiro

Questão	Resposta
1	a
2	a
3	a
4	b
5	b

9
Trabalhando com texto

OBJETIVO

- Trabalhar com texto

Criando texto

Neste capítulo, você vai conhecer os comandos *Text Style*, *Single Text* e *Multiline Text*, que servem para trabalhar com texto no AutoCAD.

Comando *Text Style*

O comando *Text Style* controla a aparência do texto.

Esse comando cria um estilo de texto ao definir altura, tipo de fonte, fator de largura dos caracteres, inclinação e orientação.

Nome do comando	Text Style
Menu	Format/Text Style
Barra de ferramentas	Text
Ribbon	
	style

As opções da caixa de diálogo *Text Style* são:

Opção	Descrição
Styles	Apresenta a lista de estilos de texto no desenho.
Font	Seleciona a fonte.
Size	Determina a altura e o tipo de texto (annotation).
Effects	Determina as características da fonte.
Set Current / New / Delete	Determina como corrente, apaga ou cria um estilo de texto.

Atividade 1 – Alterando o estilo do texto

Objetivo: • Trabalhar com texto.

Tarefa: • Alterar estilos de texto no desenho.

Esta atividade apresenta os passos para alterar estilos de texto no desenho.

Arquivos para acompanhar a atividade:

Desenho: estilo texto.dwg

Ajuda: texto.pdf

Comando *Single Line Text*

O comando *Single Line Text* cria um texto no desenho em que cada linha é um objeto.

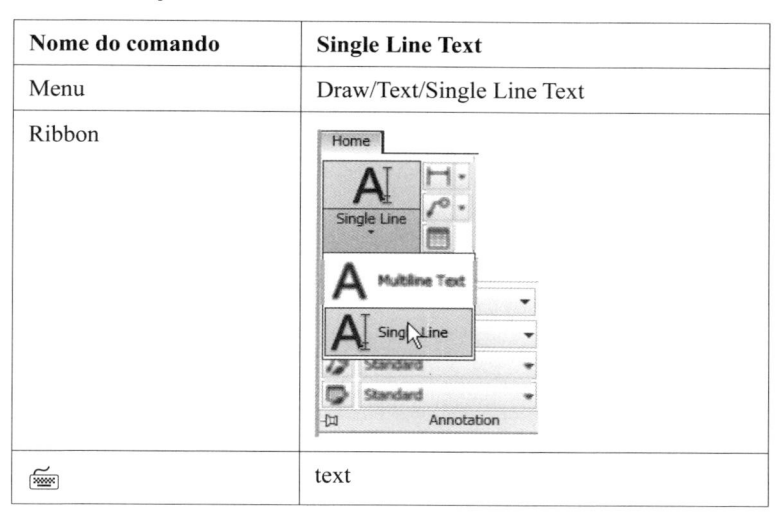

Nome do comando	Single Line Text
Menu	Draw/Text/Single Line Text
Ribbon	
⌨	text

Na linha de comando, será exibida a sequência:

Mensagens na linha de comando ou pela *Dynamic Input*	Procedimentos para a execução do comando	Exemplo
Command: Dtext Current text style: "Standard" Text height: 2.5000 Annotative: No	Ative o comando.	Altura do texto AUTOCAD Ângulo de rotação
Specify start point of text or	Especifique um ponto inicial.	
Specify height	Determine a altura do texto.	
Specify rotation angle of text	Determine a direção angular do texto.	

> Para editar o texto, clique nele.

Comando *Multiline Text*

O comando *Multiline Text* cria texto de múltiplas linhas ou parágrafos no desenho.

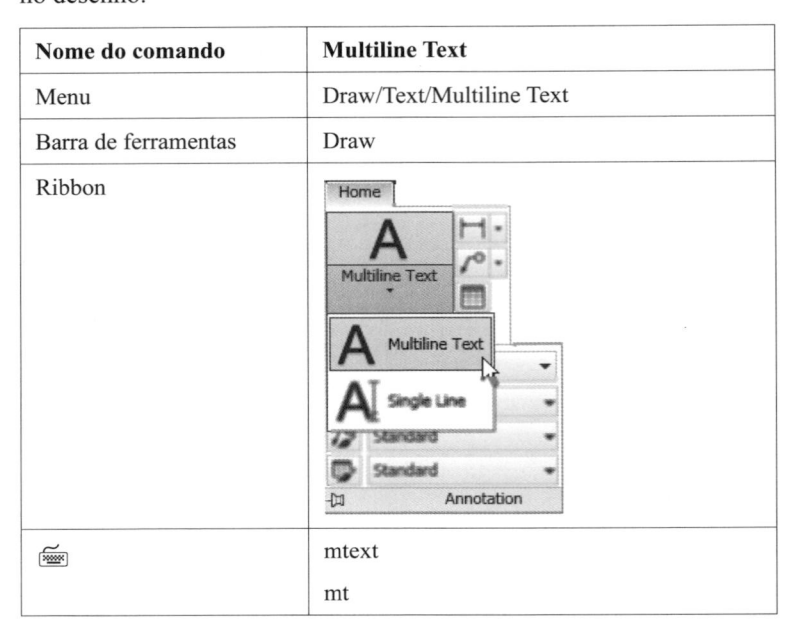

Nome do comando	Multiline Text
Menu	Draw/Text/Multiline Text
Barra de ferramentas	Draw
Ribbon	
	mtext
	mt

Na linha de comando, será exibida a sequência:

Mensagens na linha de comando ou pela *Dynamic Input*	Procedimentos para a execução do comando
Command: Mtext	Ative o comando.
Current text style: "Standard" Text height: 2.5 Annotative Specify first corner	Especifique o primeiro ponto para definir a área de texto.
Specify opposite corner	Especifique o segundo ponto para apresentar a janela *Text Editor*.

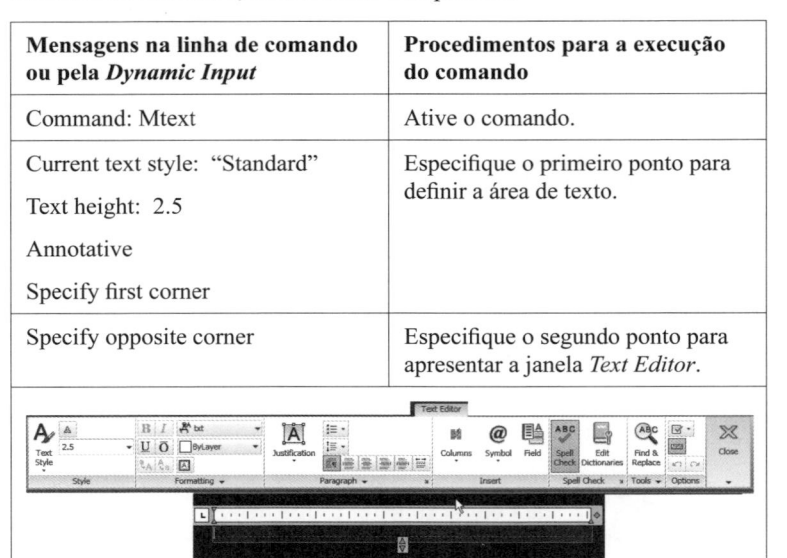

As opções do comando *Multiline Text* são:

Opção	Descrição
Height	Determina a altura do texto.
Justify	Determina o ponto de inserção do texto.
Line Spacing	Determina o espaçamento entre as linhas.
Rotation	Determina a direção angular do texto.
Style	Determina um estilo de texto.
Width	Determina a largura do texto.
Columns	Especifica as configurações para texto em colunas.

O alinhamento do texto é determinado a partir do ponto de justificação:

TL (*Top Left*)	Alinha o texto pelo topo, à esquerda.	
TC (*Top Center*)	Alinha o texto pelo topo, no centro.	
TR (*Top Right*)	Alinha o texto pelo topo, à direita.	
ML (*Middle Left*)	Alinha o texto pelo ponto médio, à esquerda.	
MC (*Middle Center*)	Alinha o texto pelo ponto médio, no centro.	
MR (*Middle Right*)	Alinha o texto pelo ponto médio, à direita.	
BL (*Bottom Left*)	Alinha o texto pela base, à esquerda.	
BC (*Bottom Center*)	Alinha o texto pela base, no centro.	
BR (*Bottom Right*)	Alinha o texto pela base, à direita.	

Inserindo caracteres especiais

A opção *Symbol* (ⓐ Symbol) insere caracteres especiais no texto.

Inserindo numeração e marcadores

A opção *Numbering* insere numeração e marcadores.

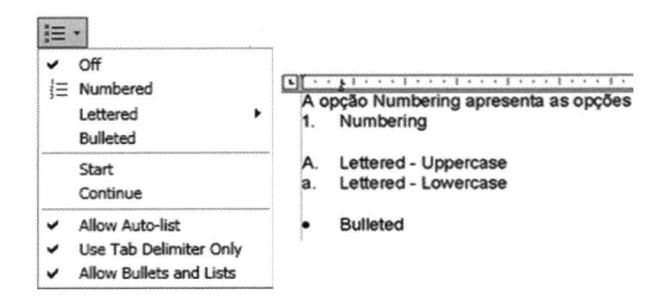

A opção Numbering apresenta as opções
1. Numbering

A. Lettered - Uppercase
a. Lettered - Lowercase

• Bulleted

Inserindo colunas

A opção *Columns* cria colunas.

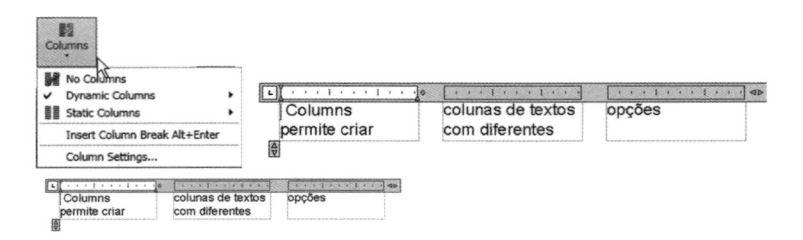

- A opção *Stack* cria um texto "empilhado". Sempre que o texto selecionado apresentar o caractere / (barra), essa opção ficará ativada.

    Por exemplo:

    1. digite os números no formato 1/2;

    2. selecione os caracteres digitados, ative o menu de atalho e clique na opção *Stack*;

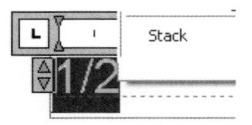

    3. veja que o texto será representado no formato: $\frac{1}{2}$.

(cont.)

- Para modificar o formato de um texto alterado por *Stack*, ative o menu de atalho e selecione a opção *Stack Properties*.

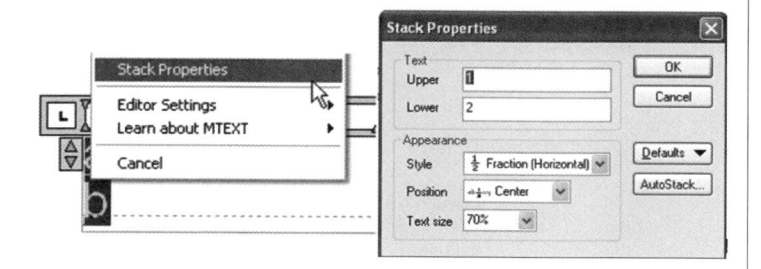

- Para editar um texto, clique duas vezes para ativar o editor de texto.
- Para alterar a área de um texto com grips, basta selecionar o texto, clicar sobre um dos grips e movê-lo até a posição desejada, esticando ou encolhendo a caixa de texto.

Para esticar a área, arraste o grip

área   área
para   para   área para o texto
o   o
texto   texto

- O comando *Qtext* acelera o processo de regeneração para desenhos com vários textos. Esse comando apresenta os textos em retângulos, evitando que o AutoCAD regenere cada uma de suas letras.

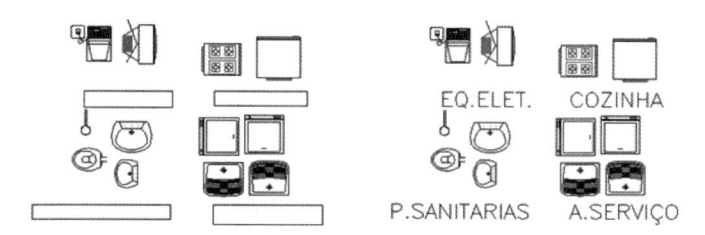

- A opção *Main Dictionary*, em *Options/Files*, apresenta a lista com os dicionários que auxiliam na correção ortográfica.

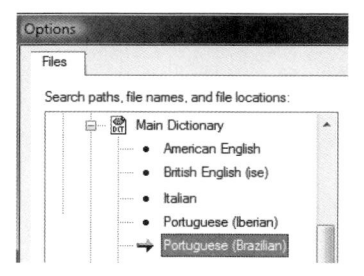

Atividade 2 – Inserindo texto

Objetivo: • Trabalhar com texto.

Tarefa: • Inserir texto no desenho.

Esta atividade apresenta os passos para inserir texto no desenho.

Arquivos para acompanhar a atividade:

Desenho: texto.dwg

Ajuda: texto.pdf

Executando o Projeto Casa

Aplique os comandos para criação de texto no Projeto Casa.

Atividade 3 – Criando o carimbo para folha A2

Objetivo: • Trabalhar com texto.

Tarefa: • Criar um carimbo para o desenho.

Esta atividade apresenta os passos para criar um carimbo para folha A2 que será inserido no Projeto Casa.

Arquivos para acompanhar a atividade:

Desenho: FOLHA A2 projeto casa.dwg

Ajuda: projeto casa parte6.pdf

Teste – Trabalhando com texto

1. O comando *Text Style* insere texto no desenho.

    a) Falso

    b) Verdadeiro

2. O comando *Multiline Text* cria texto de múltiplas linhas ou parágrafos no desenho.

    a) Falso

    b) Verdadeiro

3. A opção *Numbering* do comando *Multiline Text* insere marcadores e numeração.

   a) Falso

   b) Verdadeiro

4. A opção *Width*, do comando *Multiline Text*, controla a altura do texto.

   a) Falso

   b) Verdadeiro

Questão	Resposta
1	b
2	b
3	b
4	a

Anotações

10
Trabalhando com blocos

OBJETIVO
- Inserir e editar blocos

Comandos para trabalhar com blocos

Trabalhar com blocos é um modo eficiente de agrupar um conjunto de objetos e reutilizá-los em outros desenhos, aumentando, assim, a produtividade.

Depois da inserção do bloco no desenho, as propriedades do bloco também são incorporadas ao desenho.

Comando *Insert Block*

O comando *Insert Block* insere um bloco no desenho.

Nome do comando	Insert
Menu	Insert/Block
Barra de ferramentas	Draw
Ribbon	
⌨	insert i

A caixa de diálogo *Insert* apresenta as opções para inserção do bloco:

Opção	Descrição
Name Name: bloco	Apresenta o nome do bloco a ser inserido.
Browse Browse...	Busca os arquivos externos.
Path Path: F:\base 3d.dwg	Indica o diretório do arquivo.

(cont.)

Insertion point	Define o ponto de inserção do bloco no desenho, determinando as coordenadas X, Y, Z ou especificando um ponto na tela.
Scale	Determina um fator de escala do bloco, determinando um fator de escala em X, Y, Z ou diretamente na tela. A opção *Uniform Scale* adota o mesmo fator de escala para os eixos X, Y, Z.
Rotation	Determina a direção angular do bloco.
Explode	Insere um bloco já explodido.
Block Unit	Apresenta as informações sobre a unidade de medida do bloco.

Comando *Block*

O comando *Block* cria blocos.

Nome do comando	Block
Menu	Draw/Block/Make
Barra de ferramentas	Draw

(cont.)

Ribbon	(Home / Insert / Block)
(ícone)	block

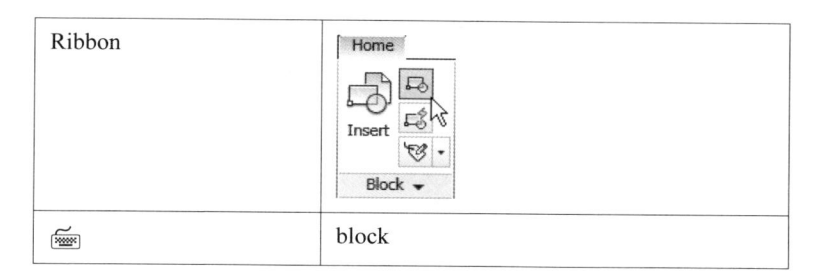

A caixa de diálogo *Block Definition* apresenta as opções para criar blocos:

Opção	Descrição
Name	Define o nome do bloco.
Base point (Specify On-screen / Pick point / X: 0 / Y: 0 / Z: 0)	Determina o ponto de inserção do bloco.
Objects (Specify On-screen / Select objects / Retain / Convert to block / Delete)	A opção *Specify On-screen* determina que todos os objetos na tela sejam selecionados. A opção *Select objects* seleciona os objetos que serão incluídos no bloco. A opção *Retain* mantém os objetos no formato original e cria o bloco. A opção *Convert to block* converte os objetos selecionados em blocos. A opção *Delete* cria o bloco e apaga os objetos originais.
Behavior (Annotative / Match block orientation to layout / Scale uniformly / Allow exploding)	Define se o bloco será um annotative object, se poderá ser escalado uniformemente ao ser inserido ou se será permitido explodir o bloco após a inserção. A opção *Match block orientation to layout* especifica a orientação do texto em relação ao layout.

(cont.)

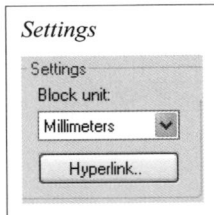

Settings	Especifica a unidade de medida do bloco ao ser inserido e se o bloco será associado a um hyperlink.
Settings Block unit: Millimeters [Hyperlink..]	

- Objetos criados no layer 0 serão inseridos no layer corrente do desenho.
- Objetos criados nos demais layers serão inseridos nos layers de origem. Se não existir o layer corrente, o AutoCAD o criará.
- Os objetos com definição de cor e de tipo de linha serão inseridos com a cor e o tipo de linha escolhidos na criação do desenho.
- A cor e o tipo de linha *ByLayer* ficarão com a cor e o tipo de linha do qual farão parte.
- A cor e o tipo de linha *ByBlock* desenharão o objeto em *White*, até que ele seja transformado em bloco. Ao se inserir esse bloco, os objetos ficarão na cor do layer corrente.
- Depois de os objetos terem sidos criados no layer *Defpoints*, o bloco será visualizado, mas não será plotado.

Comando *Write Block*

O comando *Write Block* cria um arquivo externo.

Nome do comando	Write Block
⌨	w

A caixa de diálogo *Write Block* apresenta as opções para criar um bloco salvo em determinado diretório.

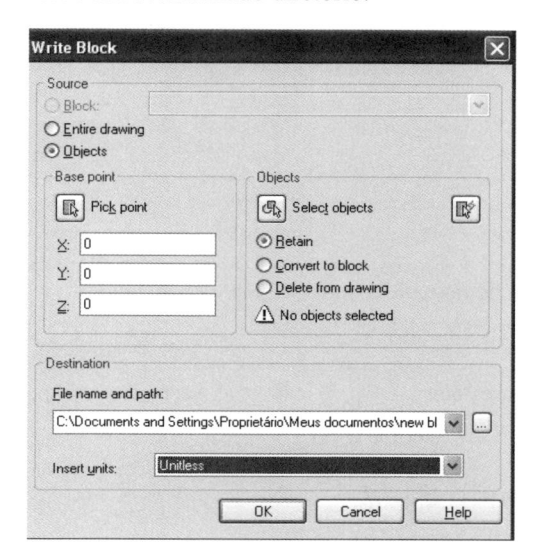

O comando *Export* (*File/Export*) cria um bloco salvo em determinado diretório.

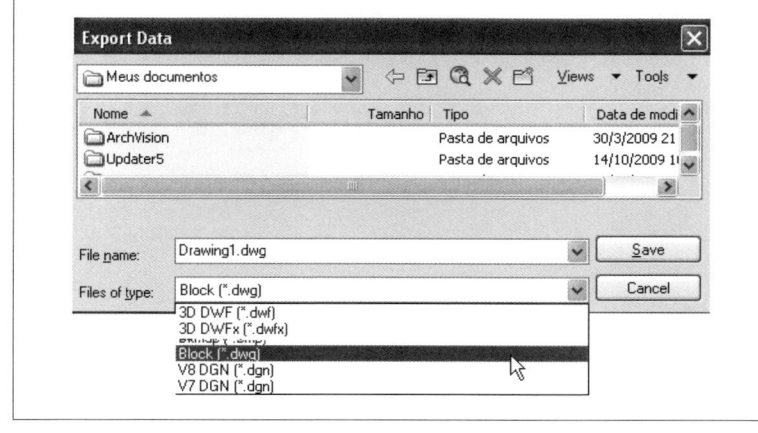

Comando *Base*

O comando *Base* determina o ponto de inserção de um desenho.

Nome do comando	Base
Menu	Draw/Block/Base

Ribbon	
⌨	base

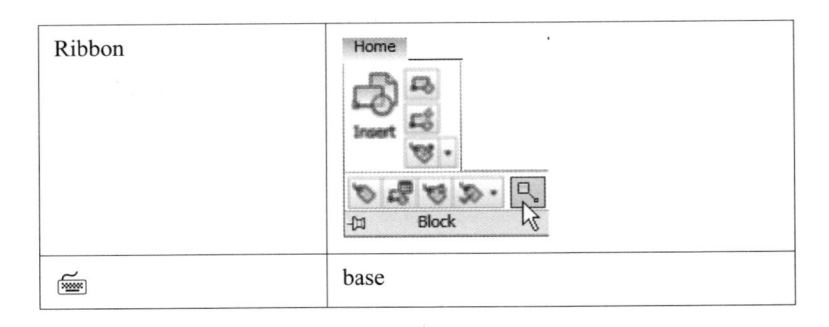

Na linha de comando, será exibida a sequência:

Command: Base	Ative o comando.
Enter base point	Especifique um ponto-base.

Comando *Bedit*

O comando *Bedit* edita um bloco.

Nome do comando	Bedit
Menu	Tools/Block Editor
Barra de ferramentas	Standard
Ribbon	
⌨	bedit

A caixa de diálogo *Edit Block Definition* apresenta todos os blocos que estão no desenho. Selecione o bloco para editá-lo e clique em OK para ativar o *Block Editor*.

O *Block Editor* pode ser considerado como uma área destinada à edição de blocos.

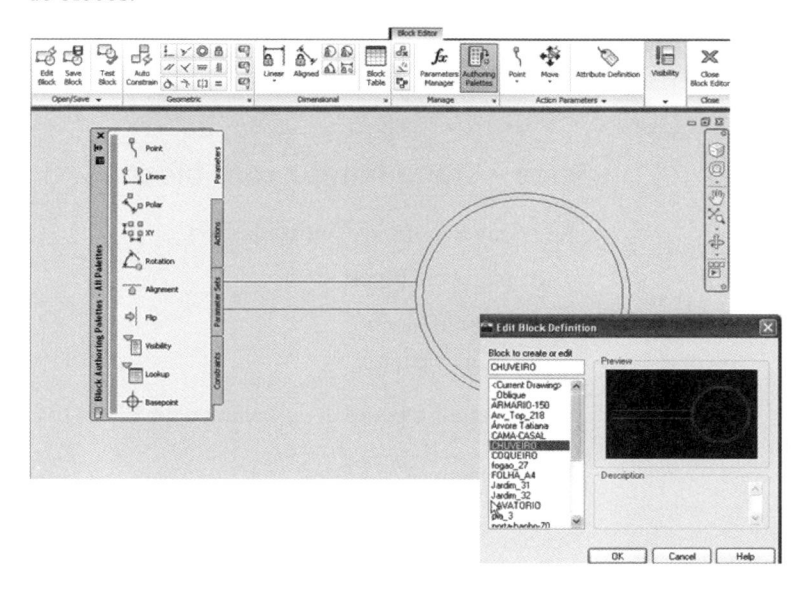

Atividade 1 – Trabalhando com blocos

Objetivo: • Trabalhar com blocos.

Tarefa: • Inserir, criar e editar blocos em um desenho.

Esta atividade apresenta os passos para inserir, criar e editar blocos no desenho.

Arquivos para acompanhar a atividade:

Desenho: Blocos.dwg

Ajuda: blocos.pdf

Executando o Projeto Casa

Dando continuidade ao projeto casa, você vai inserir blocos no projeto.

Atividade 2 – Inserindo blocos no Projeto Casa

Objetivo: • Trabalhar com os comandos de bloco.

Tarefa: • Inserir blocos no Projeto Casa.

Esta atividade apresenta os passos para inserir blocos no Projeto Casa.

Arquivos para acompanhar a atividade:

📁 **Desenho:** projeto casa.dwg

Ajuda: projeto casa parte7.pdf

Teste – Trabalhando com blocos

1. O comando *Insert* é utilizado para:

    a) apagar um bloco

    b) criar um bloco

    c) inserir um bloco

    d) redefinir o ponto de inserção de um bloco

2. O comando *Write Block* cria:

    a) um arquivo de desenho

    b) um grupo de blocos

    c) um bloco criado com a opção *Window*

    d) não existe esse comando no AutoCAD

3. O comando *Base* cria um bloco considerado básico.

    a) Falso

    b) Verdadeiro

4. Qual destes comandos não pode ser utilizado com blocos:

    a) *Insert*

    b) *Block Editor*

    c) *Write Block*

    d) *Make Local Block*

Questão	Resposta
1	c
2	a
3	a
4	d

11
Trabalhando com hachuras

OBJETIVO

- Trabalhar com hachuras

Comandos para trabalhar com hachuras

Neste capítulo, você vai conhecer os comandos para trabalhar com hachuras.

Comando *Hatch*

O comando *Hatch* preenche uma determinada área do desenho com um padrão de hachura.

Nome do comando	Hatch
Menu	Draw/Hatch
Barra de ferramentas	Draw
Ribbon	
	hatch h

Quando as ferramentas estão ativadas na ribbon, é apresentado o marcador *Hatch Creation Ribbon Contextual*.

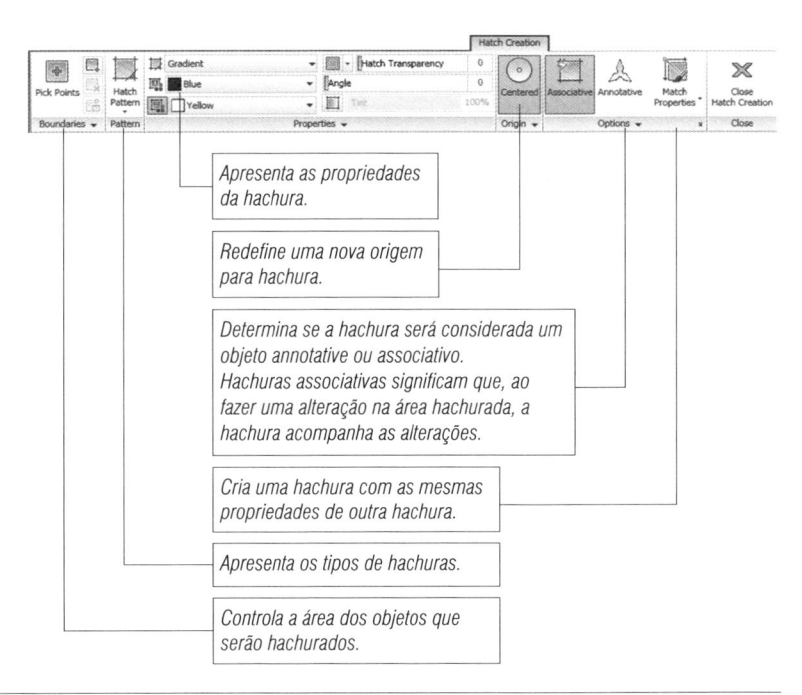

Apresenta as propriedades da hachura.

Redefine uma nova origem para hachura.

Determina se a hachura será considerada um objeto annotative ou associativo. Hachuras associativas significam que, ao fazer uma alteração na área hachurada, a hachura acompanha as alterações.

Cria uma hachura com as mesmas propriedades de outra hachura.

Apresenta os tipos de hachuras.

Controla a área dos objetos que serão hachurados.

- As hachuras são consideradas pelo AutoCAD como um objeto único. Por isso, não é possível editar somente parte das linhas.
- Para editar a hachura, dê duplo clique sobre ela ou ative o comando *Hatchedit* (*Modify/Object/Hatch*).
- A variável Osoptions = 2 permite que *Osnap* reconheça os pontos na hachura.
- Quando as ferramentas estão desativadas na ribbon, é apresentada a caixa de diálogo *Hatch and Gradient*.

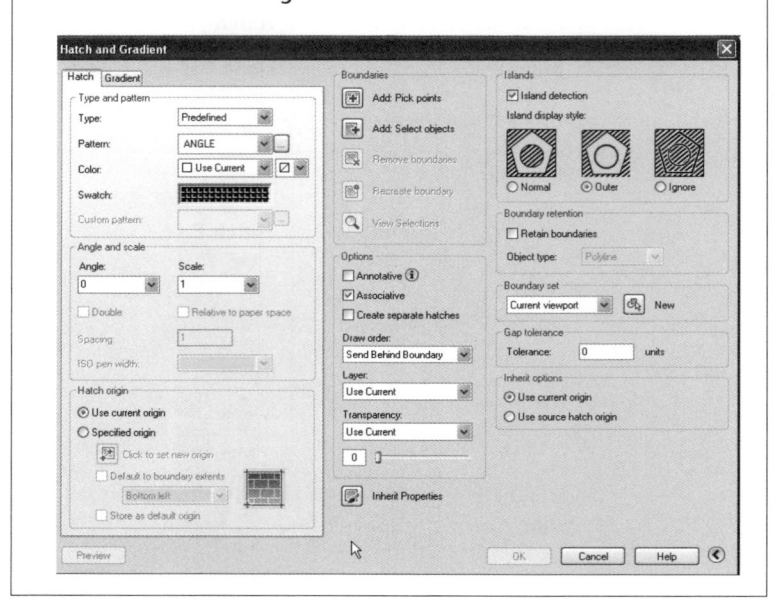

Comando *Gradient*

O comando *Gradient* cria hachuras em cores degradê.

Nome do comando	Gradient
Menu	Draw/Gradient
Barra de ferramentas	Draw
Ribbon	

(cont.)

| ⌨ | gradient |

Quando as ferramentas estão ativadas na ribbon, é apresentado o marcador *Hatch Creation Ribbon Contextual*.

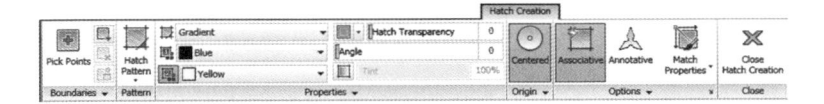

Comando *Hatch Edit*

O comando *Hatch Edit* edita as hachuras.

Nome do comando	Hatch Edit
Menu	Modify/Object/Hatch
Barra de ferramentas	Modify II
Ribbon	
⌨	Clique duas vezes sobre a hachura.

Quando o comando *Hatch Edit* é ativado, a caixa de diálogo de mesmo nome é exibida.

Atividade 1 – Inserindo hachuras

Objetivo: • Trabalhar com o comando *Hatch Edit*.

Tarefa: • Aplicar hachuras no desenho.

Esta atividade apresenta os passos para inserir hachuras no desenho.

Arquivos para acompanhar a atividade:

Desenho: hachura.dwg

Ajuda: hachura.pdf

Executando o Projeto Casa

Dando continuidade ao Projeto Casa, você vai inserir hachuras em parte do Projeto.

Atividade 2 – Inserindo hachuras no Projeto Casa

Objetivo: • Trabalhar com o comando *Hatch Edit*.

Tarefa: • Aplicar hachuras no Projeto Casa.

Esta atividade apresenta os passos para inserir hachuras no Projeto Casa.

Arquivos para acompanhar a atividade:

Desenho: projeto casa.dwg

Ajuda: projeto casa parte8.pdf

Teste – Trabalhando com hachuras

1. A origem de uma hachura é determinada pelo AutoCAD e não pode ser alterada.

   a) Falso

   b) Verdadeiro

2. É possível editar uma hachura após inseri-la no desenho.

   a) Falso

   b) Verdadeiro

3. O comando *Explode* é utilizado para editar uma hachura.

   a) Falso

   b) Verdadeiro

4. A opção Ignore Island Detection é utilizada para apagar uma hachura do desenho.

   a) Falso

   b) Verdadeiro

Questão	Resposta
1	a
2	b
3	a
4	a

12
Trabalhando com cotas

OBJETIVOS

- Trabalhar com cotas
- Trabalhar com multileaders

Comandos para criar e editar cotas

Neste capítulo, você vai conhecer os comandos para criar e editar cotas no desenho.

Comando *Dimension Style*

Os estilos de dimensão controlam a aparência de uma cota ou dimensão.

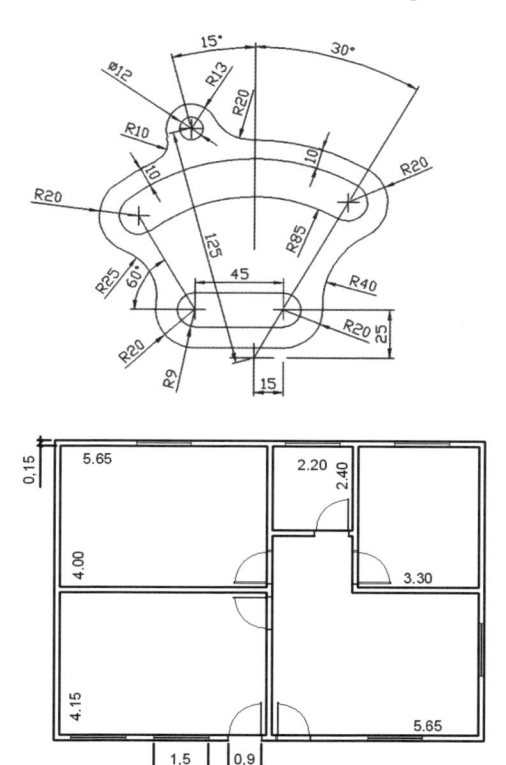

Exemplos de estilos de dimensão.

O estilo de dimensão define:

- formato e posição de linhas de cota, linha de extensão, tipos de setas e marcas de centro;
- aparência e posição do texto na cota;
- formato e precisão das unidades da cota.

Uma cota é composta por quatro elementos principais:

- texto (text);
- linha de cota (dimension line);

- setas (arrows);
- linha de chamada ou linha de extensão (extension line).

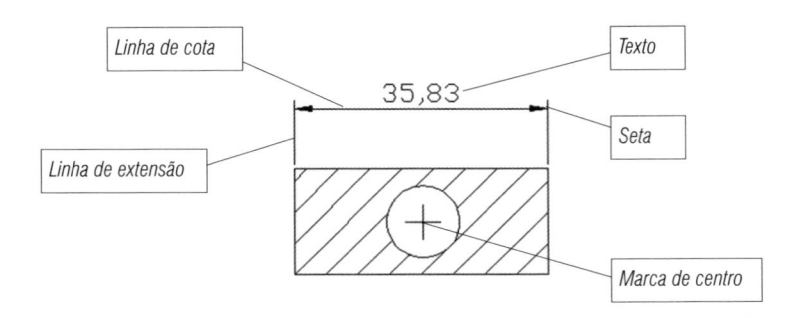

(Figura: cotagem com Linha de cota, Linha de extensão, Texto 35,83, Seta e Marca de centro)

O comando *Dimension Style* cria textos de múltiplas linhas ou parágrafos no desenho.

Nome do comando	Dimension Style
Menu	Format/Dimension Style
Barra de ferramentas	Dimensions
Ribbon	*(ícones da guia Home: Multiline Text, Standard, ISO-25, Standard, Standard / Annotation; guia Annotate: Dimension ISO-25, Dimensions)*
⌨	dimstyle

A caixa de diálogo *Dimension Style Manager* cria e modifica os estilos de dimensão. Essa caixa apresenta várias opções para configurar o estilo de dimensão.

A opção *New* ativa a caixa de diálogo *Create New Dimension Style*.

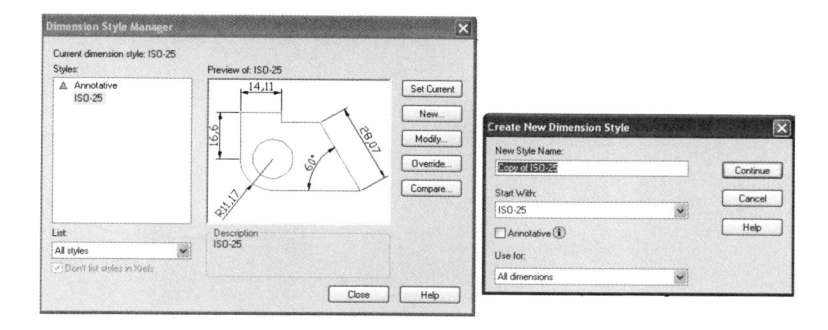

Depois de digitar o nome para o novo estilo, clique em *Continue* para ativar a caixa de diálogo *Dimension Style*.

> A opção *Override* modifica um estilo existente sem alterar as cotas já inseridas.

Marcador Lines

O marcador *Lines* controla o formato e as propriedades das linhas de cota e linhas de extensão.

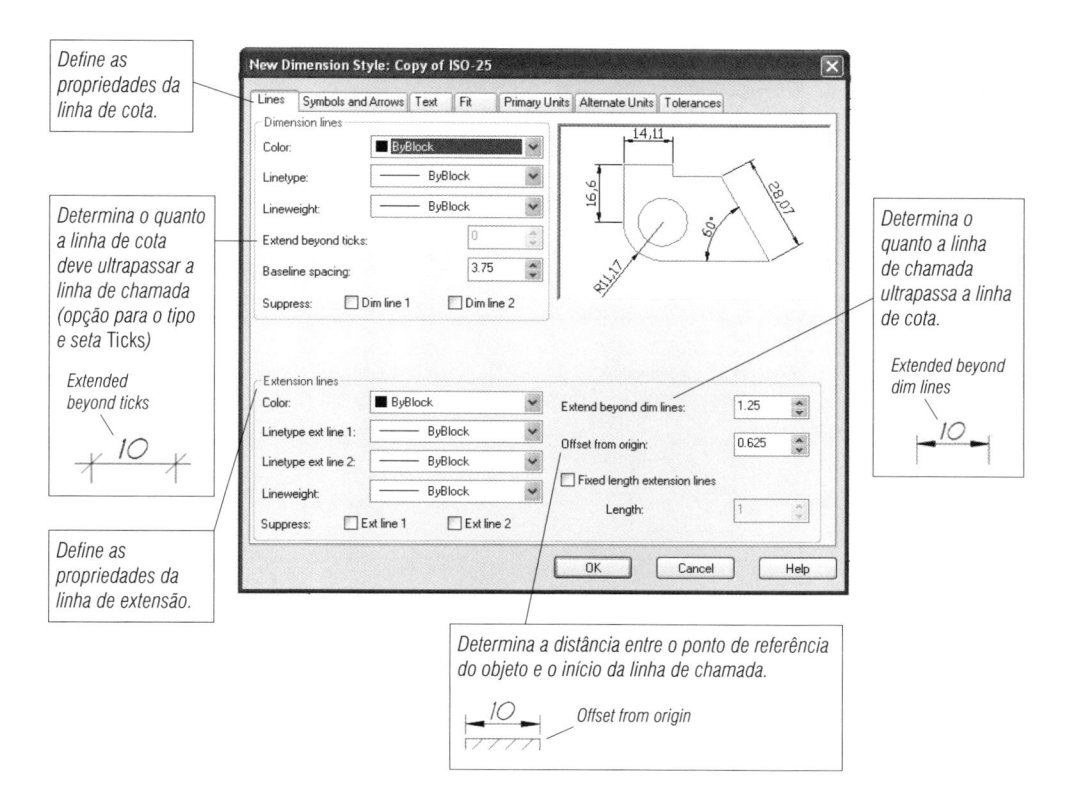

Define as propriedades da linha de cota.

Determina o quanto a linha de cota deve ultrapassar a linha de chamada (opção para o tipo e seta Ticks)

Extended beyond ticks

Define as propriedades da linha de extensão.

Determina o quanto a linha de chamada ultrapassa a linha de cota.

Extended beyond dim lines

Determina a distância entre o ponto de referência do objeto e o início da linha de chamada.

Offset from origin

242 – AUTOCAD 2011

> As opções *Suppress* determinam o estilo das cotas internas.

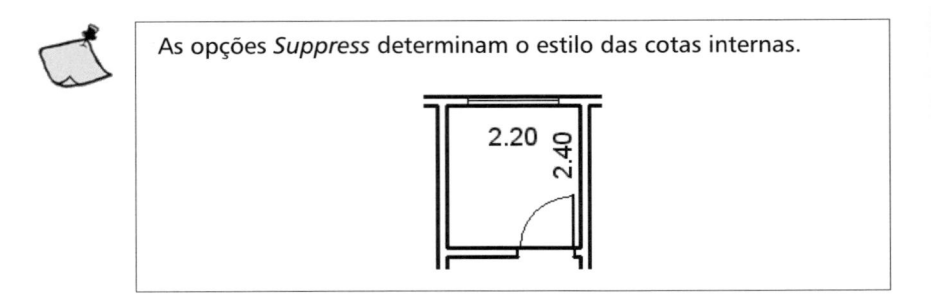

Marcador Symbols and Arrows

O marcador *Symbols and Arrows* controla o formato de setas, marcas de centro e símbolos de comprimento de arco.

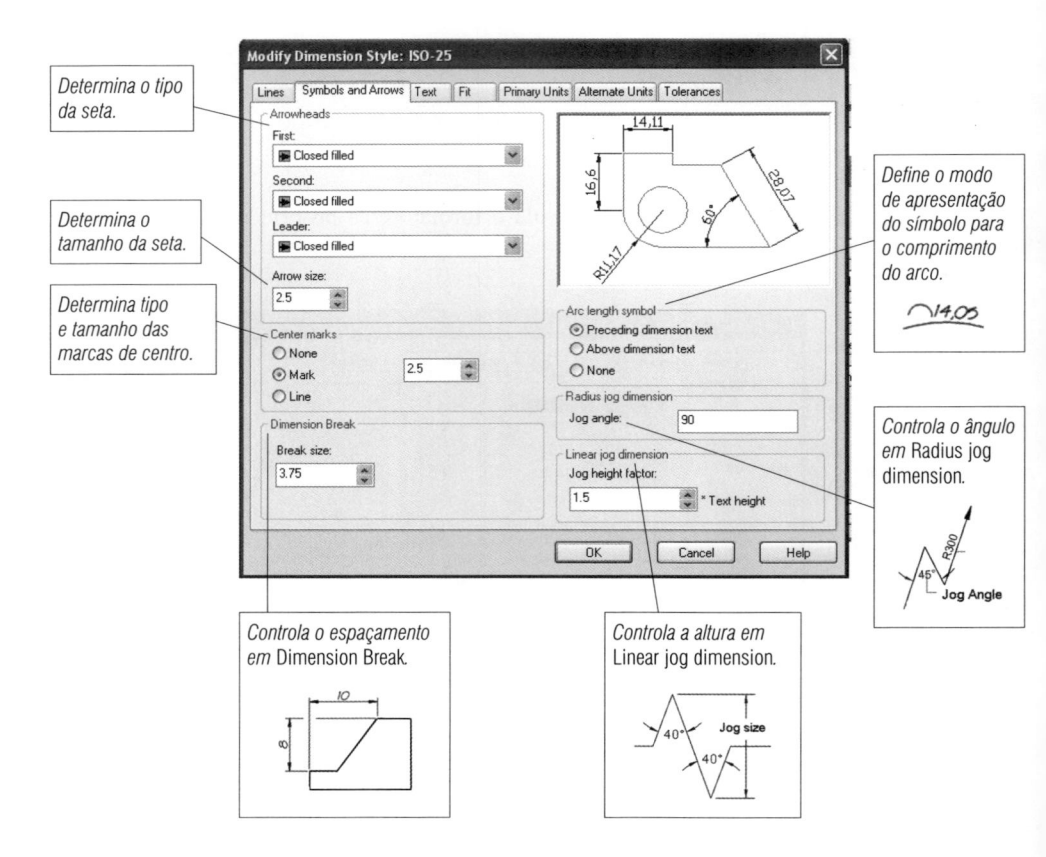

Determina o tipo da seta.

Determina o tamanho da seta.

Determina tipo e tamanho das marcas de centro.

Define o modo de apresentação do símbolo para o comprimento do arco.

Controla o ângulo em Radius jog dimension.

Controla o espaçamento em Dimension Break.

Controla a altura em Linear jog dimension.

Trabalhando com cotas

Marcador Text

O marcador *Text* controla estilo, altura, alinhamento e posição do texto.

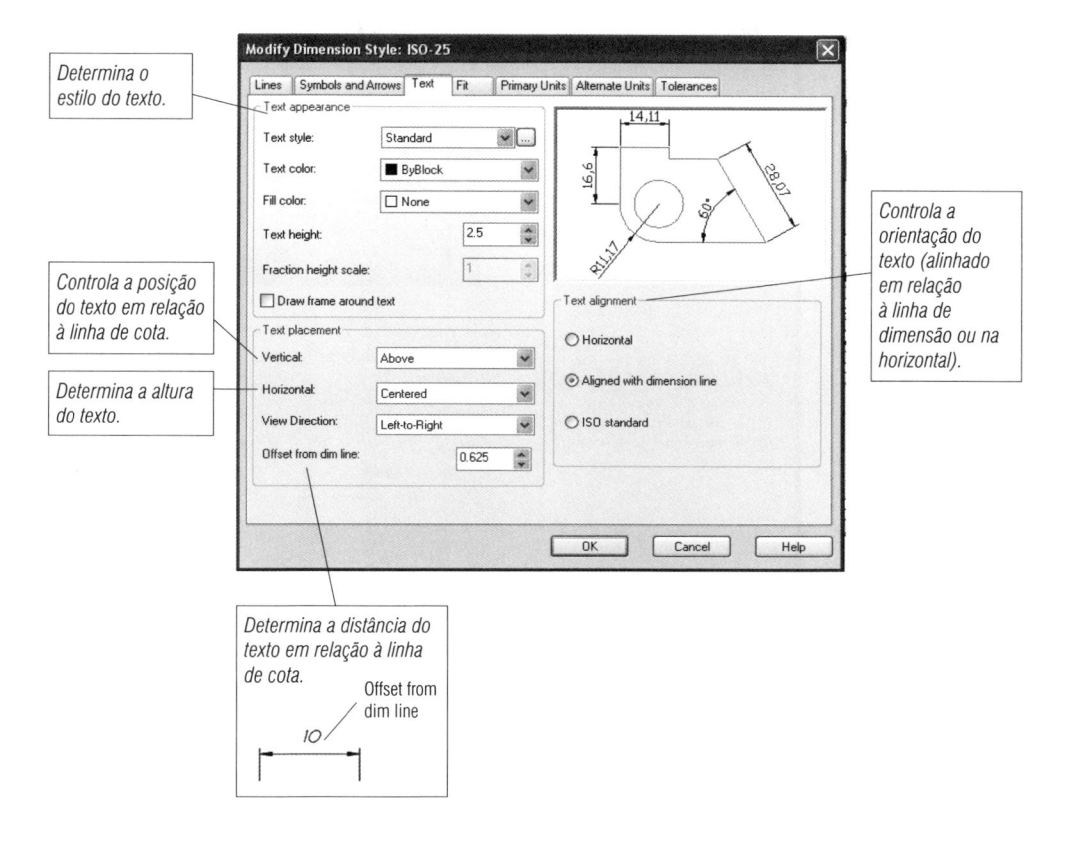

Determina o estilo do texto.

Controla a posição do texto em relação à linha de cota.

Determina a altura do texto.

Controla a orientação do texto (alinhado em relação à linha de dimensão ou na horizontal).

Determina a distância do texto em relação à linha de cota.
Offset from dim line

Marcador Fit

O marcador *Fit* controla o posicionamento do texto e da seta.

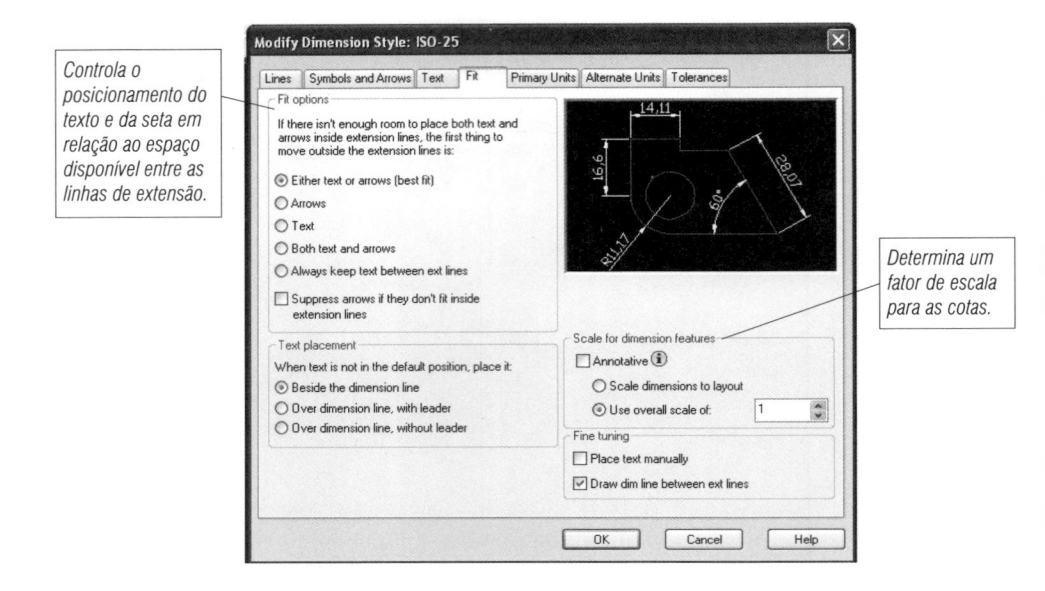

Controla o posicionamento do texto e da seta em relação ao espaço disponível entre as linhas de extensão.

Determina um fator de escala para as cotas.

Marcador Primary Units

O marcador *Primary Units* controla o formato e a precisão das unidades de medida.

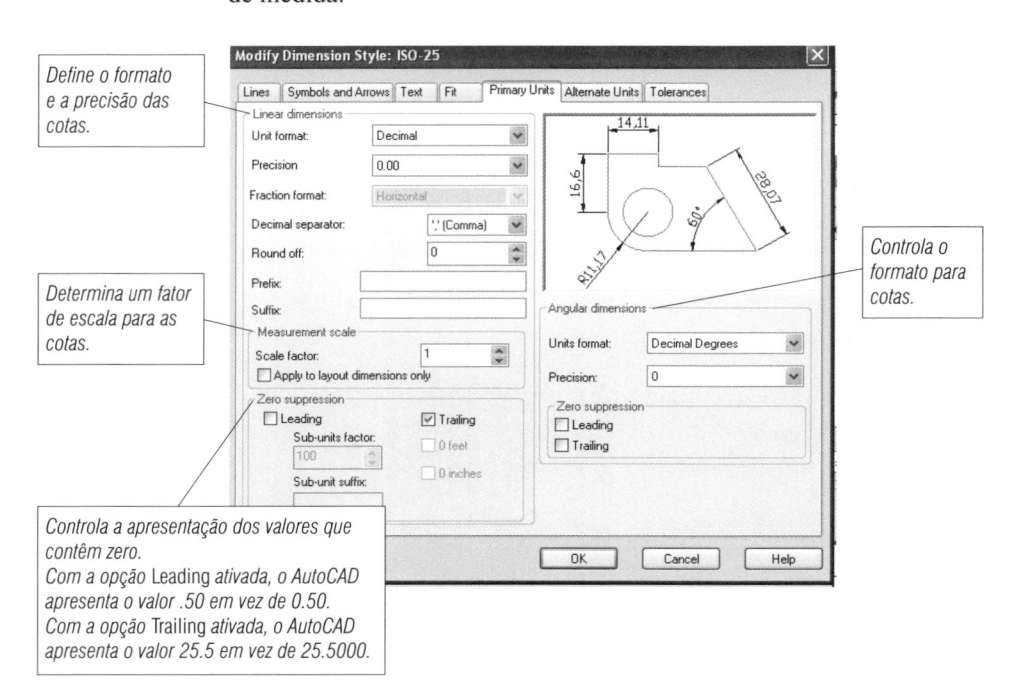

Define o formato e a precisão das cotas.

Determina um fator de escala para as cotas.

Controla o formato para cotas.

Controla a apresentação dos valores que contêm zero.
Com a opção Leading ativada, o AutoCAD apresenta o valor .50 em vez de 0.50.
Com a opção Trailing ativada, o AutoCAD apresenta o valor 25.5 em vez de 25.5000.

Marcador Alternate Units

O marcador *Alternate Units* controla a apresentação de unidades de medida alternativas nas cotas, determinando formato e precisão.

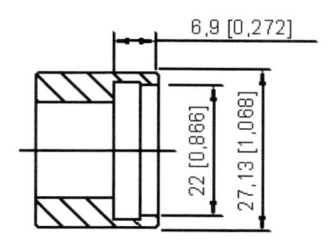

Exemplo de cota com Alternate Units.

Controla o formato e a precisão da unidade alternativa, o uso de prefixo ou sufixo e o modo de apresentação do zero na cota.

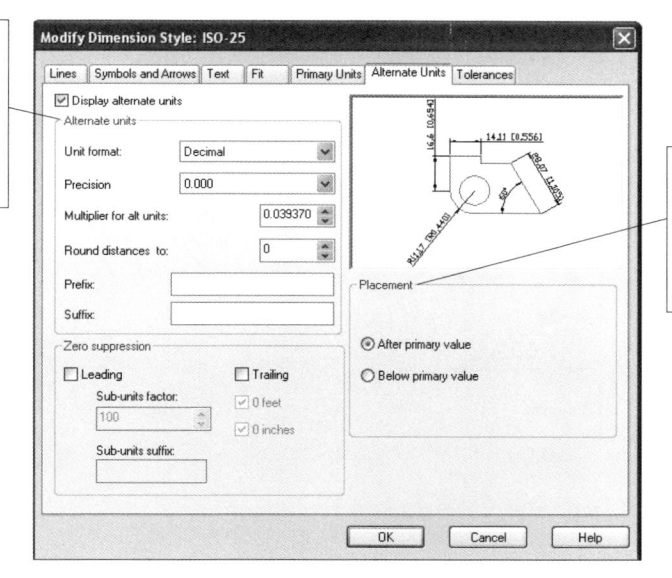

Controla o posicionamento da cota alternativa em relação à cota primária.

Marcador Tolerances

O marcador *Tolerances* controla o formato dos símbolos de tolerância.

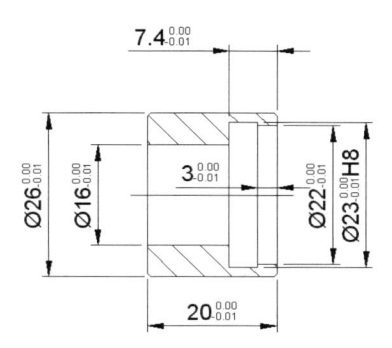

Exemplo de cota com tolerância.

Controla o formato da tolerância.

Symmetrical:
```
    ±0,15
 10,00
```

Deviation:
```
       +0,15
        -0,10
 10,00
```

Limits:
```
 10,15
  9,90
```

Basic:
```
 10,15
```

Controla a posição da tolerância.

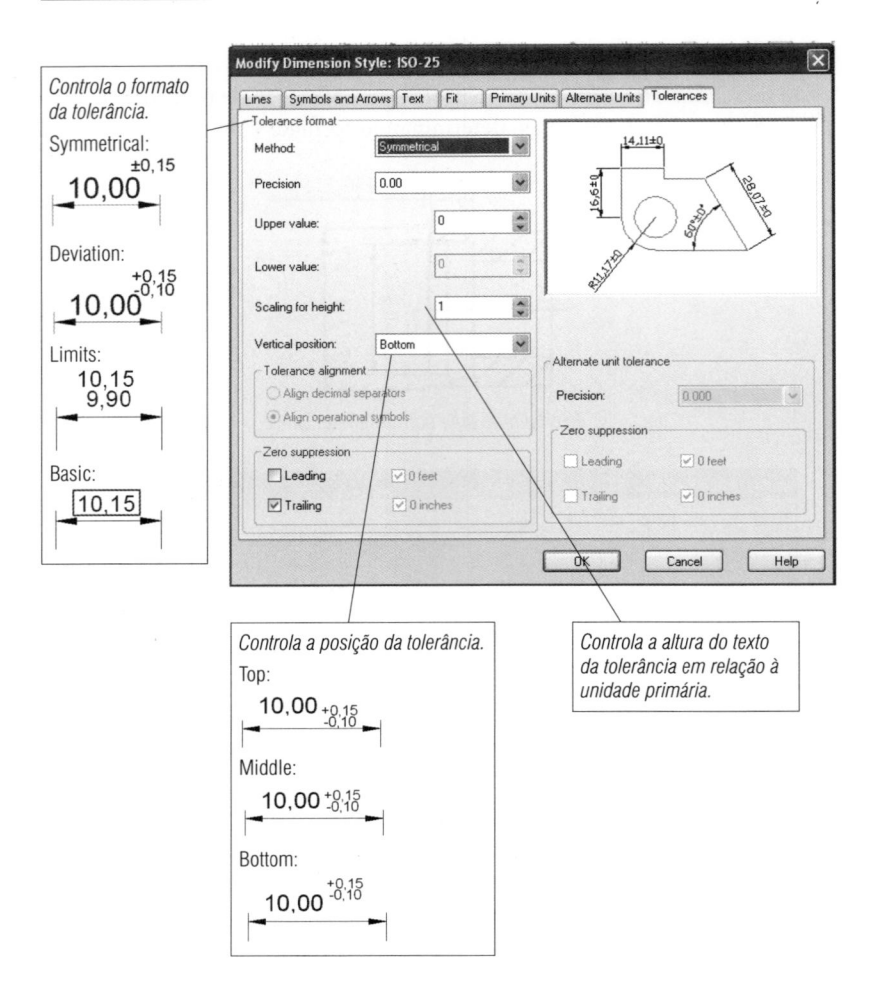

Top:
```
 10,00 +0,15
        -0,10
```

Middle:
```
 10,00 +0,15
        -0,10
```

Bottom:
```
        +0,15
 10,00  -0,10
```

Controla a altura do texto da tolerância em relação à unidade primária.

- Um arquivo com formato de unidade *Imperial* apresenta o estilo de dimensão padrão *Standard* com os valores configurados em polegadas.
- Um arquivo com formato de unidade *Metric* apresenta o estilo de dimensão padrão *ISO-25* com os valores configurados em milímetros.

Comando *Dimension Linear*

O comando *Dimension Linear* cria cotas verticais e horizontais.

Nome do comando	Dimension Linear
Menu	Dimension/Linear

(cont.)

Barra de ferramentas	Dimensions
Ribbon	
⌨	dimlinear

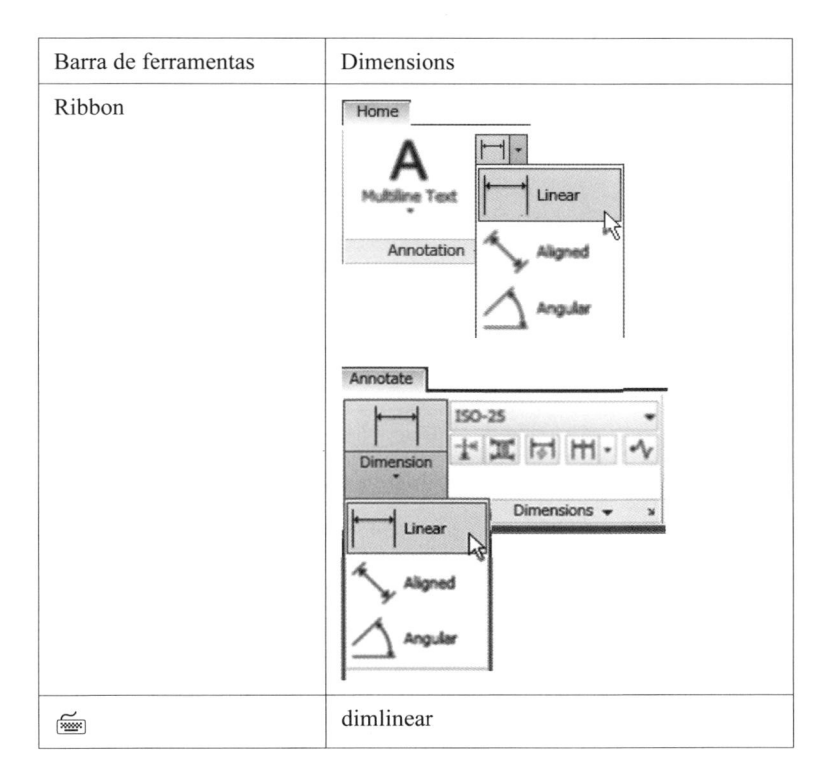

Na linha de comando, será exibida a sequência:

Mensagens na linha de comando ou pela *Dynamic Input*	Procedimentos para a execução do comando	Exemplo
Command: Dimlinear	Ative o comando.	
Specify first extension line origin or <select object>	Pressione ↵ para selecionar o objeto ou especifique o primeiro ponto (P1).	
Specify second extension line origin	Especifique o segundo ponto (P2).	
Specify dimension line location or	Especifique o terceiro ponto (P3) para determinar a localização da cota.	

Trabalhando com cotas

As opções do comando *Dimension Linear* são:

Opção	Descrição
Mtext	Edita o texto com o auxílio da janela *MText*.
Text	Edita o texto com o auxílio de *Single Line Text*.
Angle	Altera o ângulo de inclinação do texto.
Horizontal	Determina a cota na direção horizontal.
Vertical	Determina a cota na direção vertical.
Rotate	Cria a cota na direção de um ângulo determinado.

Comando *Dimension Aligned*

O comando *Dimension Aligned* cria uma cota alinhada a um objeto ou aos dois pontos determinados.

Nome do comando	Dimension Aligned
Menu	Dimension/Aligned
Barra de ferramentas	Dimensions
Ribbon	
	dimaligned

Na linha de comando, será exibida a sequência:

Mensagens na linha de comando ou pela *Dynamic Input*	Procedimentos para a execução do comando	Exemplo
Command: Dimaligned	Ative o comando.	
Specify first extension line origin or <select object>	Pressione ↵ para selecionar o objeto ou especifique o primeiro ponto (P1).	
Specify second extension line origin	Especifique o segundo ponto (P2).	
Specify dimension line location or	Especifique o terceiro ponto (P3) para determinar a localização da cota.	

Atividade 1 – Inserindo cotas lineares e alinhadas

Objetivo: • Trabalhar com os comandos *Dimension Linear* e *Dimension Aligned*.

Tarefa: • Inserir cotas no desenho.

Esta atividade apresenta os passos para cotar um desenho com os comandos *Dimension Linear* e *Dimension Aligned*.

Arquivos para acompanhar a atividade:

📁 **Desenho: cotas.dwg**

   Ajuda: cotas mleader.pdf

Comando *Dimension Arc Lenght*

O comando *Dimension Arc Length* cria uma cota do comprimento do arco ou um segmento de arco de uma polyline.

Nome do comando	Dimension Arc Length
Menu	Dimension/Arc Length
Barra de ferramentas	Dimensions

(cont.)

Ribbon	(Home: Multiline Text, Arc Length, Radius, Diameter — Annotation) (Annotate: Dimension, Arc Length, Dimensions)
⌨	Dimarc

Na linha de comando, será exibida a sequência:

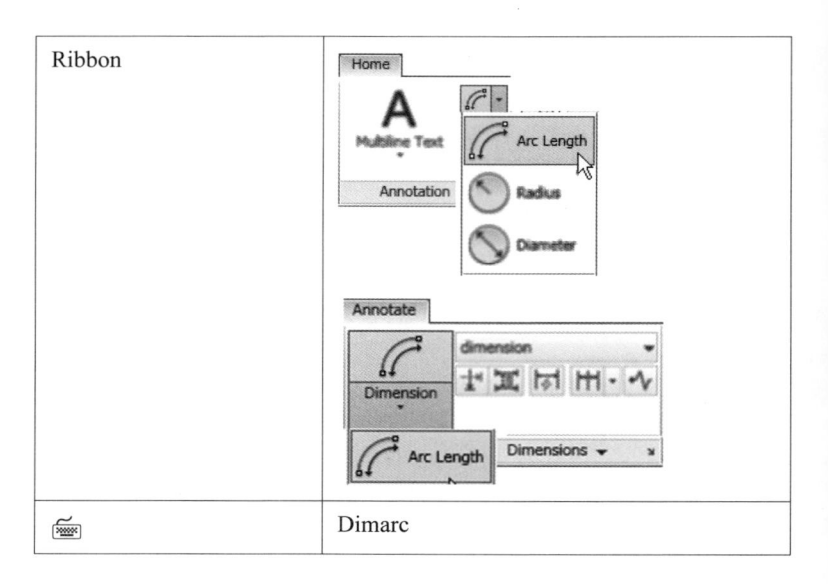

Mensagens na linha de comando ou pela *Dynamic Input*	Procedimentos para a execução do comando	Exemplo
Command: Dimarc	Ative o comando.	0,2
Select arc or polyline arc segment	Selecione o arco.	
Specify arc length dimension location	Especifique um ponto para determinar a localização da cota.	

As opções do comando *Dimension Arc Length* são:

Opção	Descrição
Partial	Cria uma cota parcial em relação ao arco. Para isso, é necessário especificar o ponto inicial e o ponto final.
Leader	Insere uma linha-guia (apontando para o centro do arco) na cota. Essa opção estará disponível apenas quando o arco apresentar um ângulo maior do que 90°.

Comando *Dimension Radius*

O comando *Dimension Radius* cria cotas radiais para círculos e arcos.

Nome do comando	Dimension Radius
Menu	Dimension/Radius
Barra de ferramentas	Dimensions
Ribbon	
	dimradius

Na linha de comando, será exibida a sequência:

Mensagens na linha de comando ou pela *Dynamic Input*	Procedimentos para a execução do comando	Exemplo
Command: Dimradius	Ative o comando.	
Select arc or circle	Selecione o arco ou o círculo.	
Specify dimension location	Especifique um ponto para determinar a localização da cota.	

Comando *Dimension Diameter*

O comando *Dimension Diameter* cria uma cota (com símbolo de diâmetro) para círculos.

Nome do comando	Dimension Diameter
Menu	Dimension/Diameter
Barra de ferramentas	Dimensions

(cont.)

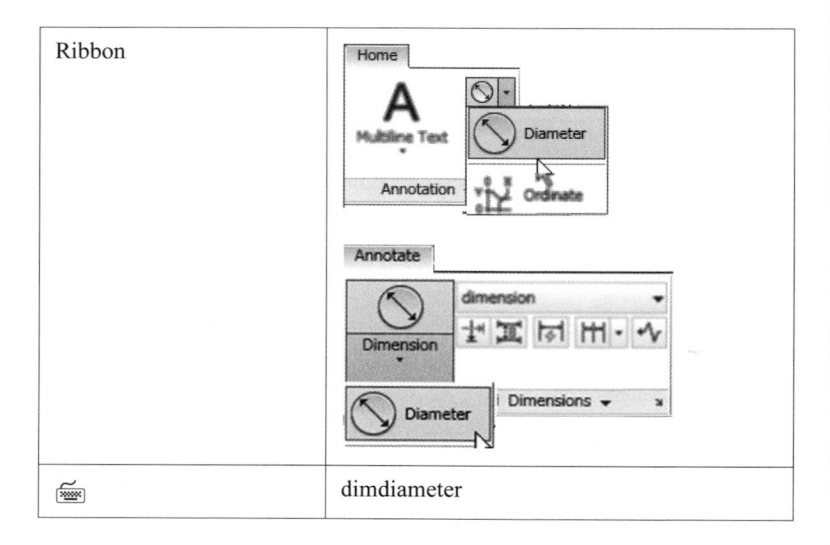

Ribbon	
⌨	dimdiameter

Na linha de comando, será exibida a sequência:

Mensagens na linha de comando ou pela *Dynamic Input*	Procedimentos para a execução do comando	Exemplo
Command: Dimdiameter	Ative o comando.	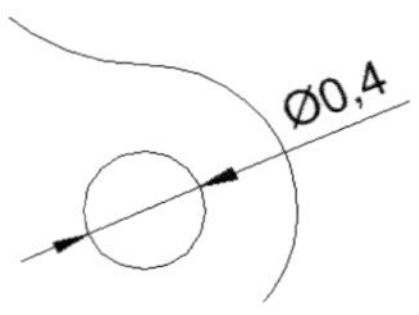
Select arc or circle	Selecione o arco ou o círculo.	
Specify dimension location	Especifique um ponto para determinar a localização da cota.	

Comando *Dimension Jogged*

O comando *Dimension Jogged* cria uma cota para arcos com raio cujo centro está a uma determinada distância.

Nome do comando	Dimension Jogged
Menu	Dimension/Jogged
Barra de ferramentas	Dimensions

(cont.)

Ribbon	
⌨	dimjogged

Na linha de comando, será exibida a sequência:

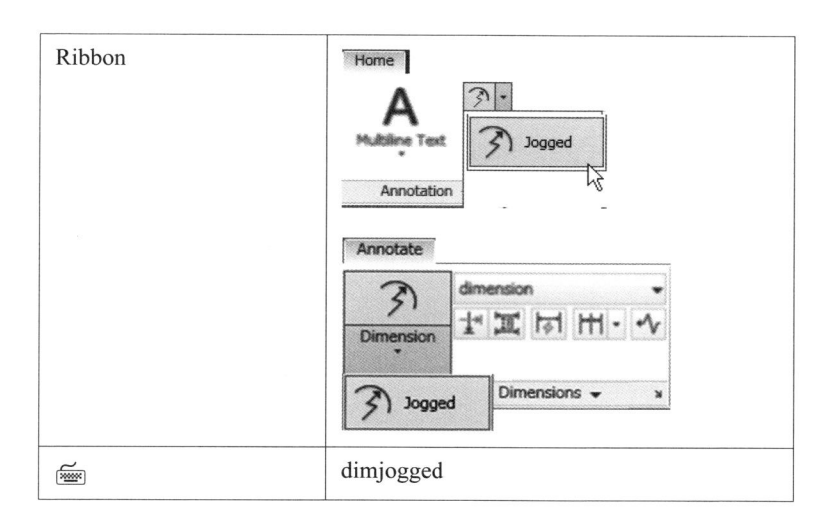

Mensagens na linha de comando ou pela *Dynamic Input*	Procedimentos para a execução do comando	Exemplo
Command: Dimjogged	Ative o comando.	
Select arc or circle	Selecione o arco ou o círculo (P1).	R4,9
Specify center location override	Especifique um ponto para determinar um novo centro (P2).	
Specify dimension location	Especifique um ponto para determinar a linha de dimensão (P3).	
Specify jog location	Especifique um ponto que indica a posição do símbolo de quebra (zigue-zague – P4).	

Atividade 2 – Inserindo cotas

Objetivo: • Trabalhar com os comandos *Dimension Arc Length*, *Dimension Diameter*, *Dimension Radius* e *Dimension Jogged*.

Tarefa: • Inserir cotas.

Esta atividade apresenta os passos para cotar com os comandos *Dimension Arc Length*, *Dimension Diameter*, *Dimension Radius* e *Dimension Jogged*.

Arquivos para acompanhar a atividade:

📁 **Desenho: cotas.dwg**

Ajuda: cotas mleader.pdf

Comando *Dimension Angular*

O comando *Dimension Angular* cria cotas que medem ângulos entre duas linhas, dois pontos em um círculo, bem como o ângulo de um arco ou entre três pontos.

Nome do comando	Dimension Angular
Menu	Dimension/Angular
Barra de ferramentas	Dimensions
Ribbon	
⌨	dimangular

Na linha de comando, será exibida a sequência:

Mensagens na linha de comando ou pela *Dynamic Input*	Procedimentos para a execução do comando	Exemplo
Command: Dimangular	Ative o comando.	120°
Select arc or circle	Selecione uma linha, um arco ou círculo (P1).	
Select second line	Selecione a segunda linha (P2).	
Specify dimension arc line location	Especifique um ponto para determinar a localização (P3).	

A opção do comando *Dimension Angular* é:

Opção	Descrição
Quadrant	Especifica a posição do texto. A linha de dimensão se estende além da linha de extensão e o texto é posicionado no lado externo da dimensão angular.

Atividade 3 – Inserindo cota angular

Objetivo: • Trabalhar com o comando *Dimension Angular*.

Tarefa: • Inserir cotas.

Esta atividade apresenta os passos para cotar com o comando *Dimension Angular*.

Arquivos para acompanhar a atividade:

Desenho: cotas.dwg

Ajuda: cotas mleader.pdf

Comando *Dimension Continue*

O comando *Dimension Continue* cria cotas em série e alinhadas. É necessário que exista uma dimensão linear no objeto antes de iniciar o comando.

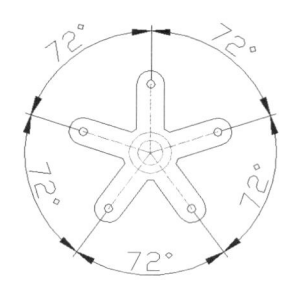

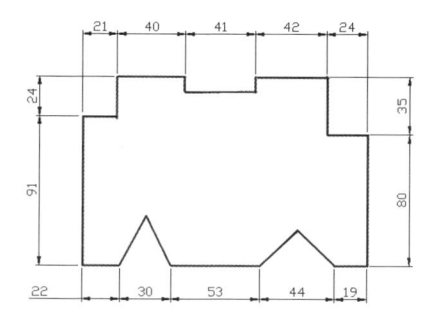

Exemplos de cotas contínuas.

Nome do comando	Dimension Continue
Menu	Dimension/Continue
Barra de ferramentas	Dimensions
Ribbon	
⌨	dimcontinue

Na linha de comando, será exibida a sequência:

Mensagens na linha de comando ou pela *Dynamic Input*	Procedimentos para a execução do comando	Exemplo
Command: Dimcontinue	Ative o comando.	
Specify a second extension line origin	Se uma dimensão já estiver inserida, especifique um ponto (P1) para criar a nova cota.	
Specify second extension line origin	Especifique um novo ponto (P2) para criar a próxima cota. Para finalizar, pressione ↵ ou a tecla *ESC*.	

Atividade 4 – Inserindo cota contínua

Objetivo: • Trabalhar com o comando *Dimension Continue*.

Tarefa: • Inserir cotas.

Esta atividade apresenta os passos para cotar com o comando *Dimension Continue*.

Arquivos para acompanhar a atividade:

Desenho: cotas.dwg

Ajuda: cotas mleader.pdf

Comando *Dimension Baseline*

O comando *Dimension Baseline* cria cotas medidas a partir de uma origem. É necessário que exista uma dimensão linear no objeto antes de iniciar o comando.

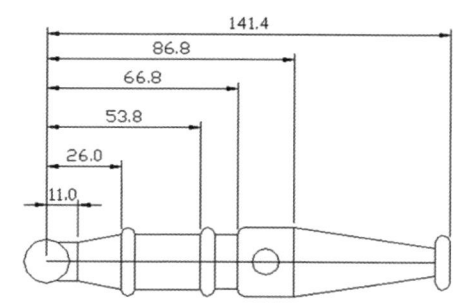

Nome do comando	Dimension Baseline
Menu	Dimension/Baseline
Barra de ferramentas	Dimensions
Ribbon	Annotate
	dimbaseline

Na linha de comando, será exibida a sequência:

Mensagens na linha de comando ou pela *Dynamic Input*	Procedimentos para a execução do comando	Exemplo
Command: Dimbaseline	Ative o comando.	
Specify a second extension line origin	Se uma dimensão já está inserida, especifique um ponto (P1) para criar a nova cota.	7,5 12,8 22,5 32,5
Specify second extension line origin	Especifique um novo ponto (P2) para criar a próxima cota. Para finalizar, pressione ↵ ou a tecla *ESC*.	

> A opção *Baseline spacing*, no marcador *Lines*, em *Dimension Style*, configura o espaçamento entre as cotas.
>
> Dimension Style:
> Lines
> Dimension lines
> Baseline spacing: 7.0000

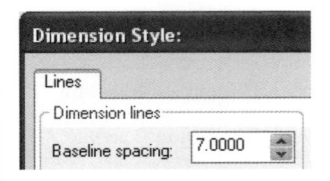

Atividade 5 – Inserindo cota baseline

Objetivo: • Trabalhar com o comando *Dimension Baseline*.

Tarefa: • Inserir cotas.

Esta atividade apresenta os passos para cotar com o comando *Dimension Baseline*.

Arquivos para acompanhar a atividade:

📁 **Desenho: cotas.dwg**
   Ajuda: cotas mleader.pdf

Comando *Dimension Ordinate*

O comando *Dimension Ordinate* cria cotas ordenadas e adota como origem o UCS corrente.

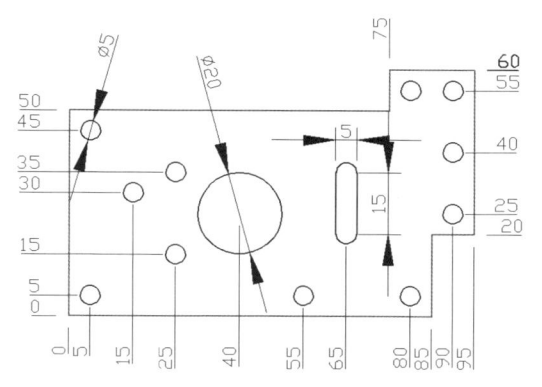

Exemplo de cota ordenada.

Nome do comando	Dimension Ordinate
Menu	Dimension/Ordinate
Barra de ferramentas	Dimensions
Ribbon	*(Home > Annotation > Ordinate)*
⌨	dimordinate

Na linha de comando, será exibida a sequência:

Mensagens na linha de comando ou pela *Dynamic Input*	Procedimentos para a execução do comando	Exemplo
Command: Dimordinate	Ative o comando.	15,1 / 9,0 / 0,0 / 0,0 7,5 12,8 22,5
Specify feature location	Especifique um ponto (P1) que indicará o início da cota.	
Specify leader endpoint	Especifique o próximo ponto (P2) que indicará o final da cota.	

Comando *Quick Dimension*

O comando *Quick Dimension* cria e edita uma série de cotas.

Nome do comando	Quick Dimension
Menu	Dimension/Quick Dimension
Barra de ferramentas	Dimensions
Ribbon	Annotate → Dimensions
⌨	qdim

Na linha de comando, será exibida a sequência:

Mensagens na linha de comando ou pela *Dynamic Input*	Procedimentos para a execução do comando
Command: Qdim	Ative o comando.
Select geometry to dimension	Selecione os objetos a serem dimensionados.
Specify dimension line	Especifique a posição da cota.

As opções do comando *Quick Dimension* são:

Opção	Descrição
Continuous	Cria uma série de cotas contínuas.
Staggered	Cria uma série de cotas não contínuas.
Baseline	Cria uma série de cotas por linha de base.
Ordinate	Cria uma série de cotas ordenadas.
Radius/ Diameter	Insere cotas em vários círculos e arcos de uma única vez.
Datum Point	Determina um ponto de referência (útil para as opções *Baseline* e *Ordinate*).
Edit	Edita uma série de cotas.

Atividade 6 – Criando cotas ordenadas com o comando *Quick Dimension*

Objetivo: • Criar cotas ordenadas com o comando *Quick Dimension*.

Tarefa: • Utilizar o comando *Quick Dimension*.

Esta atividade apresenta os passos para criar cotas ordenadas com o comando *Quick Dimension*.

Arquivos para acompanhar a atividade:

Desenho: qdim.dwg

Ajuda: cotas mleader.pdf

Comando *Dimension Space*

O comando *Dimension Space* ajusta a distância entre cotas paralelas e cotas angulares.

Nome do comando	Dimension Space
Menu	Dimension/Dimension Space
Barra de ferramentas	Dimensions
Ribbon	Annotate
	dimspace

Na linha de comando, será exibida a sequência:

Mensagens na linha de comando ou pela *Dynamic Input*	Procedimentos para a execução do comando	Exemplo
Command: Dimspace	Ative o comando.	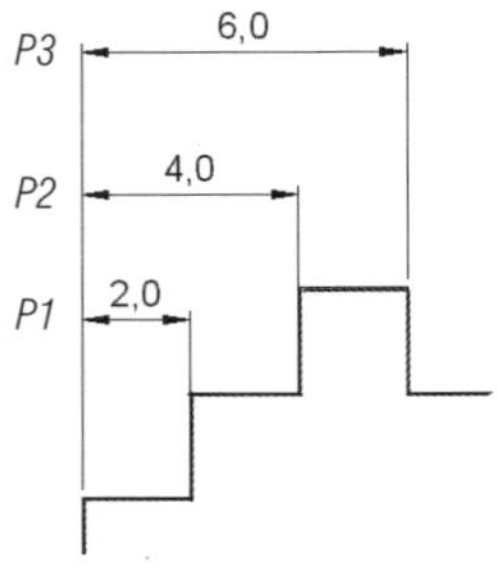
Select base dimension	Selecione a cota que será a referência para as outras cotas (P1).	
Select dimensions to space	Selecione as outras cotas (P2 e P3). Para finalizar, pressione ↵.	
Enter Value	Digite um valor para o espaçamento entre as cotas e pressione ↵.	
Os espaçamentos entre as cotas ficam iguais.		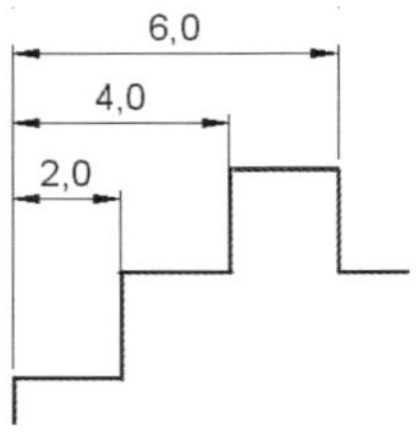

A opção do comando *Dimension Space* é:

Opção	Descrição
Auto	O valor do espaçamento é duas vezes a altura do texto especificado em *Dimension Style*.

Determinando-se o valor 0 para o espaçamento, todas as cotas selecionadas ficarão alinhadas.

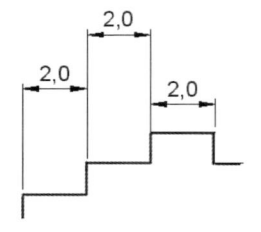

Cotas antes do comando Dmspace. 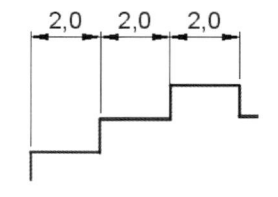   *Cotas após o comando* Dmspace.

Comando *Dimension Break*

O comando *Dimension Break* adiciona ou insere uma quebra na cota.

Nome do comando	Dimension Break
Menu	Dimension/Dimension Break
Barra de ferramentas	Dimensions
Ribbon	
⌨	dimbreak

Na linha de comando, será exibida a sequência:

Mensagens na linha de comando ou pela *Dynamic Input*	Procedimentos para a execução do comando	Exemplo
Command: Dimbreak	Ative o comando.	
Select a dimension	Selecione a cota que será quebrada (P1).	
Select object to break dimension	Selecione um objeto que intersecciona a cota (P2).	
O comando irá inserir a quebra.		

As opções do comando *Dimension Break* são:

Opção	Descrição
Multiple	Seleciona várias cotas.
Restore	Remove as quebras inseridas.
Manual	Insere uma quebra especificando dois pontos.

> A opção *Dimension Break*, no marcador *Symbols and Arrows*, em *Dimension Style*, configura o espaçamento da quebra.
>
> **Dimension Style:**
> Symbols and Arrows
> Dimension Break
> Break size:
> 3.7500

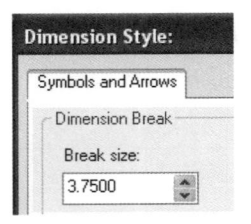

Comando *Dimension Jogged Line*

O comando *Dimension Jogged Line* insere ou remove o símbolo de ruptura na cota.

Nome do comando	Dimension Jogged Line
Menu	Dimension/Jogged Linear
Barra de ferramentas	Dimensions
Ribbon	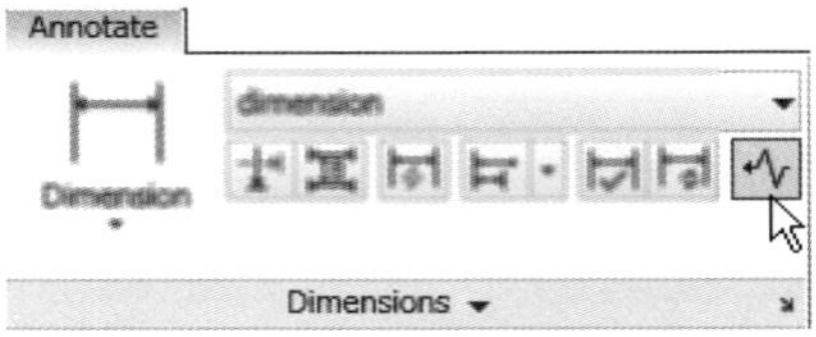 Annotate / Dimension / Dimensions
⌨	dimjogline

Na linha de comando, será exibida a sequência:

Mensagens na linha de comando ou pela *Dynamic Input*	Procedimentos para a execução do comando	Exemplo
Command: Dimjogline	Ative o comando.	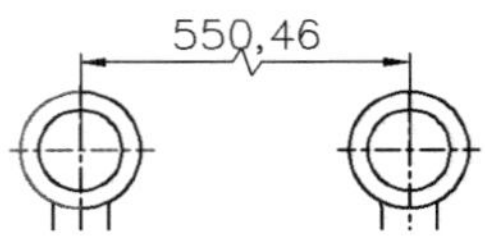 550,46
Select a dimension	Selecione a cota e pressione ↵.	
Select object to break dimension	Selecione um objeto que intersecciona a cota.	

> A opção *Linear jog dimension*, no marcador *Symbols and Arrows*, em *Dimension Style*, configura a altura do símbolo de ruptura.

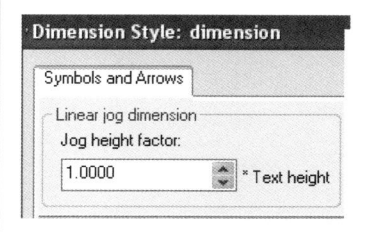

Comando *Dimension Inspection*

O comando *Dimension Inspection* adiciona ou remove o símbolo de inspeção na cota.

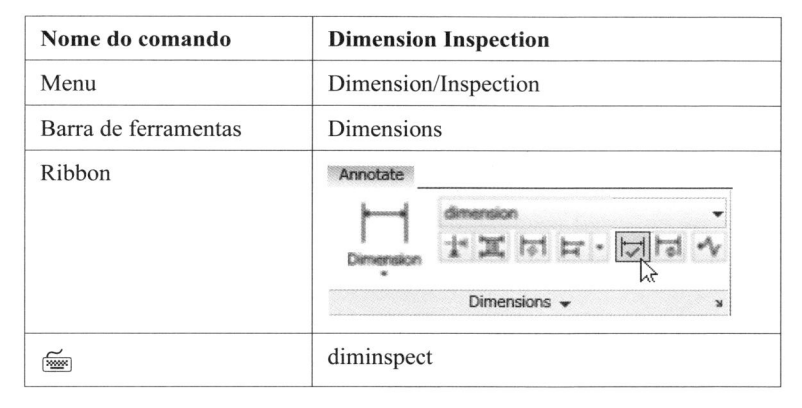

Nome do comando	Dimension Inspection
Menu	Dimension/Inspection
Barra de ferramentas	Dimensions
Ribbon	(Annotate / Dimensions)
⌨	diminspect

A caixa de diálogo *Inspection Dimension* configura o símbolo de inspeção.

Opção	Descrição
Select dimensions	Seleciona a cota na qual será inserido o símbolo. 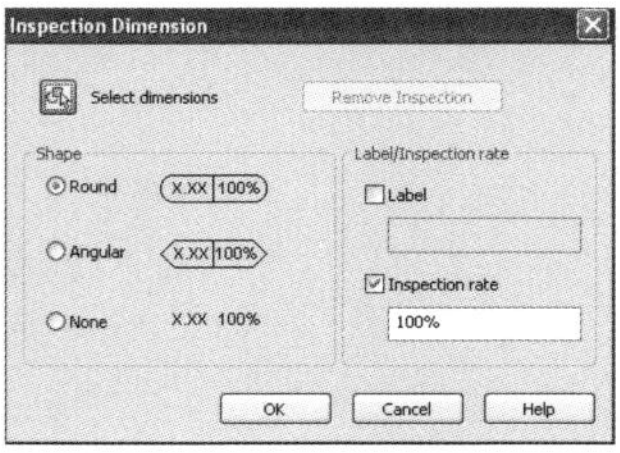
Remove inspection	Seleciona a cota da qual será removido o símbolo.
Shape	Controla a aparência do símbolo de inspeção: (A │ 15,84 │ 100%) ⟨ A │ 15,84 │ 100% ⟩ A 15,84 100%
Label/ Inspection rate	Insere os valores para o controle da inspeção.

Comando *Dimension Edit*

O comando *Dimension Edit* edita o texto da cota.

Nome do comando	Dimension Edit
Menu	Dimension/Oblique
Barra de ferramentas	Dimensions
Ribbon	
	dimedit

Na linha de comando, será exibida a sequência:

Mensagens na linha de comando ou pela *Dynamic Input*	Procedimentos para a execução do comando
Command: Dimedit	Ative o comando.
Enter type of dimension editing	Selecione a opção ou pressione ↵ para aceitar a opção *Home*.
Select objects	Selecione a cota.

As opções do comando *Dimension Edit* são:

Opção	Descrição
Home	Retorna o texto para a posição padrão.
New	Altera o texto com o auxílio do editor de texto *Mtext*.
Rotate	Rotaciona o texto.
Oblique	Determina uma direção angular para as linhas de extensão.

Antes da opção Oblique.   *Depois da opção* Oblique.

Comando *Dimension Align Text*

O comando *Dimension Align Text* altera a posição do texto.

Nome do comando	Dimension Align Text
Menu	Dimension/Aligned
Barra de ferramentas	Dimensions
Ribbon	
⌨	dimedit

Na linha de comando, será exibida a sequência:

Mensagens na linha de comando ou pela *Dynamic Input*	Procedimentos para a execução do comando
Command: Dimedit	Ative o comando.
Enter type of dimension editing	Selecione a cota 0.
Select objects	Especifique um ponto para posicionar o texto e selecione a opção do comando.

As opções do comando *Dimension Align Text* são:

Opção	Descrição
Left	Alinha o texto à esquerda.
Right	Alinha o texto à direita.
Center	Centraliza o texto.
Home	Retorna o texto para a posição padrão.
Angle	Altera a direção angular do texto.

Comando *Tolerance*

O comando *Tolerance* insere símbolos de tolerâncias geométricas que definem o acabamento e a precisão no desenho.

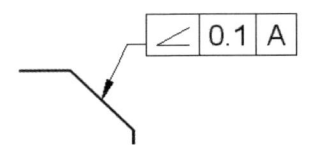

Nome do comando	Tolerance
Menu	Dimension/Tolerance
Barra de ferramentas	Dimensions
Ribbon	Annotate – Dimensions
(teclado)	tolerance

A caixa de diálogo *Geometric Tolerance* especifica os símbolos de tolerância geométrica e apresenta as opções:

Opção	Descrição
Symbol	Especifica um símbolo de característica geométrica:
Tolerance 1	Cria o primeiro valor de tolerância: • O primeiro campo insere o símbolo ∅; • O segundo campo determina o valor da tolerância; • O terceiro campo insere os símbolos de condições do material.

(cont.)

Tolerance 2	Cria o segundo valor de tolerância.
Datum 1	Cria a referência de dados primária.
Datum 2	Cria a referência de dados secundária.
Datum 3	Cria a referência de dados terciária.
Height	Cria a zona de tolerância projetada.
Projected Tolerance Zone	Insere o símbolo de zona de tolerância projetada.
Datum Identifier	Cria um símbolo de identificação de referência.

Comando *Dimension Center*

O comando *Dimension Center* cria marcas de centro em arcos e círculos.

Nome do comando	Dimension Center
Menu	Dimension/Center Mark
Barra de ferramentas	Dimensions
Ribbon	
	dimcenter

Na linha de comando, será exibida a sequência:

Mensagens na linha de comando ou pela *Dynamic Input*	Procedimentos para a execução do comando
Command: Dimcenter	Ative o comando.
Select arc, circle	Selecione o arco ou círculo.

A opção *Center marks*, no marcador *Symbols and Arrows*, em *Dimension Style*, configura a marca de centro.

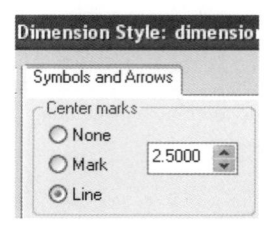

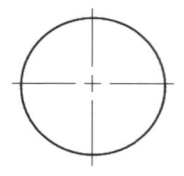

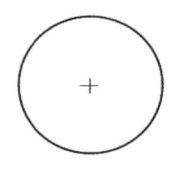

Center Mark = Line   Center Mark = Mark

- Ao se criar uma cota, por padrão, ela é associativa à geometria ou aos pontos selecionados. Se o tamanho geométrico for alterado, a dimensão será atualizada automaticamente.
- Crie um layer para gerar as cotas.
- A variável Dimassoc controla a associatividade das cotas no objeto:

  valor = 0: cria cotas explodidas, sem nenhuma associação entre os elementos;

  valor = 1: cria cotas não associativas;

  valor = 2: cria cotas associativas.

Trabalhando com leaders

Os leaders, ou itens de chamada, são formados por setas, linhas-guia e texto.

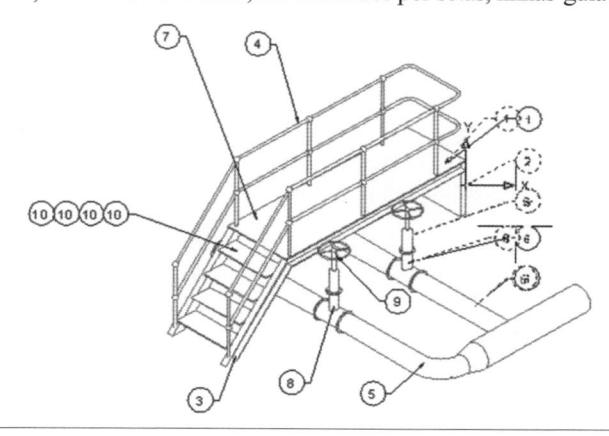

Comando *Multileader Style*

O comando *Multileader Style* cria e gerencia estilos de leaders.

Nome do comando	Multileader Style
Menu	Format/Multileader Style
Barra de ferramentas	Multileader Styles
Ribbon	
	mleaderstyle

Na caixa de diálogo *Multileader Style Manager*, pode-se criar ou modificar os estilos de leaders. A opção *New* ativa a caixa de diálogo *Create New Multileader Style*.

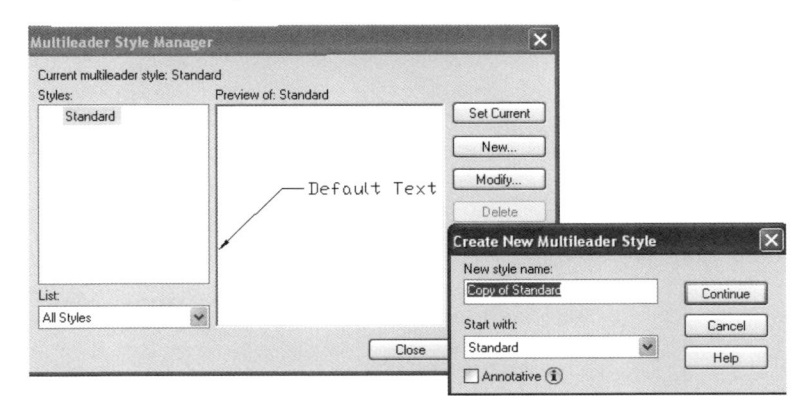

Depois de digitar o nome para o novo estilo, clique em *Continue* para ativar a caixa de diálogo *Create Multileader Style*.

Marcador *Leader Format*

Configura a aparência da seta.

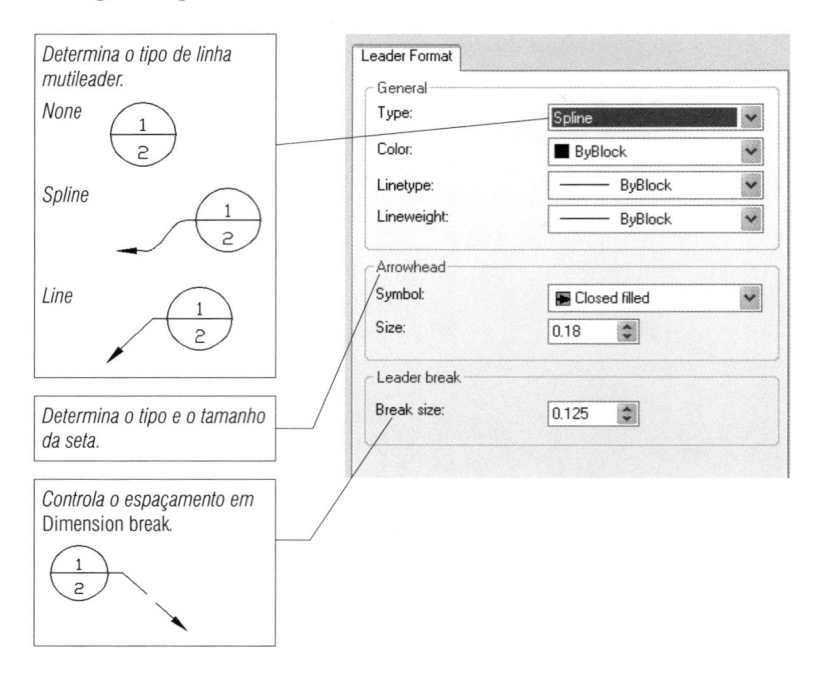

Determina o tipo de linha mutileader.
- None
- Spline
- Line

Leader Format

General
- Type: Spline
- Color: ByBlock
- Linetype: ByBlock
- Lineweight: ByBlock

Arrowhead
- Symbol: Closed filled
- Size: 0.18

Leader break
- Break size: 0.125

Determina o tipo e o tamanho da seta.

Controla o espaçamento em Dimension break.

Marcador *Leader Structure*

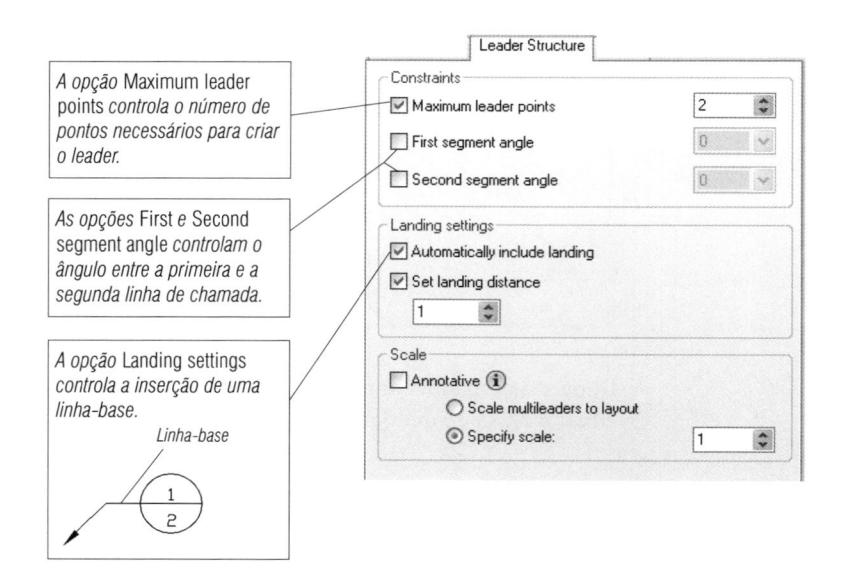

Leader Structure

Constraints
- ☑ Maximum leader points: 2
- ☐ First segment angle: 0
- ☐ Second segment angle: 0

Landing settings
- ☑ Automatically include landing
- ☑ Set landing distance: 1

Scale
- ☐ Annotative
  - ○ Scale multileaders to layout
  - ● Specify scale: 1

A opção Maximum leader points controla o número de pontos necessários para criar o leader.

As opções First e Second segment angle controlam o ângulo entre a primeira e a segunda linha de chamada.

A opção Landing settings controla a inserção de uma linha-base.

Linha-base

Marcador *Content*

Determina, em *Multileader type*, se o item será texto, bloco ou nenhum.

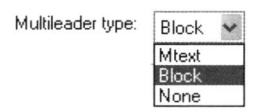

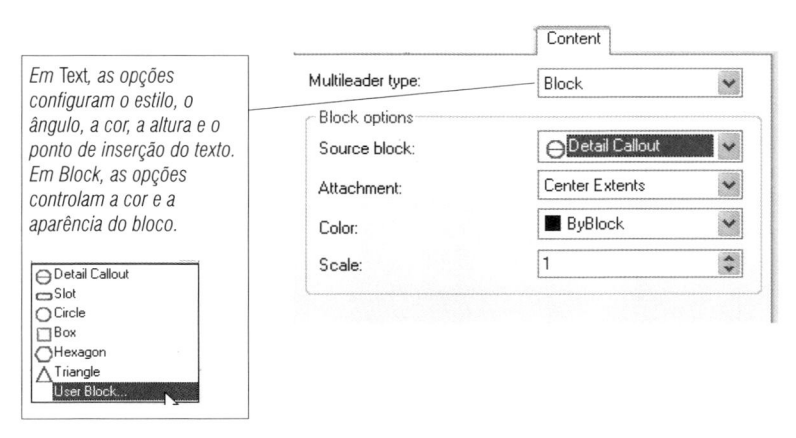

Em Text, as opções configuram o estilo, o ângulo, a cor, a altura e o ponto de inserção do texto. Em Block, as opções controlam a cor e a aparência do bloco.

Comando *Multileader*

O comando *Multileader* insere a linha de chamada no desenho.

Nome do comando	Multileader
Menu	Dimension/Multileader
Barra de ferramentas	Multileader
Ribbon	
	mleader

Na linha de comando, será exibida a sequência:

Mensagens na linha de comando ou pela *Dynamic Input*	Procedimentos para a execução do comando
Command: Mleader	Ative o comando.
Specify leader arrowhead location	Especifique o ponto de inserção do multileader. Quando um estilo de multileader for criado, o objeto será criado a partir desse estilo.

Comando *Multileader Edit*

O comando *Multileader Edit* adiciona ou remove a linha de chamada de um multileader.

Nome do comando	Multileader Edit
Barra de ferramentas	Multileader
Ribbon	
	mleaderedit

Na linha de comando, será exibida a sequência:

Mensagens na linha de comando ou pela *Dynamic Input*	Procedimentos para a execução do comando	Exemplo
Command: Mleaderedit	Ative o comando.	
Select a multileader	Selecione um multileader.	
Specify leader arrowhead location	Especifique um ponto para determinar a localização do novo multileader.	

Comando *Multileader Align*

O comando *Multileader Align* alinha vários multileaders.

Nome do comando	Multileader Align
Barra de ferramentas	Multileader
Ribbon	
	mleaderalign

Na linha de comando, será exibida a sequência:

Mensagens na linha de comando ou pela *Dynamic Input*	Procedimentos para a execução do comando	Exemplo
Command: Mleaderalign	Ative o comando.	
Select a multileader	Selecione um multileader.	
Select multileader to align	Selecione o multileader que será referência para o alinhamento.	

As opções do comando *Multileader Align* são:

Opção	Descrição
Distribute	Determina um espaçamento entre dois pontos específicos.
Make Leader Segments Parallel	Alinha os multileaders em relação à linha de chamada de outro multileader. *Antes do comando* Mleaderalign. *Depois do comando* Mleaderalign.
Specify Spacing	Determina um valor para o espaçamento entre os multileaders.

Comando *Multileader Collect*

O comando *Multileader Collect* agrupa vários multileaders em um uma única linha de chamada

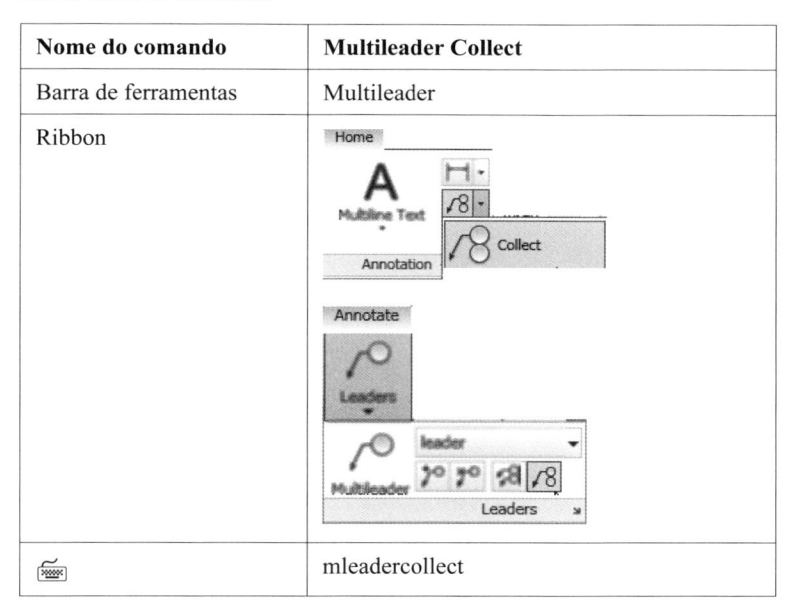

Nome do comando	Multileader Collect
Barra de ferramentas	Multileader
Ribbon	
⌨	mleadercollect

Na linha de comando, será exibida a sequência:

Mensagens na linha de comando ou pela *Dynamic Input*	Procedimentos para a execução do comando	Exemplo
Command: Mleadercollect	Ative o comando.	
Select a multileader	Selecione um multileader.	
Specify collected multileader location	Especifique a localização dos objetos.	

As opções do comando *Multileader Collect* são:

Opção	Descrição
Vertical	Determina um agrupamento na direção vertical. *Antes do comando* Mleadercollect. *Depois do comando* Mleadercollect.
Make Leader Segments Parallel	Determina um agrupamento na direção horizontal. *Antes do comando* Mleadercollect. *Depois do comando* Mleadercollect.
Wrap	Especifica uma distância entre os objetos do agrupamento.

Comando *Qleader*

O comando *Qleader* cria itens de chamada.

Nome do comando	Qleader
⌨	qleader

Na linha de comando, será exibida a sequência:

Mensagens na linha de comando ou pela *Dynamic Input*	Procedimentos para a execução do comando
Command: Qleader	Ative o comando.
Specify first leader point, or [settings]	Especifique o primeiro ponto ou determine a opção *Settings*.
Specify next point	Especifique o ponto seguinte.
Specify next point	Especifique o ponto seguinte ou pressione ↵.

Na caixa de diálogo *Settings*, pode-se configurar a aparência do qleader.

Marcador *Annotation*

Define o tipo de anotação para o qleader.

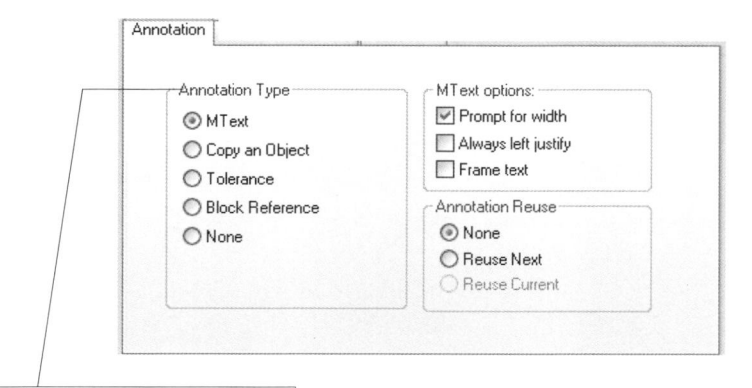

Annotation Type *apresenta as opções:*

Mtext: *cria uma anotação com o auxílio de Mtext;*

Copy an Object: *copia um texto, tolerâncias ou blocos e se conecta ao qleader;*

Tolerance: *insere o símbolo de tolerância com o auxílio da janela* Tolerance.

Block Reference: *insere um bloco no qleader.*

Marcador *Leader Line & Arrow*

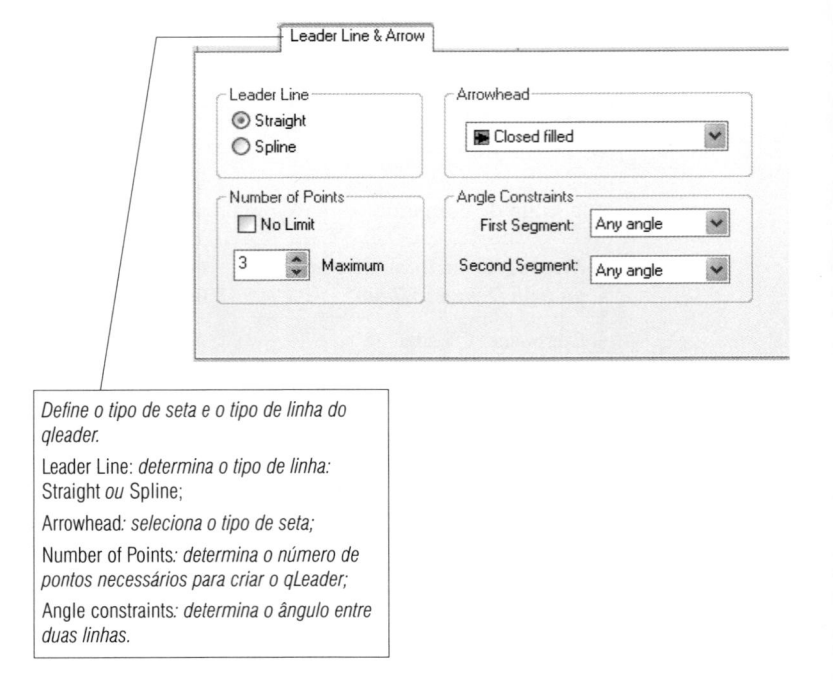

Define o tipo de seta e o tipo de linha do qleader.

Leader Line: *determina o tipo de linha:* Straight *ou* Spline;

Arrowhead: *seleciona o tipo de seta;*

Number of Points: *determina o número de pontos necessários para criar o qLeader;*

Angle constraints: *determina o ângulo entre duas linhas.*

Marcador *Attachment*

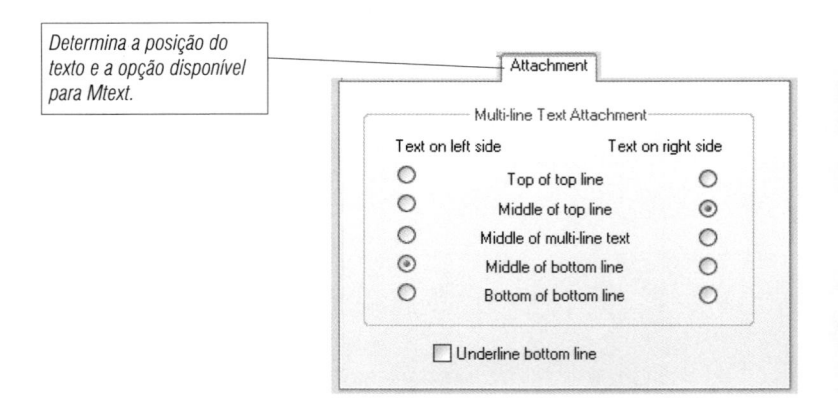

Determina a posição do texto e a opção disponível para Mtext.

Atividade 7 – Ajustando multileaders no desenho

Objetivo: • Trabalhar com multileaders.

Tarefa: • Ajustar multileaders no desenho.

Esta atividade apresenta os passos para ajustar os multileaders no desenho.

Arquivos para acompanhar a atividade:

📁 Desenho: mleaders.dwg

　　Ajuda: cotas mleader.pdf

Teste – Trabalhando com cotas

1. O tipo de dimensão apresentado na figura é:

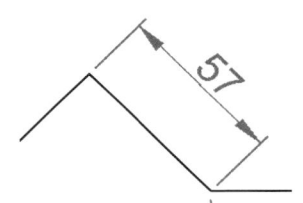

    a) Dimension Aligned

    b) Dimension Linear

    c) Dimension Continue

    d) Dimension Baseline

2. Qual das opções a seguir não é considerada um comando de dimensão no AutoCAD?

    a) *Dimension Circle*

    b) *Dimension Linear*

    c) *Dimension Continue*

    d) *Dimension Baseline*

3. O comando *Dimension Diameter* cria uma cota (com símbolo de diâmetro) em elipses.

    a) Falso

    b) Verdadeiro

4. O comando *Multileader Style* insere multileaders no desenho.

    a) Falso

    b) Verdadeiro

5. Um estilo de cota (*Dimension Style*) pode ser inserido em vários outros desenhos com a ferramenta *ADC*.

a) Falso

b) Verdadeiro

Questão	Resposta
1	a
2	a
3	a
4	a
5	b

13
Trabalhando com layouts

OBJETIVOS

- Trabalhar com layouts
- Imprimir um desenho

Conhecendo o layout e seus comandos

Neste capítulo, você vai conhecer os comandos relacionados a layouts, imprimir um desenho e trabalhar com *VP Freeze*.

Layouts

Layouts são ambientes utilizados para a impressão do desenho, simulando a folha de papel em que são inseridos margens e carimbos.

Uma das vantagens de se utilizar layouts é a possibilidade de criar vários detalhes com fatores de escalas diferentes do mesmo desenho na mesma folha.

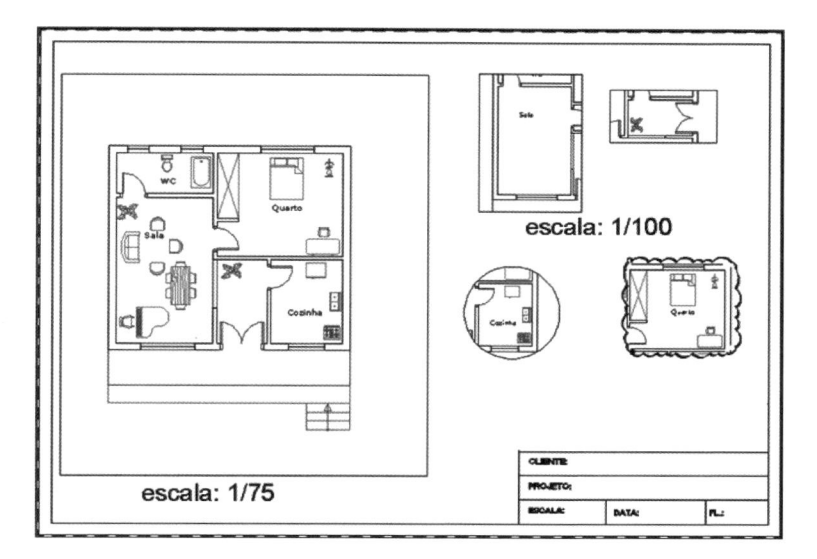

Acompanhe o procedimento para preparar um layout:

1. crie os objetos no ambiente *Model*;
2. ative o layout;
3. determine as configurações do layout: modelo de plotter/impressora, tamanho da folha, área de plotagem e orientação do desenho;
4. insira o carimbo no layout;
5. crie as viewports (crie um layer para as viewports);
6. determine a orientação, escala e visibilidade dos layers para cada viewport;
7. crie as cotas e anotações (se necessário);
8. determine os layers da viewport como *Off* ou *No plot*;
9. imprima ou plote o desenho.

Comando *Layout*

O comando *Layout* cria os layouts.

Nome do comando	Layout
Menu	Insert/Layout/New Layout
	Insert/Layout/Layout From Template
	Insert/Layout/Create Layout Wizard
Barra de ferramentas	Layouts
⌨	layout
Posicione o botão direito do mouse sobre o marcador *Layout* ou *Model* para ativar o menu de atalho.	New layout / From template... / Delete / Rename / Move or Copy... / Select All Layouts

As opções do comando *Layout* são:

Opção	Descrição
Copy	Copia o layout.
Delete	Apaga o layout.
New	Cria um novo layout.
Template	Cria um novo layout adotando como referência um template (dwt), desenho (dwg) ou um arquivo .dxf.
Rename	Altera o nome do layout.
Save As	Salva o layout como arquivo template.
Set	Determina o layer como corrente.
?	Lista todos os layouts definidos no desenho.

Comando *Qvlayout*

O comando *Qvlayout* apresenta as imagens dos layouts e do Model do desenho corrente.

Nome do comando	qvlayout
Pressione o botão direito do mouse sobre o marcador *Layout* ou *Model* para ativar o menu de atalho.	

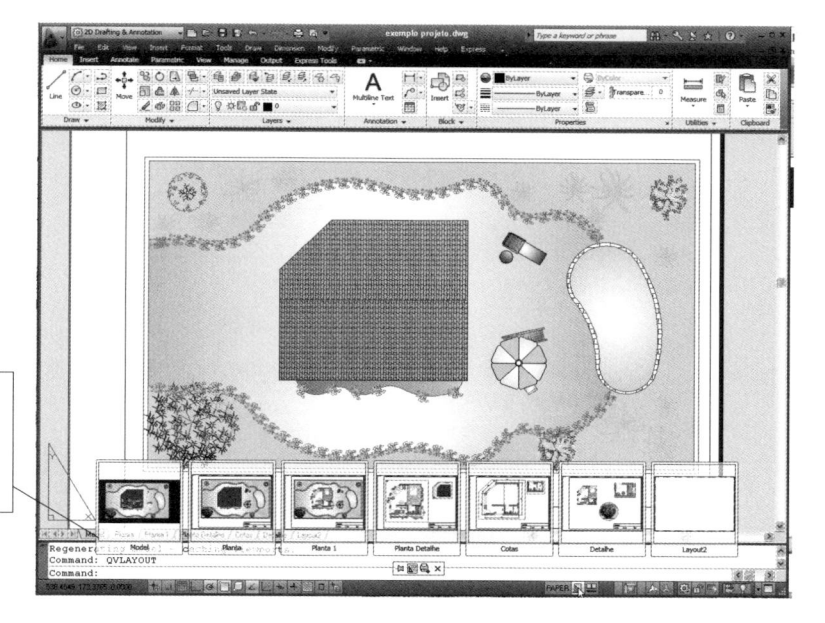

Todos os layouts e o Model apresentados em uma sequência de imagens.

As opções para impressão e a ferramenta *Publish* são apresentadas na barra de ferramentas abaixo das imagens.

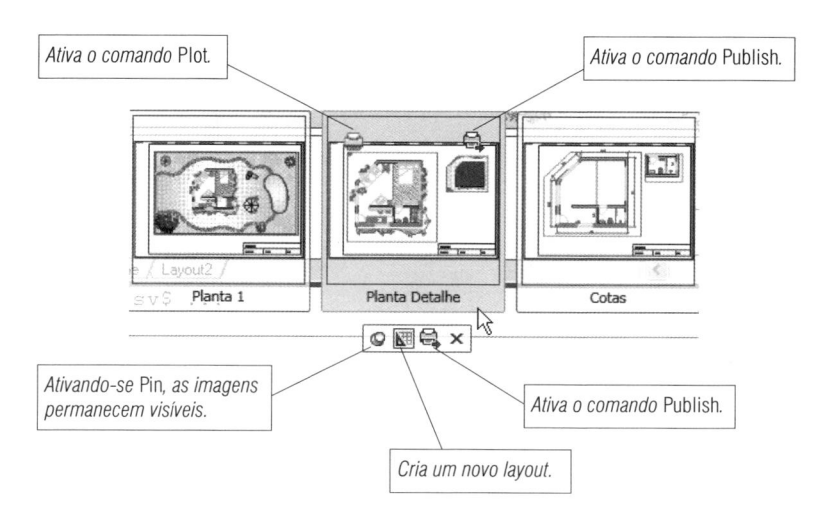

Ativa o comando Plot.

Ativa o comando Publish.

Ativando-se Pin, as imagens permanecem visíveis.

Ativa o comando Publish.

Cria um novo layout.

Trabalhando com layouts

Comandos *Viewports*, *−Viewports* e *Mview*

O comando *Vports* cria viewports retangulares, utilizadas para produzir os detalhes do desenho no layout.

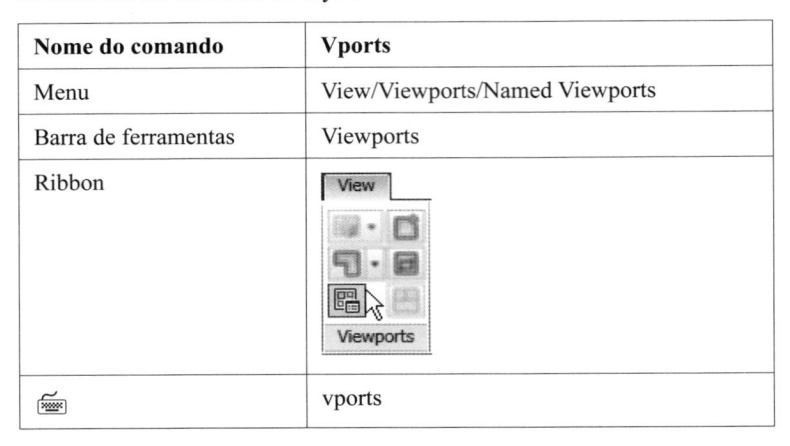

Nome do comando	Vports
Menu	View/Viewports/Named Viewports
Barra de ferramentas	Viewports
Ribbon	View — Viewports
⌨	vports

O comando *Viewports* apresenta a caixa de diálogo de mesmo nome com as opções do comando.

Apresenta a disposição das viewports.

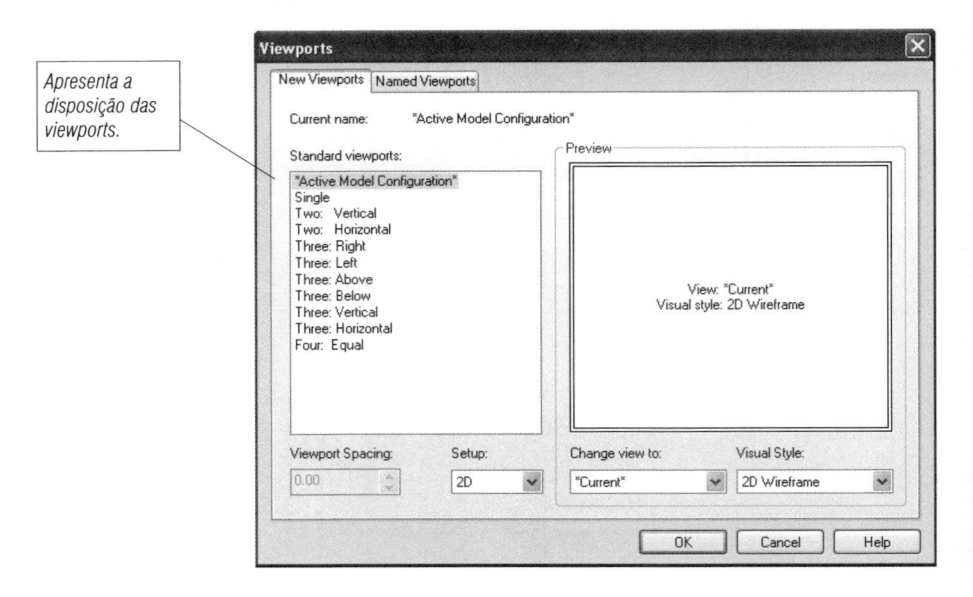

Comando *Poligonal Viewports*

O comando *Poligonal Viewports* cria uma viewport de forma irregular no layout.

Nome do comando	Poligonal Viewports
Menu	View/Viewports/Poligonal Viewports
Barra de ferramentas	Viewports
Ribbon	View — Create Polygonal Viewports
⌨	vports – opção *Poligonal*

Na linha de comando, será exibida a sequência:

Mensagens na linha de comando ou pela *Dynamic Input*	Procedimentos para a execução do comando	Exemplo
Command: Vports	Ative o comando.	
Specify start point	Especifique um ponto.	
Specify next point or [Arc/Length/Undo] Specify next point or [Arc/Close/Length/Undo]: Specify opposite corner	Especifique os próximos pontos e pressione a tecla ↵.	

> O comando *Poligonal Viewports* apresenta as mesmas opções *Arc* e *Line* do comando *Polyline*.

Comando *Convert Object to Viewport*

O comando *Convert Object to Viewport* converte um objeto de forma fechada (polyline fechada, elipse, spline, região ou círculo) em viewport.

Nome do comando	Vports
Menu	View/Viewports/Object
Barra de ferramentas	Viewports

(cont.)

Ribbon	(View – Viewports – Create from Object)
⌨	vports – opção *object*

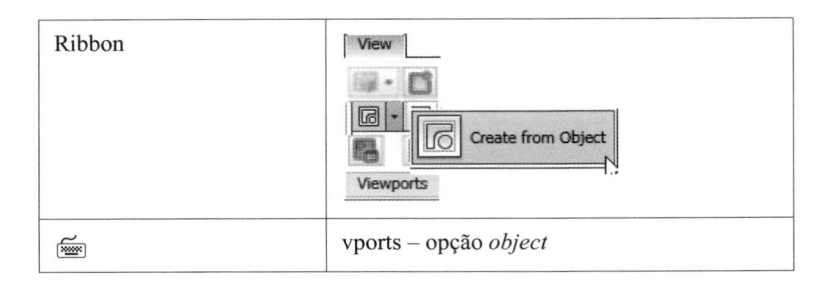

Na linha de comando, será exibida a sequência:

Mensagens na linha de comando ou pela *Dynamic Input*	Procedimentos para a execução do comando	Exemplo
Command: Vports _o	Ative o comando.	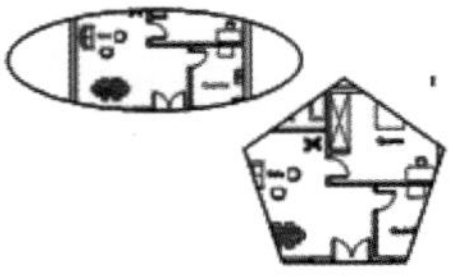
Select object	Selecione o objeto.	

- Ao se determinar uma viewport como *Off*, os objetos não ficam visíveis. Essa opção pode ser utilizada para agilizar o processo de regeneração.
- Crie um layer para as viewports.
- O layer da viewport pode ser determinado como *No plotting* (não impresso). 
- Cada viewport pode apresentar um diferente fator de escala.

Comando *Vpclip*

O comando *Vpclip* recorta uma parte da viewport apresentando o conteúdo dentro da nova área.

Nome do comando	Vpclip
Menu	Modify/Clip/Viewport
Barra de ferramentas	Viewports

(cont.)

Ribbon	(View / Viewports)
⌨	vpclip

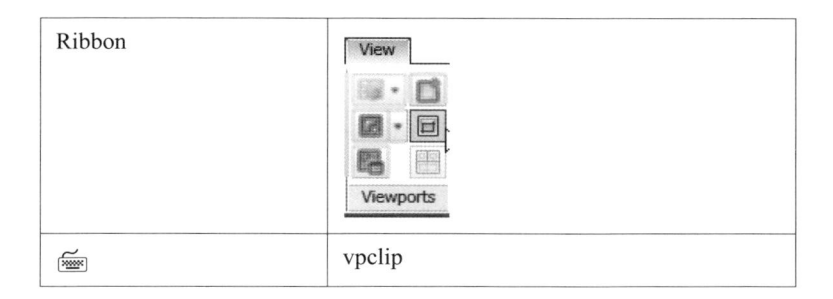

Na linha de comando, será exibida a sequência:

Mensagens na linha de comando ou pela *Dynamic Input*	Procedimentos para a execução do comando	Exemplo
Command: Vpclip	Ative o comando.	
Select viewport	Selecione a viewport.	*Clique na linha da viewport.*
Select clipping object < Polygonal	Especifique os pontos formando uma área em torno da área que será mantida.	

Escalas da viewport

Escala é uma proporção entre o tamanho real do que está sendo representado e sua representação.

Existem três tipos de escalas:

- real (1:1) – é utilizada quando o objeto é representado no seu tamanho real;
- redução (1:x) – quando o modelo que será representado é muito grande;

- ampliação (x:1) – quando o modelo que será representado é muito pequeno.

A folha que o layout apresenta possui o formato em milímetros ou polegadas. Para determinar a escala da viewport, um modo prático é associar a escala ao formato A/B.

Os valores de A podem ser determinados conforme o exemplo:

- se o desenho no ambiente *Model* foi criado no formato em metros, o valor de A será 1000 (1 metro corresponde a 1000 milímetros);
- se o desenho no ambiente *Model* foi criado no formato em centímetros, o valor de A será 10 (1 centímetro corresponde a 10 milímetros).

Os valores de B podem ser determinados conforme o exemplo:

- se a escala desejada for 1:50, o valor de B será 50;
- se a escala desejada for 1:100, o valor de B será 100;
- se a escala desejada for 1:75, o valor de B será 75.

Dessa forma:

Se o desenho no ambiente *Model* apresentar o formato em metros, a escala da viewport no ambiente *Layout* deverá ser 1:100.

Pela regra:

A = 1000
B = 100   ⇨   Formato A/B   ⇨   1000/100 = 10

Se o desenho no ambiente *Model* apresentar o formato em centímetros, a escala da viewport no ambiente *Layout* deverá ser 1:50.

Pela regra:

A = 10
B = 50   ⇨   Formato A/B   ⇨   10/50 = 1/5

Se o desenho no ambiente *Model* apresentar o formato em centímetros, a escala da viewport no ambiente *Layout* deverá ser 1:75.

Pela regra:

A = 10
B = 75   ⇨   Formato A/B   ⇨   10/75

A tabela abaixo apresenta os valores de A/B (os valores não podem ser decimais, somente inteiros ou fracionários).

Escala desejada	Valor de A/B		
	Desenho em mm	Desenho em cm	Desenho em m
10:1	10	100	10.000
5:1	5	50	5.000
2:1	2	20	2.000
1:1	1	10	1.000
1:2	1/2	5	500
1:5	1/5	2	200
1:10	1/10	1	100
1:20	1/20	1/2	50
1:25	1/25	2/5	40
1:50	1/50	1/5	20
1:100	1/100	1/10	10
1:200	1/200	1/20	5
1:250	1/250	1/25	4
1:500	1/500	1/50	2
1:1000	1/1000	1/100	1

> As folhas representadas em *Page Size* estão em polegadas ou em milímetros.

Comando *Scalelistedit*

O comando *Scalelistedit* controla uma lista das escalas disponíveis para viewports e layouts.

Nome do comando	Scale List
Menu	Format/Scale List
Ribbon	Annotate — Add Current Scale / Scale List / Add/Delete Scales / Sync Scale Positions — Annotation Scaling
⌨	scalelist

As opções do comando *Scale List* são:

Opção	Descrição
Scale List	Apresenta a lista das escalas disponíveis.
Add	Adiciona uma escala.
Edit	Edita uma escala.
Move Up *Move Down*	Move o valor.
Delete	Apaga uma escala.
Reset	Restaura a lista de escalas.

A opção *Add* ativa a caixa de diálogo *Add Scale*, que permite adicionar uma escala na lista.

Em *Scale name*, digite o valor que será apresentado na lista.

Em *Scale properties*, determine os valores:

- *Paper units* – determina os valores correspondentes a A;
- *Drawing units* – determina os valores correspondentes a B.

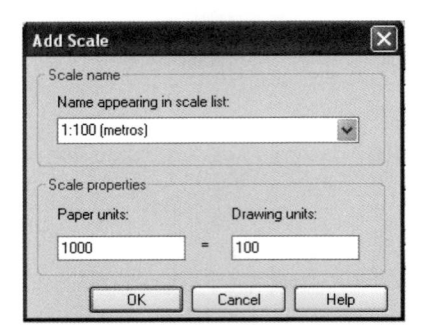

Exemplo:

Se o desenho no ambiente *Model* apresentar o formato em metros, a escala da viewport no ambiente *Layout* deverá ser 1:100.

> Outro modo de acessar o menu na lista de escalas é pela opção *VP Scale* na barra de status quando a viewport é selecionada.
>
> ```
> Scale to fit
> 1:1
> 1:2
> 1:100
> Custom...
> ✓ Hide Xref scales
> 0.526216 ▼
> ```

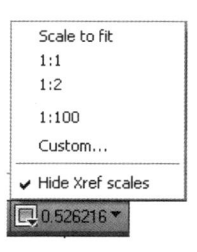

Comando *Change Space*

O comando *Change Space* move objetos do ambiente *Model* para *Paper Space* e vice-versa.

Nome do comando	Change Space
Menu	Modify/Change Space
Ribbon	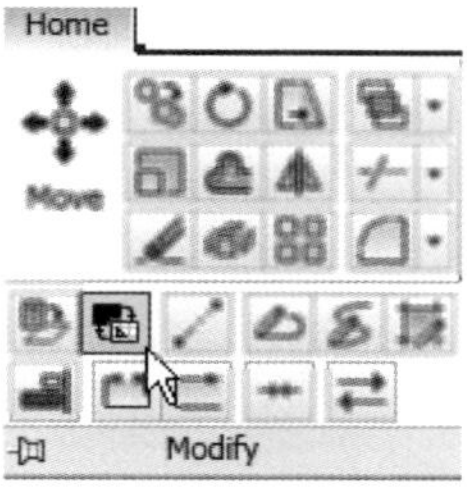 (Home / Modify)
	chspace

Na linha de comando, será exibida a sequência:

Mensagens na linha de comando ou pela *Dynamic Input*	Procedimentos para a execução do comando
Command: Chspace	Ative o comando.
Select object	Selecione os objetos.
Set the Source viewport active and press Enter to continue	Clique na viewport de origem e pressione a tecla ↵.

Atividade 1 – Alterando o ambiente do desenho

Objetivo: • Alterar o ambiente do desenho.

Tarefa: • Mover os objetos do ambiente *Model* para *Layout*.

Esta atividade apresenta os passos para alterar objetos do ambiente *Model* para *Layout*.

Arquivos para acompanhar a atividade:

Desenho: change space.dwg

Ajuda: trabalhando com layouts.pdf

Comando *Page Setup*

O comando *Page Setup* cria uma configuração para impressão/plotagem.

Nome do comando	Page Setup
Menu	File/Page Setup Manager
Barra de ferramentas	Layouts
Ribbon	Output — Plot, Batch Plot, Preview, Page Setup Manager, View Details, Plotter Manager (Plot)
⌨	pagesetup
Pressione o botão direito do mouse sobre o marcador *Layout* ou *Model* para ativar o menu de atalho.	Page Setup Manager... Plot...

Na caixa de diálogo *Page Setup Manager*, pode-se criar ou modificar uma configuração com o comando *Page Setup*.

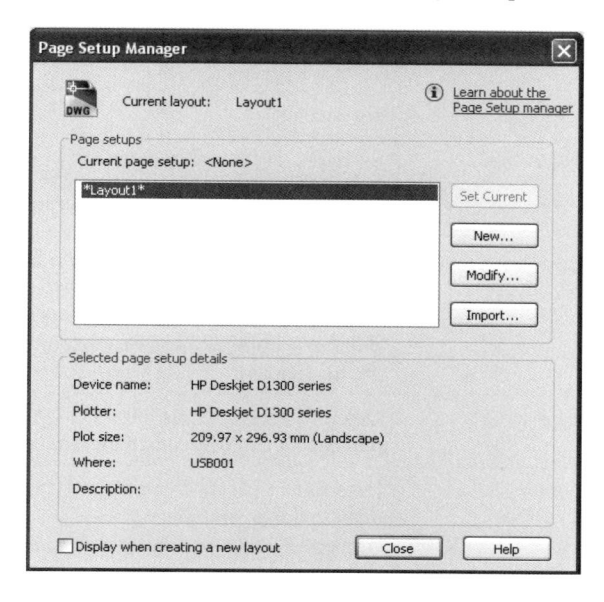

As opções da caixa de diálogo *Page Setup Manager* para a opção *Modify* são:

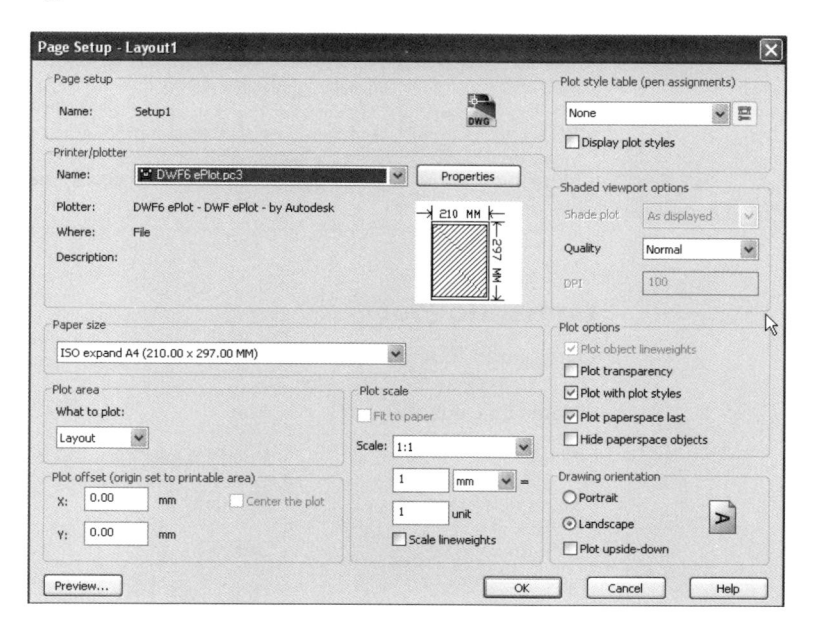

Opção	Descrição
Page setup	Apresenta as configurações disponíveis no desenho.
Printer/plotter	Determina um modelo de impressora/plotter (o modelo *DWG to PDF* converte o desenho dwg em arquivo pdf).
Paper size	Seleciona os tamanhos de folha.
Plot area	Especifica a área do desenho a ser impresso: *Layout* – imprime os limites dentro do layout; *Extend* – imprime toda a extensão do desenho (idêntico ao comando *Zoom Extents*); *Display* – imprime a área visível na tela; *Window* – imprime uma área determinada por dois pontos (janela).
Plot offset	Determina a origem da impressão. A opção *Center the plot* centraliza o desenho na folha.
Plot scale	Determina a escala de plotagem. Útil para a impressão de desenho no ambiente *Model*. A opção *Fit to paper* ajusta o desenho na folha. A opção *Scale lineweights* aplica um fator de escala nas espessuras de linhas proporcional à escala de plotagem.
Plot style table	Seleciona um estilo de plotagem.
Shaded viewport options	Determina a qualidade dos desenhos em *Shade* ou *Render* (útil para o 3D).
Plot options	Apresenta opções para a plotagem.
Drawing orientation	Determina a orientação do desenho em relação à folha.

Comando *Plot*

O comando *Plot* imprime/plota o desenho.

Nome do comando	Plot
Menu	File/Plot and View Details
Barra de ferramentas	Standard
Ribon	

(cont.)

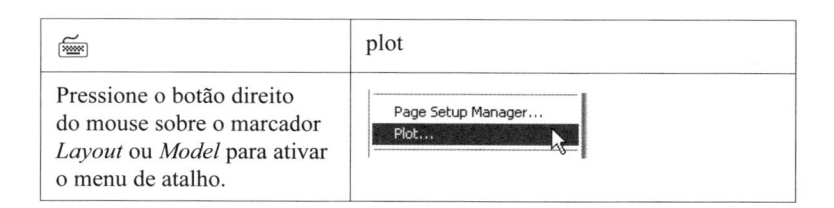

🖮	plot
Pressione o botão direito do mouse sobre o marcador *Layout* ou *Model* para ativar o menu de atalho.	Page Setup Manager... Plot...

A caixa de diálogo *Plot* será ativada, clique em *OK* para iniciar o processo de impressão/plotagem.

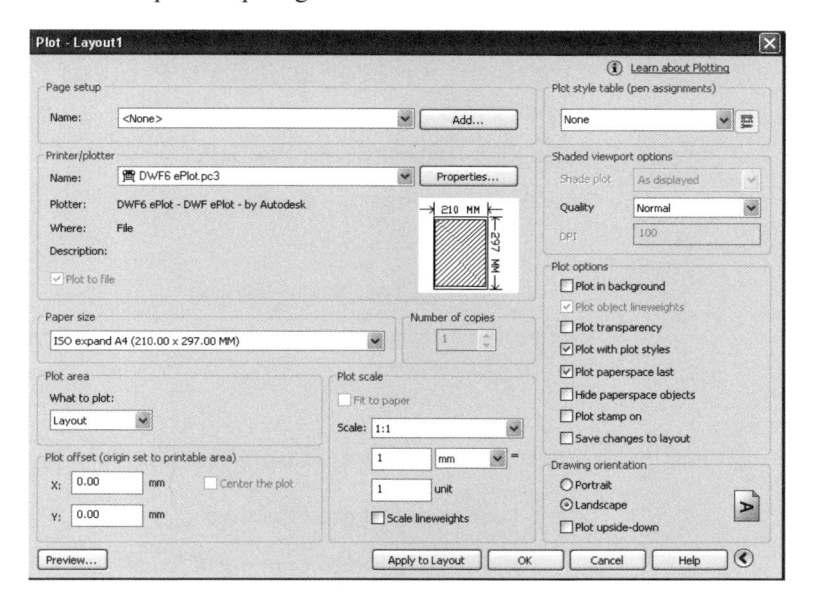

Finalizada a plotagem/impressão, o AutoCAD apresenta a mensagem de confirmação:

Plot and Publish Job Complete
No errors or warnings found
Click to view plot and publish details...

Atividade 2 – Imprimindo o desenho

Objetivo: • Imprimir o desenho.

Tarefa: • Imprimir o desenho.

Esta atividade apresenta os passos para imprimir o desenho.

Arquivos para acompanhar a atividade:

📁 **Desenho:** plotagem.dwg

Ajuda: trabalhando com layouts.pdf

Executando o Projeto Casa

Finalmente, você vai preparar o Projeto Casa para impressão.

Atividade 3 – Preparando o Projeto Casa para impressão

Objetivo: • Imprimir o Projeto Casa.

Tarefas: • Configurar o layout.

• Inserir as cotas.

• Finalizar para a impressão.

Esta atividade apresenta os passos para preparar o Projeto Casa para impressão.

Arquivos para acompanhar a atividade:

📁 **Desenho:** projeto casa.dwg

Ajuda: projeto casa parte 9.pdf

Teste – Trabalhando com layouts

1. O AutoCAD apresenta um marcador *Layout* e vários marcadores *Model*.

   a) Falso

   b) Verdadeiro

2. O comando *Change Space* move objetos do ambiente *Model* para *Paper Space* e vice-versa.

   a) Falso

   b) Verdadeiro

3. O comando *Scale* é específico para determinar escalas de impressão.

   a) Falso

   b) Verdadeiro

4. Para apagar a viewport no ambiente *Paper Space*, utilize o comando:

   a) *Vport*

   b) *Vpclip*

   c) *Erase*

   d) *Move*

5. A folha que o layout apresenta possui o formato em milímetros ou polegadas.

   a) Falso

   b) Verdadeiro

Questão	Resposta
1	a
2	b
3	a
4	c
5	a

Anotações

Sobre a autora

Rosa Katori possui formação de tecnóloga mecânica pela Faculdade de Tecnologia de São Paulo (Fatec). É projetista e desenhista de AutoCAD, Mechanical Desktop, Solid Edge e Pro Engineer. É instrutora de Mechanical Desktop e de AutoCAD 2D/3D, Inventor e Rhinoceros. Dá suporte técnico, treinamento e elabora a programação de aulas e material didático para cursos de AutoCAD (módulos Básico, Avançado e 3D) no Senac. É coautora do livro *Modele suas ideias em 3D: Rhinoceros* e autora dos livros: *Renderizando com AutoCAD 2006; AutoCAD 2008: desenhando em 2D*, *AutoCAD 2010: desenhando em 2D* e *AutoCAD 2010: modelando em 3D e recursos adicionais* (Editora Senac São Paulo).

Índice geral

Abrindo e visualizando o desenho (Atividade 1), 43
Ajustando multileaders no desenho (Atividade 7), 281
Alinhando objetos (Atividade 8), 143
Alterando o ambiente do desenho (Atividade 1), 295
Alterando o estilo do texto (Atividade 1), 212
Alterando o tamanho dos objetos (Atividade 4), 105
Ambiente de trabalho para a criação de objetos em 2D
Apagando, restaurando objetos e desfazendo comandos, 98
Apresentação, I
Apresentando o material, 11
Área de desenho, 24
Ativando o workspace, 21
AutoCAD, O, 11
Barra de ferramentas *Quick Access*, 26
Barra de status, 25
Caixa de diálogo *Layer Properties Manager*
Calculando a área de um objeto (Atividade 3), 198
Comando *Adcenter*, 189
Comando *Add Selected*, 177
Comando *Align*, 142
Comando *Arc*, 69
Comando *Array*, 131
Comando *Base*, 227
Comando *Bedit*, 228
Comando *Block*, 224
Comando *Blockicon*, 191
Comando *Break*, 123
Comando *Break at Point*, 125
Comando *Chamfer*, 128
Comando *Change Space*, 295
Comando *Circle*, 67
Comando *Close*, 37
Comando *Color*, 154
Comando *Convert Object to Viewport*, 289
Comando *Copy*, 101

Comando *Copybase*, 192
Comando *Copyclip*, 192
Comando *Copylink*, 192
Comando *Copytolayer*, 161
Comando *Cutclip*, 191
Comando *Dimension Align Text*, 267
Comando *Dimension Aligned*, 248
Comando *Dimension Angular*, 254
Comando *Dimension Arc Length*, 249
Comando *Dimension Baseline*, 257
Comando *Dimension Break*, 263
Comando *Dimension Center*, 269
Comando *Dimension Continue*, 255
Comando *Dimension Diameter*, 251
Comando *Dimension Edit*, 266
Comando *Dimension Inspection*, 265
Comando *Dimension Jogged*, 252
Comando *Dimension Jogged Line*, 264
Comando *Dimension Linear*, 246
Comando *Dimension Ordinate*, 259
Comando *Dimension Radius*, 250
Comando *Dimension Space*, 261
Comando *Dimension Style*, 239
Comando *Divide*, 201
Comando *Donut*, 85
Comando *Draworder*, 144
Comando *Ellipse*, 78
Comando *Ellipse Arc*, 79
Comando *Erase*, 98
Comando *Explode*, 140
Comando *Extend*, 117
Comando *Fillet*, 126
Comando *Gradient*, 234
Comando *Group*, 205
Comando *Hatch*, 233
Comando *Hatch Edit*, 235
Comando *ID Point*, 198
Comando *Insert Block*, 223
Comando *Isolate Objects*, 177
Comando *Join*, 121
Comando *Laydel*, 168
Comando *Layer Properties Manager*, 151

Comando *Layerp*, 159
Comando *Layfrz*, 165
Comando *Layiso*, 162
Comando *Laylck*, 166
Comando *Laymch*, 160
Comando *Laymcur*, 160
Comando *Laymrg*, 167
Comando *Layoff*, 164
Comando *Layon*, 165
Comando *Layout*, 286
Comando *Laythw*, 166
Comando *Layulk*, 167
Comando *Layuniso*, 164
Comando *Layvpi*, 163
Comando *Lengthen*, 130
Comando *Limits*, 184
Comando *Line*, 47
Comando *Linetype*, 156
Comando *Lineweight*, 158
Comando *List*, 199
Comando *Match Properties*, 175
Comando *Measure*, 202
Comando *Measuregeom*, 195
Comando *Mirror*, 105
Comando *Move*, 100
Comando *Multileader*, 273
Comando *Multileader Align*, 275
Comando *Multileader Collect*, 277
Comando *Multileader Edit*, 274
Comando *Multileader Style*, 271
Comando *Multiline*, 87
Comando *Multiline Style*, 88
Comando *Multiline Text*, 214
Comando *New*, 33
Comando *Offset*, 120
Comando *Oops*, 98
Comando *Open*, 34
Comando *Page Setup*, 296
Comando *Pan*, 38
Comando *Pasteashyperlink*, 194
Comando *Pasteblock*, 193
Comando *Pasteclip*, 193

Índice geral

Comando *Pasteorig*, 194
Comando *Pastespec*, 195
Comando *Pedit*, 135
Comando *Plot*, 298
Comando *Point*, 201
Comando *Point Style*, 200
Comando *Poligonal Viewports*, 288
Comando *Polygon*, 76
Comando *Polyline*, 82
Comando *Purge*, 183
Comando *Qleader*, 279
Comando *Quick Dimension*, 260
Comando *Quick Select*, 174
Comando *QuickCalc*, 204
Comando *Quit*, 37
Comando *Qvlayout*, 286
Comando *Rectangle*, 74
Comando *Redo*, 99
Comando *Rename*, 186
Comando *Revcloud*, 81
Comando *Rotate*, 102
Comando *Save*, 36
Comando *Save As*, 36
Comando *Scale*, 104
Comando *Scalelistedit*, 293
Comando *Select Similar*, 176
Comando *Single Line Text*, 213
Comando *Spline*, 84
Comando *Splinedit*, 143
Comando *Stretch*, 107
Comando *Text Style*, 211
Comando *Tolerance*, 267
Comando *Trim*, 115
Comando *Ucsicon*, 188
Comando *Undo*, 99
Comando *Units*, 186
Comando *Vpclip*, 290
Comando *Write Block*, 226
Comando *Xplode*, 141
Comando *Zoom Extents*, 41
Comando *Zoom Previous*, 41
Comando *Zoom Realtime*, 39

Comando *Zoom Window*, 40
Comandos auxiliares para trabalhar com layers, 159
Comandos de edição de objetos, 115
Comandos para criação de objetos, 67
Comandos para criar e editar cotas, 239
Comandos para trabalhar com blocos, 223
Comandos para trabalhar com hachuras, 233
Comandos *Regen All* e *Regen*, 42
Comandos úteis, 181
Comandos úteis (Teste), 207
Comandos úteis para a criação de desenhos, 183
Comandos *Viewports, –Viewports e Mview*, 288
Comandos *Zoom*, 40
Configurando a unidade de medida no AutoCAD (Atividade 1), 188
Configurando *Dynamic Input*, 52
Configurando *Object Snap Tracking*, 61
Configurando *Osnap*, 56
Configurando *Polar Tracking*, 54
Conhecendo a tela do Autocad (Atividade 1), 29
Conhecendo a tela do AutoCAD 2011, 17
Conhecendo o layout e seus comandos, 285
Convenções adotadas, 12
Convertendo objetos em polyline (Atividade 7), 140
Coordenadas *Cartesianas Absolutas*, 49
Coordenadas *Cartesianas Relativas*, 49
Coordenadas *Polares*, 50
Coordenadas *Polares Relativas*, 50
Cortando objetos (Atividade 1), 117
Criando cantos arredondados nos objetos (Atividade 4), 128
Criando chanfro nos objetos (Atividade 5), 130
Criando cotas ordenadas com o comando *Quick Dimension* (Atividade 6), 261
Criando linhas, 45
Criando linhas (Teste), 62
Criando o carimbo para folha A2 (Atividade 3), 218
Criando objetos, 65
Criando objetos (Teste), 90
Criando texto 211
Criando um arco a partir de três pontos, 70
Desenhando a janela (Atividade 8), 62
Desenhando a porta e a louça (Atividade 9), 89
Desenhando arcos (Atividade 2), 74
Desenhando as paredes externas (Atividade 9), 62

Desenhando as paredes internas e as aberturas de portas e janelas do Projeto Casa (Atividade 9), 145
Desenhando círculos (Atividade 1), 69
Desenhando com a ferramenta *Ortho* (Atividade 5), 55
Desenhando com a ferramenta *Osnap* (Atividade 6), 60
Desenhando com a ferramenta *Otrack* (Atividade 7), 61
Desenhando com as ferramentas *Dynamic Input* e *Polar Tracking* (Atividade 4), 54
Desenhando com coordenadas (Atividade 2), 50
Desenhando com coordenadas *Polares Relativas* (Atividade 3), 51
Desenhando com linhas (Atividade 1), 48
Desenhando donuts (Atividade 8), 87
Desenhando elipses (Atividade 5), 80
Desenhando polígonos (Atividade 4), 78
Desenhando polylines (Atividade 6), 84
Desenhando retângulos (Atividade 3), 75
Desenhando splines (Atividade 7), 85
Determinando o centro e o raio para criar um círculo, 67
Determinando o centro, o ponto inicial e o comprimento de corda para criar um arco, 72
Determinando o ponto inicial, o centro e o ângulo incluso para criar um arco, 71
Determinando o ponto inicial, o centro e o ponto final para criar um arco, 71
Determinando o ponto inicial, o ponto final e a direção tangencial para criar um arco, 72
Determinando o ponto inicial, o ponto final e o raio para criar um arco, 73
Dicas para selecionar objetos, 97
Digitando valores para as coordenadas 2D com a *Dynamic Input*, 52
Dividindo objetos, 200
Editando objetos, 113
Editando objetos (Atividade 3), 121
Editando objetos com o auxílio de grips, 109
Equipamento necessário, III
Escalando objetos, 104
Escalas da viewport, 291
Espelhando e esticando objetos, 105
Estendendo objetos (Atividade 2), 119
Esticando e espelhando objetos (Atividade 5), 107
Executando o Projeto Casa, 62, 89, 145, 178, 218, 229, 236, 300
Executando o Projeto Casa (Atividade 4), 178
Explorando a tela do AutoCAD, 19
Ferramenta *Dynamic Input*, 51
Ferramenta *InfoCenter*, 25
Ferramenta *Polar Tracking*, 53
Ferramenta *Quick Properties*, 173
Ferramenta *ViewCube*, 27

Ferramenta *Workspaces*, 25
Filtrando layers, 169
Filtrando os layers (Atividade 2), 171
Grips pré-selecionados, 109
Grips selecionados, 109
Imprimindo o desenho (Atividade 2), 299
Iniciando a sessão do AutoCAD 2011, 19
Iniciando o programa, 19
Inserindo blocos no Projeto Casa (Atividade 2), 229
Inserindo caracteres especiais, 216
Inserindo colunas, 216
Inserindo cota angular (Atividade 3), 255
Inserindo cota baseline (Atividade 5), 258
Inserindo cota contínua (Atividade 4), 256
Inserindo cotas (Atividade 2), 253
Inserindo cotas lineares e alinhadas (Atividade 1), 249
Inserindo hachuras (Atividade 1), 235
Inserindo hachuras no Projeto Casa (Atividade 2), 236
Inserindo numeração e marcadores, 216
Inserindo texto (Atividade 2), 218
Introdução, 9
Layers, 151
Layouts, 285
Linha de comando, 25
Marcador *Alternate Units*, 245
Marcador *Annotation*, 279
Marcador *Attachment*, 280
Marcador *Content*, 273
Marcador *Fit*, 244
Marcador *Leader Format*, 272
Marcador *Leader Line & Arrow*, 280
Marcador *Leader Structure*, 272
Marcador *Lines*, 241
Marcador *Model/Layout*, 27
Marcador *Primary Units*, 244
Marcador *Symbols and Arrows*, 242
Marcador *Text*, 243
Marcador *Tolerances*, 245
Menu *Application*, 23
Menu shortcut (menu de atalho), 29
Modificando objetos, 93
Modificando objetos (Teste), 111

Modificando objetos (Teste), 146
Modo de seleção *Crossing*, 96
Modo de seleção *Window*, 95
Mouse, 28
Movendo e copiando objetos, 100
Movendo e copiando objetos (Atividade 2), 102
O que é a Nova Série Informática, II
Object Cycling, 97
Objetivos do livro, 11
Obtendo informações dos objetos no desenho, 195
Opções do comando *Arc*, 70
Preparando o Projeto Casa para impressão (Atividade 3), 300
Propriedades dos objetos, 171
Retirando objetos de um conjunto de seleção, 97
Requisitos adicionais para modelagem em 3D (todas as configurações), IV
Requisitos do sistema (conforme as informações da Autodesk), III
Rotacionando objetos, 102
Rotacionando objetos (Atividade 3), 104
Selecionando e apagando objetos (Atividade 1), 100
Selecionando o último objeto criado, 97
Selecionando objetos, 95
Selecionando todos os objetos, 97
Sistema de coordenadas WCS, 24
Sistemas de coordenadas, 48
Sobre a autora, 303
Tela do AutoCAD, A, 23
Trabalhando com a área de transferência do Windows (Clipboard), 191
Trabalhando com a calculadora, 204
Trabalhando com a ferramenta *ADC* (Atividade 2), 190
Trabalhando com a ferramenta *Ortho*, 55
Trabalhando com arquivos, 33
Trabalhando com arquivos e visualizando desenhos, 31
Trabalhando com arquivos e visualizando desenhos (Teste), 44
Trabalhando com as ferramentas de precisão *Osnap*, 56
Trabalhando com as ferramentas *Dynamic Input* e *Polar Tracking*, 51
Trabalhando com blocos, 221
Trabalhando com blocos (Atividade 1), 229
Trabalhando com blocos (Teste), 230
Trabalhando com coordenadas, 48
Trabalhando com cotas, 237
Trabalhando com cotas (Teste), 281
Trabalhando com grips, 108

Trabalhando com grips (Atividade 6), 111
Trabalhando com hachuras, 231
Trabalhando com hachuras (Teste), 236
Trabalhando com layers, 149
Trabalhando com layers (Atividade 1), 159
Trabalhando com layers (Teste), 178
Trabalhando com layouts, 283
Trabalhando com layouts (Teste), 300
Trabalhando com leaders, 270
Trabalhando com linhas, 47
Trabalhando com o comando *Measure* (Atividade 4), 203
Trabalhando com o modo *Object Snap Tracking*, 60
Trabalhando com os comandos *Array* (Atividade 6), 135
Trabalhando com *Quick Select* (Atividade 3), 178
Trabalhando com texto, 209
Trabalhando com texto (Teste), 218
Variáveis do AutoCAD, 28
Visualizando o desenho, 38

SENAC SÃO PAULO
REDE DE UNIDADES

[CAPITA]L E GRANDE SÃO PAULO

[U]niversitário Senac Campus Santo Amaro
5682-7300 • Fax: (11) 5682-7441
[c]ampussantoamaro@sp.senac.br

[...] 4 de Maio
2161-0500 • Fax: (11) 2161-0540
[2]4demaio@sp.senac.br

[C]onsolação
2189-2100 • Fax: (11) 2189-2150
[c]onsolacao@sp.senac.br

[F]rancisco Matarazzo
3795-1299 • Fax: (11) 3795-1288
[f]ranciscomatarazzo@sp.senac.br

[G]uarulhos
2187-3350 • Fax: 2187-3355
[g]uarulhos@sp.senac.br

[I]taquera
2185-9200 • Fax: (11) 2185-9201
[i]taquera@sp.senac.br

Jabaquara
2146-9150 • Fax: (11) 2146-9550
jabaquara@sp.senac.br

Lapa Faustolo
2185-9800 • Fax: (11) 2185-9802
lapafaustolo@sp.senac.br

Lapa Scipião
[(11)] 3475-2200 • Fax: (11) 3475-2299
lapascipiao@sp.senac.br

Lapa Tito
[(11)] 2888-5500 • Fax: (11) 2888-5577
lapatito@sp.senac.br

Nove de Julho
[(11)] 2182-6900 • Fax: (11) 2182-6941
novedejulho@sp.senac.br

– Núcleo de Idiomas Anália Franco
[(11)] 3795-1100 • Fax: (11) 3795-1114
[idiomasanaliafranco@sp.senac.br](mailto:)

– Núcleo de Idiomas Santana
[(11)] 3795-1199 • Fax: (11) 3795-1160
[idiomassantana@sp.senac.br](mailto:)

– Núcleo de Idiomas Vila Mariana
[(11)] 3795-1200 • Fax: (11) 3795-1209
idiomasvilamariana@sp.senac.br

Osasco
[(11)] 2164-9877 • Fax: (11) 2164-9822
osasco@sp.senac.br

Penha
[(11)] 2135-0300 • Fax: (11) 2135-0398
penha@sp.senac.br

Santa Cecília
[(11)] 2178-0200 • Fax: (11) 2178-0226
santacecilia@sp.senac.br

Santana
[(11)] 2146-8250 • Fax: (11) 2146-8270
santana@sp.senac.br

Santo Amaro
[(11)] 3737-3900 • Fax: (11) 3737-3936
santoamaro@sp.senac.br

Santo André
[(11)] 2842-8300 • Fax: (11) 2842-8301
santoandre@sp.senac.br

Senac Tatuapé
Tel.: (11) 2191-2900 • Fax: (11) 2191-2949
E-mail: tatuape@sp.senac.br

Senac Tiradentes
Tel.: (11) 3336-2000 • Fax: (11) 3336-2020
E-mail: tiradentes@sp.senac.br

Senac Vila Prudente
Tel.: (11) 3474-0799 • Fax: (11) 3474-0700
E-mail: vilaprudente@sp.senac.br

INTERIOR E LITORAL

Centro Universitário Senac Campus Águas de São Pedro
Tel.: (19) 3482-7000 • Fax: (19) 3482-7036
E-mail: campusaguasdesaopedro@sp.senac.br

Centro Universitário Senac Campus Campos do Jordão
Tel.: (12) 3688-3001 • Fax: (12) 3662-3529
E-mail: campuscamposdojordao@sp.senac.br

Senac Araçatuba
Tel.: (18) 3117-1000 • Fax: (18) 3117-1020
E-mail: aracatuba@sp.senac.br

Senac Araraquara
Tel.: (16) 3114-3000 • Fax: (16) 3114-3030
E-mail: araraquara@sp.senac.br

Senac Barretos
Tel./fax: (17) 3322-9011
E-mail: barretos@sp.senac.br

Senac Bauru
Tel.: (14) 3321-3199 • Fax: (14) 3321-3119
E-mail: bauru@sp.senac.br

Senac Bebedouro
Tel.: (17) 3342-8100 • Fax: (17) 3342-3517
E-mail: bebedouro@sp.senac.br

Senac Botucatu
Tel.: (14) 3112-1150 • Fax: (14) 3112-1160
E-mail: botucatu@sp.senac.br

Senac Campinas
Tel.: (19) 2117-0600 • Fax: (19) 2117-0601
E-mail: campinas@sp.senac.br

Senac Catanduva
Tel.: (17) 3522-7200 • Fax: (17) 3522-7279
E-mail: catanduva@sp.senac.br

Senac Franca
Tel.: (16) 3402-4100 • Fax: (16) 3402-4114
E-mail: franca@sp.senac.br

Senac Guaratinguetá
Tel.: (12) 2131-6300 • Fax: (12) 2131-6317
E-mail: guaratingueta@sp.senac.br

Senac Itapetininga
Tel.: (15) 3511-1200 • Fax: (15) 3511-1211
E-mail: itapetininga@sp.senac.br

Senac Itapira
Tel.: (19) 3863-2835 • Fax: (19) 3863-1518
E-mail: itapira@sp.senac.br

Senac Itu
Tel.: (11) 4023-4881 • Fax: (11) 4013-3008
E-mail: itu@sp.senac.br

Senac Jaboticabal
Tel./Fax: (16) 3204-3204
E-mail: jaboticabal@sp.senac.br

Senac Jaú
Tel.: (14) 2104-6400 • Fax: (14) 2104-6449
E-mail: jau@sp.senac.br

Senac Jundiaí
Tel.: (11) 3395-2300 • Fax: (11) 3395-2323
E-mail: jundiai@sp.senac.br

Senac Limeira
Tel.: (19) 2114-9199 • Fax: (19) 2114-9125
E-mail: limeira@sp.senac.br

Senac Marília
Tel.: (14) 3311-7700 • Fax: (14) 3311-7760
E-mail: marilia@sp.senac.br

Senac Mogi-Guaçu
Tel.: (19) 3019-1155 • Fax: (19) 3019-1151
E-mail: mogiguacu@sp.senac.br

Senac Piracicaba
Tel.: (19) 2105-0199 • Fax: (19) 2105-0198
E-mail: piracicaba@sp.senac.br

Senac Presidente Prudente
Tel.: (18) 3344-4400 • Fax: (18) 3344-4444
E-mail: presidenteprudente@sp.senac.br

Senac Ribeirão Preto
Tel.: (16) 2111-1200 • Fax: (16) 2111-1201
E-mail: ribeiraopreto@sp.senac.br

Senac Rio Claro
Tel.: (19) 2112-3400 • Fax: (19) 2112-3401
E-mail: rioclaro@sp.senac.br

Senac Santos
Tel.: (13) 2105-7799 • Fax: (13) 2105-7700
E-mail: santos@sp.senac.br

Senac São Carlos
Tel.: (16) 2107-1055 • Fax: (16) 2107-1080
E-mail: saocarlos@sp.senac.br

Senac São João da Boa Vista
Tel.: (19) 3366-1100 • Fax: (19) 3366-1139
E-mail: sjboavista@sp.senac.br

Senac São José do Rio Preto
Tel.: (17) 2139-1699 • Fax: (17) 2139-1698
E-mail: sjriopreto@sp.senac.br

Senac São José dos Campos
Tel.: (12) 2134-9000 • Fax: (12) 2134-9001
E-mail: sjcampos@sp.senac.br

Senac Sorocaba
Tel.: (15) 3412-2500 • Fax: (15) 3412-2501
E-mail: sorocaba@sp.senac.br

Senac Taubaté
Tel.: (12) 2125-6099 • Fax: (12) 2125-6088
E-mail: taubate@sp.senac.br

Senac Votuporanga
Tel.: (17) 3426-6700 • Fax: (17) 3426-6707
E-ma il: votuporanga@sp.senac.br

OUTRAS UNIDADES

Editora Senac São Paulo
Tel.: (11) 2187-4450 • Fax: (11) 2187-4486
E-mail: editora@sp.senac.br

Grande Hotel São Pedro – Hotel-escola
Tel.: (19) 3482-7600 • Fax: (19) 3482-7630
E-mail: grandehotelsaopedro@sp.senac.br

Grande Hotel Campos do Jordão – Hotel-escola
Tel.: (12) 3668-6000 • Fax: (12) 3668-6100
E-mail: grandehotelcampos@sp.senac.br